スポーツペアレンティング

競技に励む子のために知っておくべきこと

リチャード・D・ギンズバーグ、ステファン・A・デュラント、エイミー・バルツェル 著
来住道子 訳　谷口輝世子 監修

TOYOKAN BOOKS

WHOSE GAME IS IT, ANYWAY?
By Richard D. Ginsburg, Stephen Durant and Amy Baltzell

Published by special arrangement with HarperCollins Publishers LLC, NewYork
Through Tuttle-Mori Agency, Inc., Tokyo

はじめに

「今のうちに楽しんで。子どもと楽しめる時期なんて、あっという間に過ぎちゃうから」

幼い子どもをもつ親は、大きな子どもをもつ親からよくそんなことを言われます。第39回スーパーボウルが開催される日の朝、スタジアムではきれいに整備された芝生の上で、父親が2人の幼い息子たちと楽しそうにはしゃぎまわっていました。その父親、ニューイングランド・ペイトリオッツの名ラインバッカーのテディ・ブルスキは、数時間後に迫った優勝決定戦のプレッシャーなどまるで感じていないようでした。そんな親子の姿は、スーパーボウルサンデーが派手に宣伝されているのをよそに、この日いちばんの宣伝文句を発信していました。**「今この瞬間を、子どもと一緒に楽しんで。それこそが人生、それこそがスポーツである！」**

このエピソードは、あとから振り返ってみると、ことさら胸を打つ話のように思えます。それからわずか数週間後、ブルスキは突然の病（脳卒中）に襲われたからです。それは背筋が凍るような出来事で、小さな子どもをもつ親であればなおさらです。「人生は短い」。こうした出来事から、時にそんなことを肝に銘じておかなければならないのだと思い知らされます。子どもは大切な存在です。親は子育てに精いっぱい励まなくてはなりませんが、子どもとの触れ合いを純粋に楽しむことも忘れてはなりません（ブルスキは幸い、見事に回復し、２００５年のシーズンには試合復帰を果たしました）。

子どもとの時間を楽しむなら、身体を動かしたりスポーツをしたりするのが打ってつけです。しかし、ユースの組織的なスポーツ活動はあるべき姿ではなく、勝利にばかり固執し、学業や基本的な常識さえもないがしろにして歪んだ優先順位に囚われ、そのことに多くの親が不安を感じています。子どもが不幸な出来事によってプレーもままならなくなるのを、親は目の当たりにしてきました。

競技スポーツの現場では、子どものことで大人が逆上したり、情緒不安定に陥ったり、気持ちをコントロールできなくなったり、ひどい暴力をふるって凄惨な結末にまで及んだりするケースもあるのです。たとえば、２０００年7月のある日のこと、ボストン郊外のホッケーリンクで、２人の父親が9歳と10歳の子どもの間で起こったラフプレーをめぐって言い争いを始めました。そのうち相手を押したり突いたり手を出すようになり、ついには殴り合いにまで発展してしまいます。表向きにはコーチという責任ある立場にありながらラフプレーを黙認している父親に対して、もう1人の父親が懸念を抱いたことから始まったこの他愛のない口論は、大柄な父親のほうがコーチを殴り殺すという形で結末を迎えたのです。

このようなおぞましいニュースに触れても、たいていの場合、自分は大丈夫という安心感が脅かされたりするわけがないと考えてしまいます。

しかし、現実はそうはいきません。アメリカではプロ、大学、高校、ユースといった、あらゆるレベルのスポーツ界で、破廉恥な出来事からぞっとするような事件まで、さまざまな不祥事が毎日のように起こっています。

大人たち（親もコーチも含め）が子どものスポーツ活動を注意深く見守ることをいかに怠り、それによって子どもが心も身体もどれほど傷ついていることか、そんな実情を示す事例は実際にアメリカの地域社会の至るところで見られます。整形外科や小児科には、小さな子どもだけではなく、10代の若者たちも大勢訪れます。彼らは過密スケジュールに縛られ、トレーニング漬けにされ、プロアスリート並みの生活を送ってきたために、精神的に燃え尽きたり、オーバーユースによるケガ（訳注：身体の特定の部位に過度なストレスが継続的に加わることによるケガ）をしたりして診察を受けにやってくるのです。ユースや高校の競技大会では、応援する側の大人が殴り合ったり、罵声を浴びせ合ったりすることが、残念ながらおなじみになっています。もっとまともな状態であればわかることですが、**親は競技のことで熱くなりすぎると、子どもにとって優先すべきことを見失ってしまい、良い人格を育て、一般的な礼儀をわきまえさせるといったことがついおろそかになってしまうのです。**

とはいえ、スポーツが地域やチームに仲間意識を芽生えさせ、子どもの心身の成長や頭脳の発達につながる魅力的な活動であることには間違いありません。さまざまな価値観と出会い、学校や勉強の煩わしいことから解放してくれるものともいえます。スポーツを純粋に楽しむ気持ちや仲間との堅い絆や洞察力がどれほどすばらしいものか、年を重ねて大人になるにつれて、多くの人がより強く実感するようになります。

本書の著者の3人が何より願っているのは、スポーツ活動によって肉体的にも精神的にも子どもにいい影響が表れることです。ユースや高校、大学といったあらゆるレベルの組織的なスポーツ活動で競い合い、専門的な技を磨いていくことで、多くの場面ですばらしい力を発揮できるようになり、最良の人格の形成にもつながっていくものと固く信じています。

ホッケーリンクで父親が死亡した事件をきっかけに、若者のスポーツ環境を改善したいという気持ちが強くなりました。私たち2人（リチャード・D・ギンズバーグとステファン・A・デュラント）はマサチューセッツ総合病院の臨床心理士で、幼い子どもから青年期の若者や大人まであらゆる年代が抱える問題と向き合ってきました。そこで多くの患者に見られたのが、スポーツをやっていても自分の成長につながるような経験をしていないというケースでした。そうした子どもや親たちに競技活動をやめたことについて「どうしてやめたんですか？　面白くなくなったから？」と尋ねるとすごく嫌な思いをしたからとか、うんざりしたからとか、不公平な扱いを受けたから、といった答えがたくさん返ってきました。中には虐待されたから、という話までありました。彼らはチームをやめたり、競技から完全に離れてしまったり、あるいは激しい運動を一切やらなくなったりする場合もあります。その後、薬物や飲酒に手を出したり、肥満になったり、うつ状態といった精神的な問題に苦しんだりする子どももいます。こんな状況を何とか解消する力になれればと思ったのです。

こうしてユースや高校、大学のスポーツ界やスポーツ心理学と深く関わるようになりました。その過程で著名な臨床医やスポーツ心理学者、さらに親や教師、コーチ、選手など数多くの人たちと接し、本書の共著者でもあるスポーツ心理学者でボストン大学の教授のエイミー・バルツェル博士にも出会ったのです。

著者3人の集大成となる本書は、私たちが数十年にわたって積み重ねてきた仕事や研究、さらに心理学者、選手、そのコーチや親たちの経験をもとに生まれました。私たちがぜひとも実現したいと思っているのは、スポーツが適切な形で行われるようにすること。その思いはみんな一緒です。人生と同じように、競技スポーツには情熱が不可欠です。その情熱は適切な視野を持ってコントロールされていながら、熱い思いも秘めているものでなくてはなりません。そんな情熱を読者の皆さんとも分かち合えればと思っています。

日本語版に寄せて

監修者　谷口 輝世子

私がこの本に初めて出会ったとき、私の子どもたちは、まだ、未就学児でした。組織化したスポーツチームに入れるのはまだ早いのではないかと思っていましたが、我が家が暮らすアメリカ・ミシガン州は冬の寒さが厳しくて、外で体を動かす機会が限られるので、近くの体育館でやっているサッカーの練習に申し込みました。気軽な気持ちで始めたはずなのに、子どもがコーチの指示を理解できなかったり、ボールを強く蹴られなかったりするのを見ると、なんだかとてもイライラしました。そして、このイライラした感情が突然、湧き上がってくることに、自分自身もとても戸惑いました。そんなときに、手に取ったのがこの本でした。

子どもたちは小・中学生時代はアイスホッケーのトラベルチーム（地域の優秀な選手を集めた選抜チーム。遠征試合も多く、チーム編成のためにトライアウトや選手の入れ替えも多い）で活動し、高校ではアイスホッケーだけでなく、サッカーや陸上部にも所属しました。こんなふうにスポーツを続けてきたので、15年間、折に触れて、この本のページをめくってきました。最近も、大学生になった子どもたちの話を聞きながら、20歳前後の子どもについて書かれた第5章を読み直したところです。

この本のなかには、こんな文章が出てきます。

「子どもは傷つきやすいうえ、まだ成長過程にあるわけですから、こうした試練を乗り越えていくには、ずっと支え続けることが必要なのです」（P33）

「居住地域のことやそこでのスポーツ活動についてはしっかり把握しなくてはなりません」（P58）

このように、親が何をしなければいけないか、どこに力を注がなくてはいけないかについて書かれていますが、こういった表現は、親である私たちに重圧をかけるものではありません。また、スポーツをする子どもに正解の接し方をしなければいけないと気負わせるために書かれたものでもありません。私自身もここまでを振り返ってみて、書いてある内容のうち、できたことのほうが少ないのではないかと思います。

それでも、私がこの本を折に触れて手に取ってきたのは、目の前の子どもの試合に心が奪われてしまい、いつもなら持ち合わせているはずの親としてのセンサーが機能しないことが何度もあったからです。そんなときに、この本に書かれている3ステップアプローチに従い、子どもの様子をよく見て、親である自分の心のなかにくすぶっているものに向き合い、子どものスポーツ環境について情報を得るというプロセスを踏むことで、親としてのセンサーを再起動させることができたような気がします。「親は競技のことで熱くなりすぎると、子どもにとって優先すべきことを見失ってしまい、良い人格を育て、一般的な礼儀をわきまえさせるといったことがついおろそかになってしまうのです」（P６）。というフレーズは、まさに自分のことを言い当てられているかのようでした。

日本とアメリカでは、社会が抱える問題が違っていることもあり、本書のなかで多少の感覚のずれはあるかもしれません。

たとえば後半ではアナボリックステロイド（筋肉増強剤）などのドーピング禁止薬物の摂取や、子どもが対戦相手や審判に暴言・暴力をふるうことに関しても取り上げています。アメリカでは、薬物や暴力の問題が深刻で、子どもたちのスポーツにまで及んでいるためです。日本のスポーツ界は、ドーピング問題から比較的遠く、子どもたちが対戦相手や審判に敬意を表し、礼儀正しいふるまいをすることは、国際的にも誇れることだと思います。

また、チームへの忠誠心を説く部分では、自己主張を強くするアメリカの子どもたちを前提とした語り口になっているので、みんなで一途に頑張ることが強調されすぎている日本からすると、すこし強すぎる言い方に感じられるかもしれません。チームのために、子どもたちが自分の心身の健康を犠牲にするのは間違いなく行き過ぎでしょう。

それでも、子どものスポーツの場で、親が思い悩むことは、日本も、アメリカもあまり変わらないと思います。2~3歳の子どもが、水を怖がってプールに入りたがらないと、いつになったら泳げるようになるのだろうかと心配になる親もいるでしょう。運動の得意な子どもの親ならば、もっと能力を高められる場を探してやるべきだろうが、かといって無理を強いることは避けたいと、頭を悩ませるかもしれません。コーチが我が子にプレー時間を与えてくれないと、コーチとどのように対話するべきか、それともチームを変わるべきかと考えあぐねることでしょう。原書は2006年に刊行されたものですが、全く古びておらず、今日も多くの親が直面するこのような不安や難題への取り組み方をガイドしてくれます。

執筆陣は、子どもたちを診ている臨床心理士やスポーツ心理学者です。日本ではまだなじみが薄い言葉ですが、親としてスポーツをする子どもとどのように関わるか、というスポーツペアレンティングの実践的なアドバイスが、専門的な知見からなされています。

これまでも、子どものスポーツに関して多くの情報が保護者向けに発信されていますが、どちらかと言えば、いかにしたら我が子を伸ばせるかという内容が多かったのではないでしょうか。しかし、著者らは、誰のためのスポーツかをつねに問いかけながら、子どものしんどさだけでなく、親の悩みも理解したうえで、より良いスポーツ環境とはどのようなものかを考えさせてくれます。

日本でも、アメリカでも、私たちは、自分の親世代に比べて、子どものスポーツに大人が関わる時代に生きています。親が子どものスポーツに関わることで、子どもと過ごす時間が増え、楽しみを分かち合い、家族ぐるみで付き合える友達が増えるというメリットがあります。しかし、見ているだけの親が目の前の試合に興奮し、勝敗や競技力向上だけにこだわってしまうことで、子どもたちから楽しさを奪ってしまうリスクもあるでしょう。だから、ときどきは、親である私たちが、知らず知らずのうちに、子どもたちのスポーツ環境の悪化に加担しているのではないか、と省みる時間が必要なのではないでしょうか。そのときに、寄り添ってくれるのがこの本だと思います。

目次

第5章　若年成人期（20歳前後）　170
——自身の将来とスポーツ

第12章 所属するチームを見極める 368

第13章 摂食障害・サプリメント使用とボディイメージ 386

第14章 集中できない状態から抜け出す 416

スポーツに関わる親子のためのFAQ 439

序章　スポーツの上達よりも大切なこと

リトルリーグのピッチャーを務める9歳の男の子が、涙を必死にこらえています。プレーオフの試合の最終回、1点差の場面でバッターをフォアボールで歩かせて満塁にしてしまったのです。審判の判定には納得がいかず苛立つばかりで、相手チームの味方への応援や自分たちに向けられるヤジを耳にしていると悔しくて仕方がなく、今にも爆発しそうになっていました。この回の最初のバッター2人は難なく三振に切って取ったものの、その後いくつか不利な判定を受け、今はピンチに陥っています。コーチである父親がタイムをとり、マウンドに近づいてきます。

この男の子はチームのエースピッチャー。腕は少し疲れています。チームの勝利が自分にかかっていることはわかっていますが、それが重荷になっています。このような苦しい戦いをくぐり抜けてこそ喜びを味わえることなど、この男の子にはまだ幼すぎて理解できません。それでも心の底では、集中していい投球をし、あと1人を打ち取らなくてはいけないと思っています。目の淵にたまった涙を震わせながら、泣き出したい気持ちをぐっとこらえています。帽子を目深にかぶり、足元をじっと見つめ、父親からの言葉を待ちます。息子が自信を取り戻して強い気持ちでこのピンチに立ち向かっていけるようにするには、父親はどんな言葉をかけてやればいいのでしょう。

こうした試練を通じてコントロールを身につけ、球速やコースを変えてバッターを翻弄する力を伸ばし、プレッシャーのかかる場面での投球術を磨いてほしい、こうした困難を乗り越えるコツをつかんでほしいという親は「とにかく落ち着くんだ。冷静にならないとだめだ。試合中に泣くんじゃない」と声をかけるでしょう。

試合のことはお構いなしに、息子を元気づけることしか頭にない親もいるかもしれません。「大丈夫だよ。たかが試合じゃないか。サヨナラホームランを打たれたって、どうってことないさ。もうそんなに気にするな」

いい結果を出して勝つためなら何でもしろと、邪な考えを植えつけようとする親もいるかもしれません。「いいか、スポーツや人生で成功してるかどうかは、この質問の答えで決まる。『勝ったのか?』。みんなが知りたいのは、それだけなんだ。納得のいかない話だが、そんなものなんだよ」

さて、実際いったいどんな言葉をかけてやればいいのでしょう。最適な接し方は、子どもの年齢や性別、性格、競技成績、総合的な能力、試合状況、疲労度、さらにその他に抱えている問題やそのときの精神状態などによって変わります。三振を取って必ず勝利をつかめるようにする、そんな魔法のような言葉はないのです。しかし、モチベーションを高めるアプローチは確かにあります。研究にもはっきりと表れていますが、**スポーツを楽しく長い間続けてきた子どもは、よりいっそう真剣に取り組むようになり、選手として実りある経験を積む機会も増えていきます。**この9歳のピッチャーの場合、いいコーチならおそらく、「軸足を蹴り出す前に前足のひざをベルトの上まで高くあげるんだ」といった投球技術のアドバイスをして息子に自信を持たせ、プレッシャーを取り除いてやろうとするでしょう。しかしそれ以上に、最高のコーチや親であれば、ピッチングの土壇場の場面であっても、大きなモザイク画にたとえるなら、ほんの小さな一片としか捉えないのです。心のなかでは、もっと大きな絵を描いているわけです。

組織的なスポーツ活動では、他でなかなか経験することのないような、人格形成につながる機会にたくさんめぐり会えます。競技はそもそも競い合うもので、そこには守るべきルールがあり、敗北の恐怖に駆られることも、激しく高ぶる気持ちをコントロールしなくてはならない場面もあるからです。アメリカでは、子どもに関して親は学業よりスポーツ活動に力を入れる傾向があります。スポーツは、選手としての成長だけではなく、子どもの人格の発達を促し、その行く末を左右する大きなきっかけとなります。8歳の息子が三振してベンチに戻って壁にヘルメットを叩きつけたり、高校4年生（訳注：日本の高校3年生に相当）の娘がテニスの試合で過去最高の出来だったにもかかわらず熱戦の末に敗れたり、ピーウィーリーグ（訳注：12歳以下のアイスホッケーリーグ）の試合で決勝ゴールを決めた相手チームを自分の子どもがやじったり、親はそうした場面を目にします。そんなときはどうすればいいのでしょう。

ここでポイントになるのが人格です。人格は感情のコントロールのカギとなります。感情に身を任せてしまうと、選手は競技を放棄したり、つまらない反則を犯したり、せっかく続けてきたいいトレーニングもやめてしまったり、優位に立つために不正を働いたり、チームの目標より個人の栄光のためにプレーしたり、なかなか冷静ではいられなくなります。人格が未熟だと、自分をうまくコントロールできなくなり、最終的にはパフォーマンスも落ちてしまいます。

親であれば、子どもに対して休まず練習に励むよう導き、コーチの言うことをよく聞き、試合のルールを守ることを言い聞かせ、もめごとが起こったり、負けそうになったりしたときには、「チームのため」を考えることが大切だと教えることも確かに大切です。

また、スポーツ心理学者の立場から言えば、競技で相手をしのぎ打ち負かそうと努力することは、つねに怠ってはならないものです。試合でベストを尽くし、勝ちたいと思うことも絶対に必要です。しかし、それらの前に育まれていなくてはならないのが正しい行いを大切にする人格です。それでもひそかにこんなふうに思う人もいるかもしれません。「『正しい行いをする』。それが子どもにとって何の意味があるというんだ。自分の子どもには、幸せになって成功してもらいたい。望んでいるのは、ただそれだけ。要は、この社会でより多く勝てということだ」

果たしてそれは子どもが自身の将来を切り開く切符となり得るでしょうか。例として、NFLの選手だったトッド・マリノヴィッチのケースが思い出されます。

トッドは生まれたときから、将来はNFLのクォーターバックになるよう父親に育てられました。幼いうちから青年期を迎えるころまで厳しい指導やトレーニングを受けてきました。ソフトドリンクもファストフードも禁じられていました。毎日のスケジュールは勝手に決められ、栄養状態や身体のコンディションについては最高の助言を受けられるよう専門のアドバイザーがつけられ、生活全般を父親から綿密に管理されていました。

10歳を迎えるまでには、トッドはプロのクォーターバックを目指すにあたって10代になる前の準備段階の一環として、スローイングの指導を受けたり、ウエイトリフティングに取り組んだりしていました。スローイング力も体格も出来上がり、無事に奨学金を得て、南カリフォルニア大学（USC）でクォーターバックとしてプレーすることになります。しかし、大学で薬物使用の容疑で逮捕され、チームから2度にわたって活動停止処分を受けてしまいます。その後、NFLのラスベガス・レイダースにドラフト指名で入団しますが、プレーしたのは1シーズンのみ。薬物問題の末に引退することになります。そして引退後、薬物関連の容疑で逮捕されました。

スポーツに打ち込む子どもの姿を見たいと願う親にとって、マリノヴィッチのケースは、一流選手に育て上げることより、人格を育てることのほうが大事だという教訓となったのです。

優れた人格を育てる

ある教授が、大学院のスポーツ社会学の講義でユーススポーツや心理学の話題を取り上げました。その教授はこんな質問を投げかけました。「スポーツは人格を形成するものでしょうか？」。この講義には主に教師やコーチ、アスレチック・ディレクター（訳注：高校・大学の運動部の運営管理者。人事担当及び対外的な窓口になる）が参加していましたが、みんなそろって大きくうなずいて見せました。「もちろんです」と全員が答えました。

「では、皆さんがじかに体験なさった、あらゆる悲惨なケースについてもそういえるでしょうか？」と教授は尋ねます。「惨めな思いをしてきた子どもや、怒鳴り散らす親、燃え尽きて競技に喜びを感じられなくなった10代の選手たちの場合はどうでしょう？『何がなんでも絶対に勝つ』。これはアメリカでは行動規範になっているともいえますが、こうした考え方のために家族関係がぎくしゃくしたり、好ましい行動の基準が崩れてしまったりしたケースはどうでしょう？　そしてついには、いじめや乱闘、10代の若者のステロイド使用、審判やコーチやファン、試合そのものに対する侮辱行為といった、選手や親、コーチの起こした不祥事がマスコミの見出しを飾って注目を集める事態になった場合はどうでしょう？」

教授の問いかけは核心を突くものでした。この講義の参加者は、アメリカ人がよく引っかかる落とし穴にすっかりはまっていました。スポーツは子どもにとっていいものに決まっている、と何の疑いもなく思い込んでいたのです。しかし、ユーススポーツに関連した不祥事が起こると、冷静な大人たちは改めて立ち返ってその思い込みについて見つめ直します。

ある独特の衝動に駆られると、スポーツから得られる多くのプラス効果が削がれる恐れがあります。勝利に酔いしれたいという思いがそうです。このような欲求は、親が子どもに向ける大きな期待や心配といった、他のあらゆる感情と入り混じって試合中に表れ、危険な薬物に侵されているような状態になります。勝ち負けによって気持ちの浮き沈みが激しくなるのです。親、コーチ、ファンという立場でありながら、テニスでサービスエースが取れなかったとか、野球で中継プレーをうまくできなかったとか、アイスホッケーでしっかりとボディチェックができなかったとか、バスケットボールでジャンプシュートを見事に決められなかったとか、そんなことで11歳の子どもを怒鳴りつけるといったことがしょっちゅう起こります。「何がなんでも絶対に勝つ」などと自分は考えもしないと思い込んでいる人でも、こんなふうに我を失ってしまうことがあるのです。

心理学者のフィリップ・クッシュマンが個人の成長には文化的景観が影響している

ことについて触れています。彼の考え方は今日でも高く評価されています。自己とは「空っぽなものだ。1つには、家族もコミュニティも伝統もないからだ。その時代に広がっていく疎外感や崩壊を食い止めるために、商品やカロリーを消費し、経験を積み、政治家や恋人や親身になってくれるセラピストの力を借りて絶えず満たされようとするのが自己である」

勉強の成績が悪かったり、チーム内の決まりを破ったりした選手を注意しようとするコーチに、親やその弁護士や学校管理者が横槍を入れることがあります。そうした選手たちは、勝利に貢献できるからという理由で、悪いことをしても許されてしまうのです。それはまさに、アメリカの人気漫画キャラクターのポゴがよく言っていたとおりの展開です。「我々は敵と出くわした。その敵とは他でもない我々のことだ」

実際、**人格はスポーツが形成するのではありません。人が育むのです。**親やコーチが優れた人格を育てるには、場合によっては勝利を二の次にして、公平かつ安全で、チームのためになること、さらには子どもの先々の成長を優先しなくてはならないということです。親や周りの大人から無茶な期待をかけられたり、感情をぶつけられたりすることなく、子どもが競技スポーツを楽しみ、いろいろなことを学べるようにしてやらなくてはなりません。

バランスの取れた人格を育み、スキルを伸ばし、楽しむ

遊びは子どもの仕事です。遊ぶことこそ、子どもの務めなのです。遊びを通じて知らず知らずのうちに、子どもは物事を探求し、学び、成長します。上手に遊ぶには、余計な干渉をされず、時間が経つのも忘れ、夢中になってのびのびと楽しむことが大切です。組織的なスポーツ活動はまさに、遊びの本格的な形態といえます。従うべきルールがあり、習得すべき技術やポジションがあり、そのうえでプレーが成立する。そんなふうに、スポーツは遊びを形にするのです。どんなスポーツでも上達を促せば、激しい競争が生まれ、よりうまくなりたいという意欲が駆り立てられます。組織的なスポーツ活動でルールに則った行動をさせることで、子どもは日常的な意味でもさまざまなことを自然と学んでいきます。上達してそれに見合った結果を出すことに貪欲になり、自分の強さや限界を進んで認めるだけではなく、他の人の要求や権利も尊重することは、責任ある立派な大人になるためにはいずれも欠かせないものです。スポーツはこうした領域の能力を高めてくれるものですが、良き親やコーチのアドバイスや指示や協力がなくてはうまくいきません。

子どもはいろいろなことを学ばなくてはなりません。文字の書き方にしろ、ピアノの弾き方にしろ、野球のバットの振り方にしろ、良し悪しがあります。自転車に乗るといった、新たに難しいことを身につけるには、教える側も教えられる側もたいがい我慢や強い意志や根気が求められます。それでも、一生懸命学んだり遊んだりすることを通じて、その瞬間を楽しむこともできるのです。練習では教わり学び、長時間にわたるハードなトレーニングがつきものですが、スポーツを楽しみ、自分をのびのびと表現することもできます。ユース、高校、大学のスポーツに関わるあらゆる大人たちが目指しているのは、しっかりとしたチームワークを築き、技術やテクニックを伸ばしていく一方で、プレーする喜びを失わせないようにすることです。子どもは傷つきやすいうえ、まだ成長過程にあるわけですから、こうした試練を乗り越えていくには、ずっと支え続けることが必要なのです。

しかし、親は親なりの試練に直面しています。子どもに対していつ厳しくするべきなのか。見守ったほうがいいのはどんな場面？　決まりに従わせたほうがいいのはどういうとき？　柔軟になるべきなのはどういったケース？　目を光らせなくてはならないのはどういうとき？　子どもの好きなようにさせたほうがいいのはどんなとき？　そういったことを行うタイミングがつかめないのです。9～10歳の子どもはよくこんなふうに駄々をこねます。「お母さん、練習なんか行きたくない。もうクタクタだもん」。**きちんと約束を守らせるべきときと、子どもが心身ともに燃え尽きてしまわないようにするべきときを見極めるには、優れた判断力や多少なりとも試行錯誤が必要です。**大事な決まりは決まりとしてきちんとしつけるべきなのか、それとも間違ったことでも大目に見るべきなのか、親はそんな悩ましい場面とうまく向き合っていかなくてはならないのです。

自分の感情と向き合う

子どもがいいプレーをして楽しめるように育てていくうえで、もう1つ障害となるのが親自身の悩みです。それは親が昔から抱えてきたもので、先々にも影響を及ぼします。親は自分にできなかったことや、やってこなかったことを子どもに託したいという気持ちを抑えきれなくなることがよくあるのです。競技での子どもの様子が引き金となって、親には以前の記憶や感情がよみがえってくることもあります。「あのコーチは最低だ。俺の学生競技最後の年を台無しにして、今度は息子まで同じ目に遭わせようとしてる」。そうした状況のなか、観客席でわめいたりケンカ腰になったりする親もいれば、その場から離れてひとりで脇から観戦する親もいます。応援に加わって子どものために全力を尽くす親もいます。心配で観ていられなくて、競技と一切関わろうとしない親もよくいます。日々抱えているプレッシャーや問題にこんな状況まで加わってくると、親は子どものスポーツに対してとかく冷静ではいられなくなります。

子どもとの良くないやり取りの例として挙げられるのが、試合の帰り道の車中で質問攻めにしたり、とがめたりしてしまうケースです。

「あのコーチ、どうしてもっと試合に出してくれないのかしら？　何か言ってなかった？　まったく、何を考えてるのかしら」

「なんで反則なんか取られたんだ？　審判に歯向かうようなことでも言ったのか？」

「どうしてもっとシュートを打たない？　もっと積極的にいかないと」

「バテバテだったな。だから早く寝ろって言ったじゃないか」

「勝とうという気がないの？　もっと本気で頑張らないと、1軍入りできないでしよ」

「いつになったらわかるんだ？　何度も言ってるだろ。ああいう場面こそ、もっと踏ん張らなきゃ」

「どうしたんだ？　今日はお前らしくなかったぞ」

こうした「試合後の質問攻めの反省会」は、子どものやる気を削ぐもので、スポーツから得られる喜びも奪い去ってしまいます。他のことでは冷静な親でも、このように競技のことで熱くなると、子どもを援護したり、奮い立たせようとしたり、褒めてやったりしようとするあまり、行き過ぎてしまうことはよくあるのです。中には、公然と不満を訴える親もいます。この序章を書いている最中にも実際、アメリカのある都市部の日刊タブロイド紙に、「観客を校内から締め出しに」という見出しが躍りました。この不幸な事件では、高校のあるアイスホッケーの試合をめぐって保護者と選手とファンとの間で大乱闘が起こったのです。後日、高校のアスレチック・ディレクターの判断で、その再試合は無観客で行われることになりました。親であれば、若い選手たちの模範となるよう心がけなくてはいけません。時には、まずは先走らず、呼吸を整えて、スポーツを通じて本当は子どもにどんな経験をしてほしいのか、改めて考えてみることです。「勝てた？」。そんな問いかけも、親としての存在感を示す、次のような声がけに置き換えることができます。

「楽しかった？」

「プレーはどうだった？」

「何か新しいことはつかめたか？」

「全力は出せた？」

「チームプレーはできたか？」


こうした声がけを意識することは、人格を育てるという意味で言葉以上の効果を発揮するのです。

家族としての目標とミッションステートメント

パフォーマンス向上へのカギとなるのは、目標を定めることです。スポーツで成功するための青写真をつくるのです。しかし、初めから目標が定まっていなくても、実績のある体育局（訳注：日本でいうところの体育会）やスポーツプログラムでは、ミッションステートメント（訳注：価値観や行動の方針を文章に記したもの）として、目標設定の指針となる、それぞれの目的や方向性が幅広く掲げられています。スポーツについて家族としての明確なミッションステートメントがあれば、親にとっても子どもにとっても大きなプラスとなります。まず手始めとして、次の質問に答えてみましょう。

「子どもが成人を迎えたとき、どんな人間に成長していてほしいですか？　子どもをそんな望ましい人間に育て上げていくうえで、スポーツはどのくらい役に立つと思いますか？」

「スポーツを通じて子どもに学んでほしい美徳や教訓のなかで、いちばん大事なことを３つ挙げるとしたら何ですか？」

子どものために家族としてその存在価値や目標を指し示すには、少し勇気が必要かもしれません。家族のスポーツに対する考え方は、利益や成功の度合いによって左右される消費者文化とは相反するケースもあります。即座に結果を出し、すぐに満足感を味わいたいという欲求が、スポーツ文化に影響を及ぼしてきたことは確かです。アメリカのスポーツ専門チャンネルＥＳＰＮの『スポーツセンター』というテレビ番組は、華々しい活躍ぶりを見せる個人を取り上げてその人物像に迫り、スターの座に上り詰めたことを称え、いとも簡単に名声や幸運を手に入れたかのような印象を与えています。若いアスリートの場合、このようにメディアで取り上げられ、それに伴う宣伝効果によって思ってもみない方向へ導かれてしまうことがあります。しかもそれが親にまで及ぶケースもあるのです。子どものアスリートとしての才能を伸ばすために、異常なまでに時間やお金をつぎ込む家族もいます。結果が出なければ、痛い目を見ることになります。スポーツに関してしっかり練り上げられた、家族としてのミッションステートメントがあれば、人格や地道な練習や、純粋な喜びやチームワークのありがたみといったものが軽んじられることがよくあるスポーツ文化においても惑わされるようなことはないでしょう。

家庭内での約束事として、家族がいちばん大切にすることを決めるのは親です。心理学者のケネス・ケイ博士は、名著『Family Rules』のなかで、家族が独自に大切にしていることを書き出して優先順位をつけることから始めてみるよう勧めています。たとえばこんな項目をリストアップして順位を検討します。

健康維持
いい友達をつくる
自制心

規律
技術の習得
思いやり
正直さ
根気
競争心
勇気

リストアップする内容は、家族によって異なってくるでしょう。学業を重視している家庭なら、宿題をしっかりやっていい成績を取ることがリスト入りするかもしれません。家族の協力を大切にする家庭なら、家事をこなすことが挙げられるでしょう。

こうして**家族内の価値観を決めておくことで、子どもの行動に対してきっぱりとした一貫性のある公平な姿勢で臨むための土台ができます。**

スポーツでは真剣勝負がつきもので、子どもが大きくなっていけばなおさらです。とはいえ、あくまでもそれはゲームでの勝負です。戦争をするわけではありません。生きるか死ぬかの問題でもないですし、そんな事態に発展させるべきものでもありません。

子どもを大学やプロのアスリートに育てることがどれほど重要だとしても、親は人格を育むことを第一に考えるべきです。子どものアスリートとしての才能を、高等教育への進学や経済的に豊かになるための切符のように捉える家族もいることでしょう。立身出世の話は、スポーツ界ではよく聞かれることではあります。しかし現実には、プロアスリートになるのはもちろんのこと、大学でスポーツ奨学金を受けるのもかなり難しいものです。全米青少年スポーツ連盟の統計によると、高校生アスリートのうち、何らかの形でスポーツ奨学金を受けている選手は全体の1パーセントにも届きません。子どもの幸せをスポーツの才能にかけるのは、大きなリスクをはらんでいます。たくましい人格を育てることにかけるほうが健全ではるかに大きな見返りが望めます。

優れた人格を持った、健全な子どもを育てるといっても、すぐに達成できることでもなければ、必ずうまくいく保証があるわけでもありません。お金で買えるものでもありません。株式情報のように、日々の結果から判断できることでもありません。不安や苛立ちを抱えつつも、そうした状況とうまく向き合いながら、子どもと一緒に最後までやり遂げなくてはならないことなのです。

Whose game is it, anyway?

第1部

発達段階で見る 心と身体の成長とスポーツ

第1章 子どものスポーツ環境を整える3ステップアプローチ

多くの人はある一部だけを見て自分のことを決めつけられたくないと思うものです。「配管工のジョン」だとか、「弁護士のメアリー」だとか、「ビリーの姉」だとか、それはその人の一面にすぎません。友達や家族との関係や信仰、政治的な見解、仕事、身体、プライベートでの趣味や活動といったものは、個性を形づくる大切な要素です。子どもにとっても、生活においてこのようにさまざまな側面があり、それを心にとめておくことは子育てをしていくうえで欠かせません。子どもはアスリートであると同時に、誰かの息子や娘であり、きょうだい、孫、いとこでもあり、友人、生徒、隣人、地域の市民の1人であり、新進のアーティストやミュージシャン、未来の有権者でもあるのです。子どもが1人の人間として成長していけるように、肉体的にも精神的にも社会的にも、あらゆる方面から注意深く見守っていかなくてはなりません。ある側面にばかり囚われていると、不穏で厄介な事態を招く恐れがあります。

子どもは生物学的にも心理学的にも社会的にも未完成な存在です。年齢に応じて子どもができることを肉体的、精神的、感情的な側面からしっかりと、時には直感的に把握することが必要です。8歳の子どもが代数の授業を受けるようなことはないでしょうし、12歳の子どもに車の運転をさせることもないですし、6歳の子どもに生後6か月の赤ん坊の世話をさせようとも思いません。**子どもは身体も心も自我も成長途中で、より大変で複雑なことに挑戦するためには段階を踏んでいくしかないのです。**そんなふうに頭ではわかっていても、残念ながら、スポーツでの目標を達成させたいと思うあまり、子どもが成長途中にあることを忘れてしまう場合があるのです。

アメフトのコーチが9歳のクォーターバックにフィールドの外から大声で指示を飛ばしても、当の本人にはその意味が伝わらず、苛立ってしまうということがあります。単にそれは、9歳の子どもに対してアメフト戦術用語を連発しても覚えきれないことをコーチが理解できていないからにすぎない場合もあるのです。このコーチは自分が指導している年齢層の子どもが実際にどれほど成長しているのか気にもとめていません。相手は身体も頭も心もまだ子どもなのに、大人なら当然できることを同じようにやらせようとしているのです。こうした過ちは、悲惨な結果を招きかねません。

子どものスポーツ環境をうまく整えていくための3ステップアプローチは、発達段階に応じた接し方がもとになっています。基本ステップは次の3つです。**⑴子どものことを知る。⑵自分のことを知る。⑶子どものスポーツ環境のことを知る。**これらのステップは、身体的、精神的、社会的な側面から子どものことや子育て、身の回りのスポーツ社会について見つめ直してみるというものです。一見、単純なことのように思えますが、各ステップを通じてアスリートとしての能力を極め、健全な心や人格を育て、真のチームワークや仲間意識を芽生えさせるための道筋をつくっていくことができます。この3ステップは決まった順序で進めていく必要はありません。それよりも、各ステップ領域で観察や思考をじっくり重ねていくことです。そうすれば、いずれについてもいい結果が徐々に表れてくるでしょう。

ステップ1　子どものことを知る

子どもがそれぞれ独自に求めていることやその能力を把握することは不可欠です。こうしたことを理解するには、生物学的、精神的、社会的な視点から子どもの実情をしっかり認識することが必要です。ひとりとして同じ子どもはいません。姉妹でも、

8歳の妹はポップ・ワーナー（訳注：アメリカのアメフト、チアダンスのユーススポーツ組織）のアメフトチームで活躍しているのに対し、10歳の姉のほうはチアリーダーで自分の髪型のことが気になるタイプだったりします。きょうだいでも1人はゴルフやテニスといった個人競技にひとりで挑もうとし、もう1人はラクロスで持ち前のスピードや体幹の強さを活かして活躍するということもあります。個人的に興味を引かれることも、時とともに変わっていくかもしれません。6歳から12歳まで熱血野球少年だった子どもが、13歳か14歳になるとスポーツを完全にやめてしまう場合もあります。2歳のころは水が苦手で怖くて仕方がなかった子どもが、5歳になると全く抵抗がなくなるケースもあります。子どもは1人1人が異なり、時が経つにつれてそれぞれの能力も興味も変わっていくのです。

子どもを初めてミニホッケーや水泳プログラム、Tボール（訳注：野球に似た球技。ティーに乗せたボールをバットで打つ）やミニサッカーに連れていったとき、親はその場の第一印象をもとに誤った形で状況を総括し、期待値を見定めてしまう場合があります。

「トレバーは、本格的に参加するのは初めてで、昨年はいとこほど真剣に活動していなかったから、選手としてはまだまだかもしれない」

「ジェニーは出来の悪いグループに入れられてしまった。このままずっとだめなグループに入っているようでは、目をかけてもらえそうにない」

「マニーはみんなを圧倒していた。もっとレベルの高いプログラムに入れたほうがいいかもしれない」

しかし、子どもの行動は性格、家庭環境、その日の調子、前日の睡眠時間、友達がその場に居合わせているかどうかなど、さまざまなことに影響されます。そして別の日には全く違う行動をとることもあります。観察力の鋭い親なら、子どもの行動に応じてその受け止め方を改めていくようになります。子どもが何かを身につければ、難易度を上げてみたりします。苛立ちや疲れた様子を見せたら、本人の成長レベルや個性をつねに意識しながら気晴らしやリラックスができるように促すでしょう。子どもに対して無理に大人と同じことをやらせたり、自分が思い描く完璧な理想像を押しつけたりはしません。愛しくてかけがえのない存在が抱えている現実を理解しようとするのです。

子どもの発達具合を見る目安となるものがあれば、成長レベルを正確にはかることができますが、それは一定の形で表れるわけではありません。たとえば男子の場合、

6歳から14歳までの間に決まった形で徐々にひげが生えてくるわけではありません。生物学的に見ると、比較的あっという間のうちに思春期を迎え、産毛ほどだったものが硬いひげに変わるなど、さまざまな変化が見られるようになります。同様に、運動能力には特定の発育段階に達してから発揮されるものもあるので、それよりも早いうちから身につけさせようと思っても無理なのです。たとえば、思春期に入る前から男子にウエイトトレーニングをやらせても筋肉量は増えません。筋肉をつけるには、思春期に入ってから増えてくるテストステロンという男性ホルモンが必要だからです。筋肉量を増やし、強靱な身体をつくろうと、大人向けのものを軽めにした「ミニ成人版」のウエイトトレーニングを思春期前の男子に課すような誤ったプログラムでは、うまくいかないだけではなく、ケガにもつながりかねません。**子どもは大人より身体が小さいだけではありません。生理学的にも心理学的にも大人とは違うのです。**

子どもが精神的に安定しているかどうかをチェックするには、次のような領域から個別に見ていきましょう：自信、判断力、興味、人間関係、感情のコントロール、スポーツ関連のスキル。それぞれを通じて、子どもに関してより深く知ることができるようになります。ある意味、子どもに対する考え方の視野が広くなり、白か黒かで短絡的に判断するのを避けることができます。

この後の各章では、具体的な発達段階について触れ、以下の項目についてさらに深く掘り下げていきます。

自信

自信とは、自分ならうまくできると期待を持って信じることです。これを「主体感」という心理学者もいます。「自分なら自力でしっかりやってのけることができる」とか「自分なら絶対にできる」といった感覚です。小中学校や高校で競技スポーツをやっていると、こうした大切な信条が身についたり、逆に傷つけられたりする場面にたくさん遭遇します。「よく頑張ったな、えらいぞ！」とか「またミスをして！　何やってるんだ？」といった言葉に、子どもは強く影響されます。**自信は、課題にぶつかってそれを克服していくにつれて生まれてきます。**なかなかヒットが打てなくてもめげずに頑張ってきた選手が、シーズンの最後の最後になってようやく当たりを出し、弾けそうなほどの最高の笑顔を見せる。リトルリーグの優れたコーチであれば、そんなとっておきの逸話もあるでしょう。頑張って上達したことを親やコーチが積極的に褒めてやれば、子どもが自信をつけていく土台が出来上がります。

判断力

これは、物事の善悪を学んで見極め、それをもとに行動する能力で、年齢に応じて身についていきます。判断力があれば、何が安全で正しく、モラルに則っているのか、困ったことがあったりストレスや危険を感じたりしたときに頼れる相手は誰なのか、といったことを見定めることができます。認知力は、脳が正常に発達することで成長し、判断力を身につけていくうえで大きなカギとなります。子どもがうまくこなせることも、賢く判断できることも年齢によって異なり、親もコーチもそれをつい忘れてしまいます。10歳のクォーターバックに対して、20歳の選手と同じように「フィールドを読め」と言っても通じるわけがありません。判断力を磨いていくには、時間がかかるのです。

興味

子どもは幼いうちから自然と身体や脳に刺激を求め、自分の肉体や物をより自在に操れるようになろうとします。大きくなって学校に通うようになると、子どもが向ける興味の幅も、発揮する能力も一気に広がります。**遊んで学び、楽しむことこそが子どもの仕事で、さまざまな活動を通じてその能力は高まっていきます。**スポーツはあくまでも、いろいろなことを探求し発見する機会にあふれた領域の一部にすぎないと考えるべきです。子どもが競技に打ち込む姿を見るのは、親にとってとても喜ばしいことですが、だからといってむやみにスポーツをやらせればいいというわけではありません。子どもに算術の才能がありそうだとしても、数学の授業だけを受けさせればいいということにはなりません。同じように、1つのスポーツばかりに入れ込むと、かえって良くない場合があります。それよりも、子どもにはいろいろなスポーツをやらせてみることです。また、さまざまなことに挑戦したり興味を持ったりすると、脳の成長も促されます。

人間関係

親、きょうだい、教師、友達、コーチといった、いろいろな立場の人々と付き合い、気持ちを通わせていく能力は年齢に応じて身につくものです。スポーツを通じて対人スキルを身につけていくうえで、子どもはいい意味でも悪い意味でもさまざまな経験をします。チームメイトやコーチ、対戦相手、ファン、審判に対してどう接しているのか、親は子どもばかりではなく、自分も含めてしっかりと注意を払わなくてはなりません。人と関わり合うことは、人格を作り上げていく絶好の機会となるからです。

暴言を吐くような横暴なコーチでも、その影響力は絶大で、娘や息子が大学の奨学金を受けられるよう取り計らってくれそうだからといって黙認してもいいのでしょうか。黙認するのであれば、いつどんな状況になったら、そんなコーチの言動に異を唱えるというのでしょう。チームのスター選手が特別扱いされ、決まりを破ってもとがめられない、そんな状況に娘が遭遇しているのだとしたら、どんな言葉をかけてやりますか？　人との関わり方は、子どもが成長していくなかでおそらく最も重要な部分であり、親が注意深く見守っていかなくてはならないのです。

感情のコントロール

感情のコントロールとは、自制心を持って自己管理する能力で、これができれば不適切な行動や乱暴な行為に及ばなくても自分の望みを叶えることができます。自分を落ち着かせること、つまり、適切かつ確実に気持ちを静め、ストレスを取り除くために自らをコントロールしようとすることも、感情のコントロールの1つです。自分を落ち着かせる行動（薬物やアルコールなどに頼ること）は、必ずしも健全で適切なものとは限りません。感情をコントロールする能力は、目の行き届いた環境、つまり、温かで恵まれた環境で身についていきます。子どもは大きくなっていくにつれて、より困難な場面に遭遇し、さらに感情のコントロールを余儀なくされるようになります。子どもが卑怯なプレーをされたらどうしますか？　三振したとき、子どもがベンチに戻ってからヘルメットを叩きつけたりしていませんか？　審判に不利な判定をされたら、子どもはどう対処していますか？　コーチから不当に控えにまわされたら、子どもはどんな反応を見せますか？　大人も子どもも競技を通じて日々、感情をコントロールできるかどうか試されているのです。

スポーツ関連のスキル

子どもの成長段階は、生物学的にも心理学的にも社会的にも、スポーツに参加してプレーすることと直結しています。「成長準備」が出来上がらないうちは、身体的にも認知力の面でもこなせない課題があるのです。また、才能が開花する年齢もさまざまです。大人のように脳が完全に発達するのは、18歳を迎えてからずっと後のことです。メンタル力も徐々に変化していきます。

Check

子どものことを知るためのチェックポイント

子どもがスポーツに取り組むにあたって、
親が観察すべきポイントを紹介します。

1 新しいことや知らない人たちに馴染めているか？

2 6つの必須スキル（自信、興味、人間関係、判断力、感情のコントロール、スポーツ関連のスキル）について、どこまで適応できているか？

3 体格やスピード、協調性や体力、スポーツスキルの面で、他の子と比較してどうか？

4 他の子と比べて身体能力の面で成長しているか？ 脱落したり、伸び悩んだりしていないか？

5 ふだんの活動レベルはどの程度のものか？

6 制約事項や指示をきちんと守っているか？

7 どんなスタイルで物事を習得しているか。とりあえず実践してみる派？ それともまずは話を聞いてみる派？ どんな指導が合っているか？

8 集中力はどのくらい続くか？ それが途切れる度合いはどの程度なのか？

9 行動をうまく切り替えられているか？

10 他の子どもと仲良くできているか？

11 困ったときはちゃんと助けを求めることができるか？ こうしてほしいとはっきり口に出して言えるか？

12 怒ったり、いらいらしたり、落ち込んだりしても、うまく気持ちを立て直せるか？ どんなふうに気持ちを落ち着かせるのか？

13 スポーツ以外に興味を持っていることは？

14 勉強や友達付き合い、スポーツやそのほかに興味のあることなどをどうやって両立しているか？

15 やりたくないことがあるときに、どのくらいの頻度で駄々をこねるか？

ステップ２　自分のことを知る

知り合いのある高名な心理学者は、次のようなお得意のたとえ話をよく口にします。**「心理学的に言えば、１８３センチほどの身長があっても、身体を温めるために使う毛布の長さは１２０センチ程度しかない」**。自分の欲求や葛藤をすべて解消できる人などいません。誰もがどうにもならない心の傷を抱えています。心の奥底にそうした目に見えない傷を抱えたまま子どもの成績や身体能力、資質の問題に直面すると、我が子に対して抱いている展望がぼやけて、ＵＣＬＡ医科大学精神科臨床教授のダン・シーゲル博士の言う「ロ―ロード・アプローチ」を引き起こしてしまう可能性があります。シーゲル博士はこう言っています。「何の前触れもなく、歴史は幾度となく繰り返され、親は子どもにかつての悪循環をつい押し付けてしまう」。無意識のうちに衝動に駆られ、感情に任せて過剰反応してしまうと、子どもやコーチ、審判、管理者、さらに他の親を相手に無益な衝突を招きかねません。試合や成績や競技に関わる場面ではなおさらですが、自分が感情的にどうなりやすいのか、その傾向を自覚することが大切です。

Check

自分のことを知るためのチェックポイント

子どもに対する親自身の取り組み方を
振り返るためのポイントを紹介します。

1 子どものスポーツについて、自分が思い描く最終的な目標はあるか？

2 子どもが成人するころには、どんな人間になっていてほしいか？

3 子どもがスポーツを続けていくことに関して、その大まかな方向性について配偶者やパートナーと話し合って同意できているか？

4 子どもがスポーツでいい経験をするうえで欠かせない大事な点を3〜5つ挙げられるか？

5 子どもがやる気をなくしたり、泣いたり、理不尽な結果に終わったり、不当に試合に出してもらえなかったり、危ない目に遭ったり、ケガをしたり、エラーをしたり、負けたり、そんなスポーツにまつわる行動や出来事に対して感情的になっていないか？

6 感情的になってしまうのだとしたら、その原因となる子どもの行動を自分の過去の経験と重ね合わせていないか？

7 次のように、自分のスポーツ体験について幼少期、学童期、青年期、成人期ごとに評価をまとめる。（0=最低満足度、10=最高満足度）
・6歳未満　・6~12歳　・13〜18歳　・19〜22歳
・23〜30歳　・31〜40歳　・41歳以上
満足度の評価が4以下の場合、スポーツではあまりいい経験をしていないことがわかる。

8 スポーツをやっていていちばんよかったことは何か？ よかったと思える理由は何か？ 自分の経験でよかった点について、子どもに伝えられることは？

9 自分の家系に、うつ病や薬物乱用、不安障害、パニック発作、注意欠陥・多動性障害（ADHD）、学習障害といった病歴はないか？

10 家庭生活のなかで、家族の誰かに深刻なストレスのかかる出来事（失業、引っ越し、離別または離婚、親類や友人の死、友人との決別、学校問題、彼氏や彼女とのいざこざ、転校、人生の転機、ペットの死、薬物やアルコールへの依存など）は起こっていないか？

ステップ3　子どものスポーツ環境のことを知る

誰とも関わらずに育つ子どもはいませんし、周囲の文化に良くも悪くも何の影響も受けない家族もいません。先に述べたように、今日の社会ではどんな弊害があろうと、目先の満足感やスピード、利便性や結果が重視され、集団よりも個人の利益を優先し、すぐにでも概ね満足したいという欲求が常習化しています。スポーツではこのような傾向が特に強く表れます。ユースや高校のスポーツ界でも、不正行為やステロイドの使用、審判への暴言や暴力、制御不能になった観客などが、競技のいい面よりもクローズアップされてしまうことがあります。

居住地域のことやそこでのスポーツ活動についてはしっかり把握しなくてはなりません。スポーツプログラムについてもよく調べておくことです。街の学校や礼拝所の評判を聞いてみるのと全く同じです。周りにも同じような考え方を持った親やコーチがいれば、家族として掲げた目標も達成しやすくなります。努力を惜しまず、最適なスポーツプログラムやコーチ、管理者や保護者仲間を見つけることは、それだけの価値があるのです。

Check

子どものスポーツ環境のことを知るためのチェックポイント

子どものスポーツ活動を見直したり、
見極めたりする際のチェックポイントを紹介します。

1 ミッションステートメントが備わったスポーツプログラムかどうか。ためになるプログラムか？　どんな特徴があるか。

2 目標をどのように達成していくのか、きちんと説明されているか。

3 試合への出場機会や心身の安全性、スキル向上や規律事項について、明確な方針が示されているか。

4 リーグやスポーツ活動やチームのなかで、新たなリーダーや目的や方針がどのような形で決められ、実践されているか。

5 そのスポーツプログラムに参加したことがある、あるいは現在参加している子どもをもつ保護者の評判はどうか。

6 そのスポーツプログラムのコーチについて、定期的に素行調査を行うチェック体制が整っているか。

7 優勝の横断幕やトロフィーなどがどれくらい大々的に飾られているか。そのスポーツプログラムが正式な表彰の対象としているのはどんな行動か。その対象に当たるものの大半が、勝利やパフォーマンスや成績ではないかどうか。

8 非公式の試合や練習を見てみること。選手たちがどれほど楽しそうにしているか。

9 リーグのコーチや管理者はしっかりしているか。見識にあふれ、話しやすく、冷静な人物か。コーチの指導力の裏づけや向上を図るしくみは出来上がっているか。

10 そのスポーツ活動やプログラムに関して、次のシーズンも参加資格をもつ選手たちの定着率はどうか。

3ステップアプローチを実践する

カットは14歳のランキング上位のテニス選手。トーナメントの次の試合で親友と対戦することがわかって不満を漏らしています。どうしてくれるのだと言わんばかりに母親のことをにらみつけます。カットはスポーツのことがきっかけで完全に冷静さを失っているのです。実力は自分のほうが上だとわかっていても、親友が相手となると、いつも調子を崩してしまいます。なぜそうなるのか全くわかりませんが、みぞおちに痛みが走ることから何かしら原因があることは確かです。カットは負けず嫌いで、自分がお粗末なプレーをすることなど絶対に許せないのですが、対戦相手が親友とあっては、おいそれと打ち負かそうという気にはなれません。カットの母親は娘の様子にハッとして、癇癪を起こしてラケットを叩き壊したりするのではないかと心配でなりません。娘と同様、母親にとってもこの状況は受け入れがたいものなのです。「スポーツはこんなものじゃないのに……ネットを挟んで怖い思いや嫌な思いをすることになるなんて。もっと楽しいもののはずなのに」。母親は心のなかでそうつぶやきます。父親はむっとした様子で、低い声でこう言います。「とにかく試合に出て勝ってこい！」。娘のほうはケガをしたと偽って、試合を棄権しようかと迷っています。

こうした複雑でつらい状況に陥ったときは、3ステップアプローチで問題を整理してみましょう。

ステップ1　子どものことを知る

この女の子の性格、能力、不安要素、やむを得ない事情とはどんなものでしょう。カットの年齢は14歳。この年頃の多くの女子アスリートにとって、親友との友情をとるか、全力で戦うことをとるかのせめぎ合いは、よくある重大な問題です。親友との関係を危うくするくらいなら、わざと負けるという子もいます。社会とのつながりの場が限られていたり、気に病む性格の女子の場合、こうした状況はさらに重くのしかかり、感情をコントロールできなくなったり、自信を失ってしまったりすることもあります。親がこうした事態を把握していれば、所属クラブや出場する大会を一時的に変えて、娘が友達と直接対決しなくてもすむよう取り計らうことはできるでしょう。

また、しっかりとしたスポーツ心理学に基づいたサポートをすることで、娘が自信を取り戻し、感情をコントロールできるように持っていけるかもしれません。

ステップ2　自分のことを知る

親はこのような状況のなかで、どんな事情を抱えているのでしょう。感情的、物理的、経済的な部分やそのほかのことで心配事はありませんか。たとえば、心にわだかまり（母親が10代のときに姉妹で激しく対立するなど）を抱えてきた親は、娘が友達を打ち負かす姿を見るために力を注いできたのだと思うと、やりきれなくなるかもしれません。娘のトレーニングのために時間も労力もお金もめいっぱいかけてきたのだとしたら、娘がパフォーマンスを落としたりすると、しかも心の問題がその原因であればなおさらですが、親はやるせない思いをするでしょう。自分の気持ちと向き合うことで、子どもの状況もよりはっきりと見えてきます。そうすれば、パフォーマンスのスランプから抜け出すための解決策となりそうなことが、スポーツで本当に大切なことを盛り込んだ、家族としてのミッションステートメントにそぐうかどうか見直せるようになります。

ステップ3　子どものスポーツ環境のことを知る

どんなスポーツプログラムで、誰が運営していて、どんなメンバーが参加しているのでしょうか。エリート選手向けなのか、勝つことだけにこだわっているのでしょうか。育成を目的とした、楽しむことが中心のプログラムなのでしょうか。テニスの技術の向上だけではなく、人間関係の構築にも力を入れているでしょうか。10代の子が求めていることに目配りが利くコーチも中にはいます。そういうコーチであれば、競技をとるか、友情をとるかの問題で悩む女子選手に対しても他の人よりうまくサポートできるかもしれません。こうしたことがわかっていれば、子どもにぴったり合う環境を整え、能力や人格の成長も促すことができるでしょう。

次章以降もこのようにして、3ステップアプローチで具体的なケースを分析していきます。

第2章
幼少期（1～5歳）
——安全にスポーツを楽しむ

親は、最高のトレーニングが受けられて、できるだけ幅広い経験を積めるような環境を子どものためになるべく早いうちに整えてやらなくてはならないというプレッシャーを抱えています。1～5歳の子どもは、目まぐるしく成長し、あらゆる場面でさまざまな課題にぶつかります。子どもにとって、いちばん必要なことは何でしょう。それをはっきりさせられれば、子どもにぴったり合ったスポーツ環境を作り上げることができるのです。

この時期の子どもにとって重要といえるのが、信頼感を育むこと。この年頃の子どもは非常にもろく、つねに与えられ、守られ、教えられ、何もかもが完全に親任せだからです。**親が絶えず愛情を注ぎ続ければ、子どもが心健やかに成長していくための土台が出来上がります。**慣れ親しんだありきたりの日課やいい習慣を一貫して続けていくことで、子どもから信頼を得られるようになります。

のどが乾いたら、ママが飲み物を持ってきてくれる。寝る時間になったら、パパが本を読んでくれる。歯を磨いてお祈りをしたら、テディベアと一緒にベッドに入る。ママとパパがおやすみのキスをしてくれて、朝起きたら２人ともそばにいてくれる――そんなよくある日課を通じて信頼の土台が築かれ、子どもはいつの間にか心身の成長の基盤となるものを身につけ、自分をコントロールできるようになります。

肉体的にコントロールできるようになることも、この年頃の子どもには重要です。身体を動かしたり、話したりする能力がものすごい勢いで成長していくにつれて、この年代の子どもたちがよく口にするようになるのは「できた！」という言葉です。新しいことを身につけるには、くじけずに頑張ったり、不安やもどかしさを味わったり、気持ちの浮き沈みを繰り返しながら、それ相応の試行錯誤も重ねていかなくてはなりません。

1～5歳の子どものことを知る

心理学者のエリク・エリクソンが強く提唱しているように、基本的な信頼感を育み、基本的に自分をコントロールできるようになり、物事を習得することが、この年頃の子どもの目標になります。その目標に向かっていくうえで知っておくべきことを、第１章で紹介した６項目から掘り下げていきます。

1～5歳の自信

「ママ、わたしにやらせて！」。幼い子どもはよくそんなことを言い出します。基本的なことができるようになっただけでとても得意げに喜び、絶えず親から認められて褒めてもらおうとします。興奮気味にこんなふうに気を引くこともよくあります。

「ママ、ほら見て！　ねえ、パパも！　見てて！」

幼い子が何度もよろめいたり転んだりしながら歩く練習をしているとき、いい親なら邪魔になりそうなものは片づけます。ものすごく根気が必要で時間もかかりますが、子どもが自信やスキルを身につけるためなら、どんな手助けもいとわないものです。

自信とは、子どもの生物学上の長所や短所、成長していくなかで心理的・社会的に経験することなど、いくつかのより糸を編み合わせた１本のロープのようなものです。そのより糸は子どもによって大きく異なりますが、そこそこの自信を持っている点は、この時期の子どもにおおむね共通しています。時間をかけて、手助けしてもらいながら試行錯誤し、良き親や教師に支えてもらうことで、ほとんどの子どもは力強く生きていくために必要なスキルを習得し、自信をつけていきます。

1～5歳の興味

この年頃の子どもの意識は基本的な身体機能や生活スキルを身につけることに向いています。歩いたり、走ったり、話したり、排泄をコントロールしたり、ひとりで着替えたり。それと同時に、子どもは自分の身体や気持ち、感じ取ったものや望みにばかり自然と気を取られるものです。わがままになっても不思議ではありません。ですから、きょうだいや同年齢の子どもたちが水泳やスケート、レスリング遊びや公園のジャングルジムの高いところまで登ったりする遊びを楽しんでいる様子を見ても、それにすんなりと馴染めない子もいて当然です。

また、この年頃の子どもたちは、**すぐに楽しめることにも興味を持ちます**が、やってみると、怖い思いをしたり、身体をうまくコントロールできなかったり、危ない目に遭ったり、我慢して乗り越えなくてはならない場面にたくさん遭遇します。たとえば、泳ぎを身につけるときには、水を飲んだり、鼻に水が入ったり、水中で息を止めて苦しい思いをしたり、溺れるのではないかという恐怖感に襲われたり、そんな状況を克服しなくてはなりません。スケートやスキーに挑戦すれば、激しく転んだり、身体が冷え切ったり、足元がおぼつかなかったり、ヘルメットやゴワゴワしたスノーパンツに違和感を覚えたり、手袋をなくしてしまったり、といったことも避けられません。野球のグローブやアメフトのヘルメットも、初めのうちはなかなかしっくりこないでしょう。

こうした活動は、最初から楽しいと思えなかったとしても仕方がないのです。馴染めるようになるまでには、時間がかかることもあります。この年齢の子どもには、辛抱強く自信を持ってサポートし、絶えず応援し続けることが不可欠なのです。

1〜5歳の人間関係

この年頃の子どもにとっての人間関係は、母親と父親がすべてです。男の子も女の子も生まれたときから母親をより強く求めます。就学前までは母親のほうに懐く傾向が強いので、父親は少しのけ者にされているように感じることがあります。子どもが嫌な思いをしているときは特にそんな傾向が表れます。「ママがいい！」と泣きわめく声など、父親としては耳にしたくないものです。母親から離れようとしない息子を見て、軟弱に育つのではないかと思い込んで、腹を立ててしまう父親もいるかもしれません。でも、心配はいりません。この幼い時期には、母親のほうに懐くと同時に、親に対して反抗的で意固地な態度をとることもごくふつうに見られます。

4、5歳くらいになると、褒められたくて同性の親のことを真似るようになります。好き嫌いに関係なく、母親や父親とよく同じようなことをします。「ママ見て。このグローブ、パパのみたいでしょ」。親子関係は、幼少期のうちにさまざまな発達を重ねていくのです。

1〜5歳の判断力

この年代の子どもが、教えを受けたり守ってもらったりするときに頼りにできるのは親だけです。このくらいの年齢では、善悪の区別がつきません。基本的な安全を保つための約束事（「手をストーブに近づけてはダメ！」など）や、身体に害をなさないようにするためというより、健康のために大切な習慣（「野菜を食べなさい！」など）や、単に親の好みから出た言葉（「赤いコートを着なさい！　そのほうがよく似合うから」など）の良し悪しもよくわかりません。子どもには大人のような判断ができません。**この年頃の子どもは極めてわがままなのです。そのうえ、自分が嫌だと感じることは、悪いことだと決めつけます。**嫌だという感情から、信頼や自信は生まれません。むしろ、嫌な思いをしないように癇癪を起こしたり、やりたくないことは避けたりするものです。

大人は、子どもがそんなふうに自分に対して否定的な評価をするのを助長するのではなく、そういった評価に至らないよう子どもを守らなくてはいけません。

1〜5歳の感情のコントロール

この年代の子どもは、小さな身体を基本的にコントロールできるようになるだけでもひと苦労なのですから、感情のコントロールがもっと大変であることは言うまでもありません。何かをやり遂げたり勝利を収めたりすると、とても誇らしくうれしい気持ちになれますが、欲求不満もかなりたまるものです。

毎日の生活のなかでいろいろな試行錯誤を重ねながら学んでいくことにうんざりして疲れ果ててしまうこともあります。たいがいの場合、感情をコントロールできなくなって癇癪を起こし、手がつけられなくなったとしても、それは一時的なものですし、子どもの様子を日々見ていれば、親は癇癪が起こりそうなことを事前に予測して回避することができるようになります。

子どもが癇癪を起こすのは、いざこざがあったり、嫌な思いをしたり、何かをこぼしたり、叱られたり、不満を抱えていたり、昼寝ができなかったり、長い1日のなかであった出来事が原因だとわかってくるはずです。

子どもにとっての頼みの綱は、親がふだんの日課や心安らぐ習慣を安心して続けられる環境を作れるかどうかはもちろんのこと、親自身が感情をコントロールすることができるかどうかなのです。このような環境が整えば、子どもは感情やそれに伴う行動をより上手にコントロールできるようになります。

1〜5歳のスポーツ関連のスキル

「うれしい！」という言葉を思い出してみてください。走ったり、ジャンプしたり、滑ったり、スキップしたり、身体を使っていろいろなことが上手にできるようになると、ものすごくうれしいものです。親としては、そうして楽しく身体を動かす喜びを失わせないようにしなくてはなりません。水泳にしろ、スケートにしろ、キャッチボールにしろ、スポーツクライミングにしろ、レスリングにしろ、どんなスポーツでも楽しむことができれば、それはいい思い出となり、いい印象が残ります。

2〜4歳児の場合、数日かけて何度もやさしくなだめたり励ましたりしても、プールにいる間やおもちゃのバットを振っているとき、あるいはスケートリンクで幾度も転んだりしたときに見るからにつらそうにしているのであれば、ひとまず無理をさせず休ませることです。気楽にできることに切り替えて、後日、改めてやらせてみるといいでしょう。幼い子に完璧さを求めたり、新しい技の基本フォームなども教えたりする必要はありません。難しいことを考えずに、とにかく楽しめればいいのです。

この時期の子どもの運動スキルで無理なく楽しめそうなことと言えば、走ったり、ボールを蹴ったりすることぐらいではないでしょうか。2、3歳になると、三輪車に乗ったり、階段を飛び降りたり上ったりできるようになります。3、4歳では、他の子どもと仲良く遊べるようになります。4、5歳のころには、いつの間にか競い合う遊びに引き込まれるようになります。こうしたスキルを身につけられるかどうかは、子どもによって大きな個人差が生じる場合があります。

ケーススタディ #01　練習に行きたくない……内気なウェンディ（5歳）

ウェンディ・トーマスはひどく内気で、5歳のわりにかなり小柄で華奢な女の子です。母親に言われて、地元の5～7歳向けのサッカープログラムに参加することになりました。内気なあまり練習中もほとんど声を出すことはありません。ボールを蹴らせたり、走らせたりしようとするだけでも、コーチはひと苦労です。

母親のグレッチェンはシングルマザー。夫とはずっとぎくしゃくしていて、最近別れたばかりですが、彼はウェンディの実の父親ではありません。実の父親はウェンディが生まれて間もなくして家出し音信不通です。ウェンディがこれまで育ってきた環境について後ろめたさを感じることがあります。それでもグレッチェンなりに親子2人の生活のために精いっぱいやってきたつもりでした。

このところ、ウェンディが練習や試合の前には必ずといっていいほど、つらそうにこんなことを訴えかけてくるようになりました。「ねえママ、行かなきゃダメ？　どうしてもダメ？」。腹痛や頭痛を訴えることもしばしばです。娘が不安を抱えていることが痛々しくて、その状態から少しでも早く抜け出せるようにしてやりたいと思う一方で、ここでやめることを許してしまったら、つらいなら諦めればいいと教えることになるのではないかとグレッチェンは心配もしています。

ステップ１　子どものことを知る

幼い時期において、性格的に競技スポーツに向いていない子はいます。本人はそのせいで自分は弱くてダメな人間だと思い込んで、不安や恥ずかしさを感じながらプレーすることになってしまうのです。ウェンディはそういったタイプの子なのかもしれません。**チームスポーツは誰もがやるべきものではなく、5歳児に絶対必要なものでもありません。**スポーツを楽しんだり、自信をつけたりする手段は、他にも豊富にあります。幼いうちからサッカーをやらせたからといって、見違えるほど気持ちが強くなれるわけではありません。サッカーをするというだけで身体の不調を訴えたり、険しい態度や怯えるそぶりを見せたりするのは、その活動が本人のためになっていないということです。無理に続けさせれば、不安な気持ちや孤独感がさらに増し、そのうち似たようなスポーツも他のどんな身体活動も毛嫌いするようになる恐れがあります。「一度始めたことは最後までやり通しなさい」というのは大切な教えで、親であれば子どもに植えつけたいと思うものです。このように教えるのは大事なことではありますが、慎重に行わなくてはなりません。この年齢の子どもはたいてい、新しいことに直面すると、どうしようもなく不安になってしまいます。そのような場面では、泣いたり癇癪を起こしたりすることもあります。こうした不安は、初登校の日にほとんどの子どもが周囲に馴染もうと必死になるときの感覚と似ています。親は子どもが新たな課題や経験を乗り越えていけるように安心させてやらなくてはいけません。

しかし、このように不安でままならない状態からすんなり抜け出せない子もいます。中には、心身を正常に保つために、競技やチームばかりかスポーツ活動自体をやめざるを得なくなる子もいます。どんなに頑張っても、競技やチーム、コーチやプログラムがどうしてもしっくりこない場合があるのです。不満そうにしたり、体調不良を訴えたり、休みたがったり、激しく怒ったり泣いたり、どんな場面でも（競技の場以外での人間関係も含めて）ちっとも楽しそうな様子を見せなかったり、そんな状態が続く、あるいはその活動を2、3週間ほどしか続けられないのだとしたら、その子には「合っていない」と考えられます。こんなふうに激しく表れるネガティブな感情は、子どもが新しいことに挑戦するときに初めは不安で一時的に戸惑ってしまう気持ちとは全く異なります。

注目すべきなのは、繊細であってもネガティブな性格とは限らないということです。必ずしも「打たれ弱い」といった弱さに直結することにはならないのです。繊細な人には、人の気持ちを深く理解し、思いやりを持って接することができるようになる強さがあるといえます。芸術的才能のある人が、自分は繊細な人間だとよく言うではありませんか。心も身体も繊細な子どもをもつ親は、スポーツが楽しいものだと思えるようにとりわけ気を配らなくてはならないのです。

ステップ2　自分のことを知る

ウェンディの母親は、とてもつらい試練や転機を迎えても、それに何とか耐え忍んできました。最近までいろいろな出来事が降りかかってきたせいで、娘を心配させたり不安な気持ちにさせたりしてはいけないと過敏になってしまったのかもしれません。ウェンディがサッカーで活躍するようになれば、この大変な状況から抜け出して「万事うまくいく」という望みもかけているのでしょう。それに、ウェンディにスポーツをやらせれば、自分の目に入っている問題（ウェンディはひとりで太刀打ちできないほどの問題を抱えていますが）の解決につながるのではないかと期待も抱いているのかもしれません。だからといって、ウェンディにいやいやサッカーを続けさせることは、たくましい子どもに育てるという意味では得策とはいえません。ウェンディが内気で不安を抱えてしまうのはおそらく、生物学的な背景があるのと同時に、家庭環境の変化が精神的に追い打ちをかけたことも原因しているのでしょう。ウェンディの不安がどういうものでどの程度のものなのか、さらに専門家の協力を仰ぐべきなのかを判断するには、親子双方のためにもまずは小児科医に相談してみることです。

親としては、かかりつけの小児科医といい関係を築いておくことが絶対に必要です。子どもがスポーツをやっていくことも含めて、心や身体が健全な成長から逸脱していないかどうか、かかりつけ医に意見を聞き、助言や情報を求めてみてください。

ステップ３　子どものスポーツ環境のことを知る

広々とした緑あふれるフィールドも、まわりから親の叫び声や声援が飛んでくる状態では、ウェンディにとって不安を紛らわす環境とはいえません。彼女が所属するサッカーリーグは、選手たちの年齢が小さいにもかかわらず競技志向が強く、大会で勝ち抜くことがシーズンの目標になっています。そうしたチームのなかでは、ウェンディのような気後れしてしまう選手は足手まといの存在となり、年上のチームメイトから非難の標的にもされてしまいます。このような状況では、ウェンディにとって居心地のいい環境は望めません。たとえ所属するチームが参加することに意義があるという考え方だったとしても、フィールドを駆け回って相手と競り合うという競技内容自体が合っていないのだとしたら、重荷になってしまうことでしょう。

ウェンディは小学校に上がってから地元の放課後児童クラブに通うようになって救

われることになりました。面倒を見てくれる大人たちともいい関係を築き、美術や音楽、宿題の手伝いやチームスポーツに至るまで、個人やペア、グループ活動を問わず、幅広く参加できるようになったのです。ウェンディにはこうした環境のほうがずっと合っていたというわけです。放課後児童クラブは、どんな子どもにとっても最適な場所となり得ますが、大人が手厚く見守ってくれるしっかりとした環境が必要な子どもには理想的といえます。運営状態のいいクラブなら幅広い活動に参加できるので、スポーツでも能力に応じて、好きなときに自分のペースで取り組めます。

チームスポーツで協調性を求められることが苦手でも、コーチに1対1の指導を受けやすい個人競技ならうまくやっていけるという子もいます。ただし、子どもにどんなスポーツがいちばん向いているのか、結論を出すのは14歳になるまで慎重に考えたほうがいいでしょう。

ケーススタディ #02　頑なにプールを拒み、家族の楽しみに水を差すブライアン（2歳）

2歳半の男の子、ブライアン・マーティンは、プールに入るのを頑なに嫌がり、家族の楽しみに水を差しています。5歳の姉クレアも両親もみんな泳ぐのが大好きで、水泳は家族にとって大きな楽しみなのです。いつも新しいことにチャレンジしたがるクレアとは逆に、弟のブライアンは用心深いタイプです。両親はブライアンもクレアのようにすんなり水に馴染めるものと思っていました。ところが、ブライアンは足を踏ん張って意地でも入ろうとしません。両親は「あとでマクドナルドのハッピーセットを買ってあげるから」と食べ物で釣ろうとしたり、拝み倒そうとしたり、「ブライアン……ほら見て。こんなに簡単……楽しいわよ！」と身振り手振りでアピールしたりしました。クレアにも協力してもらいましたが、どれもほとんど効果はありませんでした。

そんなブライアンに父親が腹を立てていると気づいて、母親のベッキーがブライアンを少し強引にプールに入れようとしたことがありました。ブライアンは激しい癇癪を起こし、そのあと両親の間で、息子にどうすれば泳がせることができるのかで口論になりました。

このままでは、アイススケートやスキーなど、家族で新しいことを始めるのも躊躇してしまいます。それに、いずれブライアンが学校に行ったり、他にも新しいことに挑戦したりしなくてはならなくなったときのことを思うと、なおさら不安になります。

ステップ1 子どものことを知る

ブライアンがこれまで水泳以外のことでどんなことができるようになったのか、振り返ってみるのは重要なことです。女の子のほうが男の子よりもやや成長が早いのも珍しいことではありません。たとえば、ブライアンは姉と比べてオムツが取れるまでに時間がかかり、排泄のコントロールもまだ完全にできるようになったわけではありません。水のそばに行くと不安になってしまうのは、こうしたことが関係しているのかもしれません。身体からの信号を絶えず正確に察知することがまだできていないのでしょう。プールのなかのように捉えどころのないところに入ると、心もとなくて身体が言うことを聞かなくなってしまうのかもしれません。２、３歳の子どもの場合、特に母親から引き離されるのが不安で、まとわりついて離れないといったこともよくあります。癇癪を起こすことも珍しくありません。この年齢の子どもは、穏やかな日常を何としても守ろうと必死になるところがあるのです。

こうした行動や**新しいことをやりたがらないといったことが子どもの間ずっと続くのではないかと親は不安になるかもしれませんが、そんな心配はたいてい取り越し苦**

労に終わります。１年後には、今のように怖気づくところなどみじんも感じられなくなっているかもしれません。怯えたりすねたりする子どもに対して、親はつい過剰に反応してしまうものですが、一時的な問題にすぎない場合がほとんどなのです。

今回のケースでは、身近にクレアというしっかりした子どもがいて、両親はそれにある程度ならされてしまっていたわけですが、そうはいかないほうがふつうです。

ステップ2　自分のことを知る

ブライアンの両親は、アメリカの競争社会に呑み込まれているのも同然の、目まぐるしい毎日を送っています。こなさなくてはならないこと（それぞれの仕事や家事、子どもの送り迎え、自分の趣味や付き合いのための時間の確保など）が山ほどあり、家族で過ごす時間はあまりありません。水泳は比較的気軽にできて、家族そろって楽しむには好都合だったのです。もともと両親はスポーツに熱心で海に行ったり泳いだりするのも大好きで、クレアが喜んで泳ぐ姿を見ていると、誇らしく思えました。ブライアンの行動は年齢的にはふつうにあることなのですが、そんな家族の習慣にただそぐわないだけなのです。

一家そろってやるスポーツを楽しめるほど子どもが成長していないときは、親がその幼い子に合わせて家族の習慣を調整してやらなくてはなりません。きっとこの子も喜んで楽しめるはずだと決めつけて強要すれば、まず間違いなく逆効果になります。意固地になりがちなこのくらいの幼い子どもであればなおさらです。

ブライアンの両親は、そんな幼い我が子に対してあまりプレッシャーをかけすぎないようにしたほうがいいでしょう。そうしなければ、ブライアンは親に対して鬱憤を募らせて、ますます意固地になりかねません。

それにいつの間にかブライアンを傷つけるような言葉を浴びせてしまうこともあるでしょう。この年頃の子どもは、基本的に相手の表情に表れる怒りや悲しみ、喜びは判別できますが、微妙な感情を読み取ることはできません。だから、親や他の人が見せる感情を誤解する場合があるのです。ブライアンが両親の怒った表情を見て、「お前は悪い子だ」とひどく叱られているのだと簡単に思い込んでしまうこともあり得ます。そんな親の表情から伝わってくるメッセージやそこから生まれる感情によって、余計に不安な気持ちになって泳いでみようという気も失せてしまうのです。

ステップ3　子どものスポーツ環境のことを知る

幼い子どもをもつ親が目指すべきなのは、安心して楽しくスキンシップを図ったり身体を動かしたりできる環境を作ることです。そうして過ごした時間ができるだけ楽しい思い出になるようにしてやらなくてはなりません。たとえば、プールではブライアンにお気に入りのおもちゃを持たせて遊ばせ、無理に泳がせるようなことはせず、あえて水着ではなく洋服のまま一緒に過ごすといった具合です。お気に入りのものがそばにあれば、気持ちも落ち着いて安心できます。自分が楽しいと思えて、周りも楽しそうにしているのを見たら、新しいことをやってみようという気持ちも湧いてくるでしょう。ブライアンにとっては慣れないところで慣れないことを楽しむよう仕向けられるより、安心できる場で、たとえば、家のリビングで父親とレスリングをやったりしたほうがいいのかもしれません。子どもと運動を楽しむといっても、親の発想や才覚一つで、選択肢の幅を広げることはできるのです。

ケーススタディ#03　乱暴なふるまいがエスカレートするタイラー（4歳）

4歳のタイラー・オースティンは、どんなときもパワー全開で歯止めが利きません。怖いもの知らずで、痛みにも鈍感で、頭や身体をぶつけても滅多に泣かないのです。悪ふざけや無茶な遊びで次々と問題を起こしているため、タイラーを公園に連れていくと、周りの母親や子どもたちがそそくさと立ち去っていく様子が目に付くようになりました。ついには、アイスホッケープログラムで自分を負かした子どもを背後からスケートリンクのフェンスに突き飛ばしてしまい、1週間の活動停止処分を受けました。それまでは、タイラーの乱暴な行動を心配する気持ちに両親の間で少しずれがありましたが（父親はむしろ、息子の身体の強さや勇猛果敢なところに感心していました）、今回の活動停止処分を受けて2人とも問題視せざるを得なくなったのです。

ステップ1　子どものことを知る

4歳くらいになると、競い合う遊びにのめり込むようになりますが、これは珍しいことではありません（興味深いことに、幼いころに怖いもの知らずだった子どもは将来、チームスポーツで活躍するようになるという実証もあります）。加えて、男の子は女の子と比べて長時間、外に出て大人数で活発に遊ぶことが多いものです。

また、競い合いの楽しさを感じる一方で、４歳児は決まり事をきちんと守ることを大切にし、他の子どもたちとも協力して仲良く楽しく遊べるようになってきます。

このことから考えると、タイラーの近頃の攻撃的な行動は度を越しているように思えます。そうした問題行動をとってしまうのは、身体を動かすのが好きでじっとしていられないからというより、自制心が利かないことに原因があるのでしょう。

こうした状況を鑑みると、タイラーは注意欠陥・多動性障害（ＡＤＨＤ）である可能性が高いです。両親はできるだけ早く小児科医に診せたほうがいいでしょう。

タイラーの場合は、両親とも薬を使うことに反対だったので、ここから約5年間、何の治療も受けない状態が続きました。ですが、小学校４年生になって学業で深刻な問題を抱えていることに親が気づいたのをきっかけにＡＤＨＤの治療を受け、無事に回復することができました。

ステップ2 自分のことを知る

子どもの遊びの激しさについては、親によってその許容範囲が大きく異なるものです。

父親はたいがい肉体的により激しい遊びを奨励します。それもほどほどに激しい遊びであれば、父親と息子の関わり方としては健全といえるでしょう。お遊びのレスリングや愛情のこもったスキンシップは、父子の絆を深めることにつながるので、大いにお勧めです。同性の親である自分と一体感を持たせ、激しい遊びにも限度があるのだと教えることができます。しかし、度を越したときには、遊ぶのをやめさせるか中断して、やってはいけないことをしっかりと教え込まなくてはいけません。「顔を殴るのはダメだ。蹴るのもダメ。特にベルトの下を蹴るのはダメだ！」

悪ふざけや身体を使った遊びの限度については、タイラーの両親の間で受け止め方に違いがありました。父親はタイラーが肉体的にタフなのは喜ばしいことだと考えていたので、当初は母親の心配をなかなかまともに受け止めることができませんでした。以前、母親にこんなことを口にしたくらいです。「タイラーがどうしようもない意気地なしになってもいいのか？　男の子なら男らしくなきゃ。あの子だって、立派な男の子なんだぞ」

ステップ3　子どものスポーツ環境のことを知る

タイラーの問題行動に、スポーツ環境はさほど影響していませんでした。とはいえ、彼が自分の行動をコントロールできないことを浮き彫りにするきっかけにはなりました。親が過剰反応したり、過保護だったりすると、タイラーのような問題が起これば、他の親やスポーツプログラムの監督者のせいにして激しくもめていたかもしれません。幸い、タイラーの両親は、息子の問題行動の原因がスポーツ環境にあるわけではないことを理解していました（地域やスポーツプログラムやコーチのことについて詳しくなれば、不要な情報に惑わされずに、子どもに関して有益で確かな意見をスムーズに集めることができます）。最終的に、タイラーの両親には息子に問題がある可能性を認識し、適切な支援を求める度量があったということです。

心にとめておきたいこと

- 子どもが新しくスポーツを始めるときには、初日を迎える前に、安心できる環境のなかでその活動イメージを楽しく伝えて心の準備をさせましょう。早めに道具を準備して、それに触れながら話すと、そのスポーツ活動に親近感が湧いて怖さも和らぐでしょう。たとえば、初めてユースのサッカーリーグに入るのであれば、シーズンが始まる数週間前には好きな色のサッカーボールを新しく買って、一緒にボールを蹴って遊びましょう。
- 年上のきょうだいや年が少しだけ上の近所の子どもがついていれば、新たな活動を始めるときに不安になっていてもとても心強いでしょう。
- 子どもが新しくスポーツ活動を始める数週間前には、リーグの管理者やコーチにあいさつに行き、指導方針やプログラムの進め方などを確認しておきましょう。子どものことで不安があるのなら、チーム編成前や初日を迎えて慌ただしくなる前にコーチや管理者に相談しておくことです。一般的に、そういったタイミングであれば、特別な要望も聞き入れてもらいやすくなります。

- 年上の子どもをもつ親からは、親身になってくれるコーチのことや、子どもがスムーズに馴染めるコツなど、ためになる情報を教えてもらえるでしょう。
- 活動内容が子どもに合っていない場合は、事がこじれる前に潔くやめさせましょう。悲惨な状況を招いてしまっては、子どもがスポーツを楽しめなくなってしまいます。つらい思いをさせ続けないようにすることです。
- 子どもの現時点の能力について過大評価や過小評価しないよう注意しましょう。子どもの新たな一面を発見する過程を楽しむことです。本人が楽しめるようにしながら、いろいろなことに挑戦させましょう。この段階では、完璧なフォームを身につけるとか、試合のルールを正しく理解するといったことは重要ではありません。大切なのは、スポーツをすることが楽しいと思えることなのです。

第3章 学童期（6〜12歳）

——興味のあることを探し、友達をつくる

ユースの組織的な競技スポーツ活動に本格的に打ち込み始めるのは、6歳から12歳になってからです。幼少期にスポーツ界への「楽しい第一歩」を踏み出すのであれば、6歳から12歳では競技経験の背骨や骨格を築いていく段階に入ります。

心理学的には、この年齢層を潜伏期といいます。青年期前のこの年代では、特に性的な発達が休止状態となるため、精神的に安定します。また、身体の発育速度も、前後の年齢層の場合と比べて緩やかで、急激に成長することはありません。最も成長が著しいのは、生後2歳までの時期です。男子なら2歳から12歳まで、女子なら2歳から10歳か11歳くらいまでの間は、身体的な成長スピードがいくらかゆっくりになります。青年期の急激な成長は、男子（12〜14歳）よりも女子（10〜12歳）のほうが若干早く始まります。成長期を迎えるまでの男女の身体は、体力や筋肉量、全体的な身体能力の面でもほとんど差がありません。

この年代の心理的課題は主に2つ。さまざまな能力を開発することと、友達をつくって友情を育んでいくことです。能力開発の領域は、読み書きや計算だけではなく、スポーツ、音楽、美術など、さまざまな学習活動に及びます。

ですが、総合的な成長が望まれることとは裏腹に、過密スケジュールを課され、極端なほど専門性に特化し、スポーツでは結果が重視され、子どもは燃え尽きてしまう危険にさらされています。この年齢層の終盤には、実に多くの子どもがチームから抜けたり、スポーツをやめたりします。

中には、もっとやってみたいことができたからそちらに乗り換えるという、次のステップに進むためにやめる子どももいますが、不幸な理由で組織的なスポーツ活動をやめていく子どもも大勢います。**研究によると、子どもがスポーツをやめるいちばんの理由がこれです。「全然楽しくなくなったから」**。残念ながら、組織的な競技活動で嫌な経験をしたために、完全にスポーツをやめてしまいたいと考える子どもがたくさんいるのです。このような形でやめてしまうと、不健全な生活に陥りやすくなり、その結果として若年性の肥満になったり、飲酒やマリファナ、そのほか自分の身体を壊しかねない行動にはまってしまったりする場合もあります。

組織的なスポーツ活動をやっている子どものほうがよく運動し、野菜や果物をしっかり損って健康的な生活を送り、喫煙や薬物使用、（女子については）早期の性体験といったことに巻き込まれにくくなることは、いくつもの調査で明らかになっています。親としては、子どもが楽しく運動し、自分の身体を大切にすることを意識し、活動的な生活を続けたいと思えるようにすることが大切です。

12歳までにスポーツを完全にやめてしまう原因としてよくあるのが、大人によるとんでもない思い違いです。まだ発達途中にある子どもに、大人のようなパフォーマンスを求めてしまうのです。すでに述べたように、ふだんは聡明で思いやりあふれる大人でも、スポーツのことになると、大学やプロの基準で捉え、幼い子どもに現実離れした、精神的に追い詰めるような期待をかけてしまうことはよくあるのです。ＮＦＬのオークランド・レイダース（現ラスベガス・レイダース）がプロとして掲げていたモットーは「とにかく勝て」でしたが、これを子どもに求めるのは酷というものです。

さらに、親や他の大人たちは幼少期・学童期・青年期に見られる成長がどの子どもにも同じように表れるものと勘違いしてしまうことがあります。８歳の子どもが友達より優れた才能を発揮すると、適切なサポートがあれば、そのまますばらしい活躍を見せて成長し続けていくものとつい思い込んでしまいます。「今、これだけ優秀なんだから、高校に行ったらきっとすごい選手になるぞ」。６～12歳の間は、身体的な成長が比較的安定しているので、優れた結果を出す選手は一定のペースで成長し、大学生になっても当然トップに君臨し続けると親もコーチも思いがちなのです。身体的に見れば、そんな思惑通りになるとは限りません。身体がそのまま大きくなって、才能も伸び続けていくかどうかはわからないのです。

10歳から16歳の男子の体格にはかなり差があります。アメリカにおける平均身長・体重からすると、身長は30センチ以上、体重は約40キロも違うのです！　徐々に成長していく子もいれば、急成長する子もいます。運動能力も思いがけない形で成長することもあれば、伸び悩むこともあるのです。

親は自分でも自覚していることですが、子どものパフォーマンスが順調に向上していくものと期待して高い目標を課し、それがクリアできなければ、ついがっかりしてしまいます。理不尽で的外れな期待であっても、子どもはそれに応えられなくて大人が失望する姿を目の当たりにすると、挫折感を覚えてしまうのです。

6歳から12歳の子どもは、物事を白か黒か、全か無かで捉えるもので、選手として「挫折」を味わうと、自分のせいだと思わずにはいられなくなります。無茶なことを要求されているとはいえ、それをクリアできないとやり切れない気持ちになり、悔しくて自分を正当化しようとするあまり、チームメイトやコーチや競技そのものにまで当たり散らすこともあります。「コーチはバカだし、野球なんて、ただのつまんないゲームじゃないか」

こんなふうに物事を決めつけてしまうのは、この年頃の認知能力がある意味影響しています。競技の緊張にさらされていると、子どもは極端な思い込みに陥りやすくなります。「チームが負けたのは、僕が足を引っ張ったからだ。僕のせいだ」。このように選手として全く経験する必要のない不幸な目に遭ったせいで、スポーツを早まった形でやめてしまうこともあるのです。

幼いうちから選手に大人が無謀な期待をかけると、身体に悪影響を及ぼす危険もあります。整形外科医も強く警鐘を鳴らしていますが、骨がまだ成長しきっていない段階でテニスのサーブや野球の投球などを過度に続けると、反復運動過多によるケガを引き起こしやすくなります。高校や大学での成功を約束された進路だからといって、1つのスポーツに特化するのはなおさらですが、スポーツに入れ込みすぎるのは危険です。

この年頃のうちに1つのスポーツに集中させるのは、いいことのように思えるかもしれません。集中して取り組めば、短期間で上達する可能性もあります。しかし、さまざまな経験を積めば、発達途中にある子どもの脳のあらゆる領域に刺激を与え、自分にはどんな活動がいちばん合っているのか、さらに模索していくことができます。

ある聡明な父親が、息子に年中サッカーばかりやらせている別の父親にこんなことを言いました。「私はステーキが好きだが、毎晩食べるわけじゃない。ジミーになぜ1つのスポーツばかりやらせるんだい？　3年後には、ゴルフやラクロスが好きになっているかもしれない。今から道を狭めてどうするんだ」

6～12歳の子どものことを知る

友達をつくって友情を育み、さまざまな能力を開発していくにあたって知っておくべきことを、6項目から掘り下げていきます。

6～12歳の自信

精神的に安定している子どもは、自分が役立つ存在で、周囲に影響力を与えているという感覚をこの時期に深めていきます。言い換えれば、自分の思い通りに行動しているという、しっかりとした主体感を持つようになるということです。

この年頃になると、学校の内外を問わず求められる課題が増え、その難易度も上がっていきます。平均的な子どもなら、横断歩道を渡るだとか、ひとりで買い物に行くだとか、学校の研究課題をやり遂げるだとか、他にもいろいろなことができるようになります。そうした達成感を味わうのに、スポーツは打ってつけではありますが、つらい競技経験を繰り返していくと、ぬぐいようのない劣等感を植えつけられ、自尊心を失い、せっかくすばらしい長所に恵まれていても、心と身体がバランスよく成長できなくなってしまうこともあるのです。音楽や美術、友達付き合いや学業も、子どもが自信をつける大事なきっかけになるということを、スポーツ重視の親は肝に銘じておかなくてはいけません。子どもは、さまざまな人や場所や活動に関わっていろいろなことを経験し、しっかりと主体感を持って生きているという自信を深めていかなくてはならないのです。

6～12歳の興味

この年頃の主な心理的課題の1つに、好きなことを見つけて究めることがあります。学校、芸術、スポーツ、人間関係など、あらゆる領域で成長していくにつれて、子どもはさまざまなことに興味を向けます。野球、ゲーム、友達との付き合い、コンピュータ、ペット、音楽など、どんなことにのめり込むにしろ、その興味の幅広さと深さ、そしてそれにまつわるさまざまなスキルを習得する速さには驚かされます。

この年代においては、いろいろなことに興味を持つことが、健やかに成長しているかどうかをはかる目安になります。先に述べたように、**学童期のうちはスポーツにしろ、どんな活動にしろ1つのことばかりをやらせるのは避けたほうがいいでしょう。**さまざまなことに興味を向けさせるようにすれば、自分が勧めたことに驚きを見せたり、不思議がったりしながら楽しむ子どもの姿を目にすることができるでしょう。「初めはあんまり行きたくなかったんだけど、ヨセミテ旅行は最高だったよ」とか、「ねえ、これ、すごくおいしいね。もうちょっと食べていい？」という具合に。スポーツでも同じくらい幅広い経験を積んだほうがいいのです。

6～12歳の人間関係

6～12歳の子どもにとってとりわけ大事なのは、友達をつくって友情を育んでいくこと。それは、スポーツで勝ち取るトロフィーの数よりもずっと重要です。**就学前の子どもにとって遊びが楽しい仕事であるのと全く同じように、就学後の子どもにとって友達はなくてはならない存在なのです。**友情は、親との関係を通じて身につけた信頼感から芽生えるもので、それをきっかけに幼少期の自己中心的な考え方から卒業し、広い心を抱くようになります。人のさまざまな要求や長所や短所を認め、受け入れていくことを学ぶには、チームスポーツがまさに最適です。チームメイトや友達と仲良くなるにはどうすればいいのか、その道しるべとなる「学びのチャンス」を、この年代の子どもをもつ親やコーチは逃さないようにしなくてはなりません。

しかし、チームスポーツでも、エリートチームに入っているのであれば、友情が脅かされる場合もあることを心にとめておくことが大切です。友情を育むには自由な時間が必要なのです。過密スケジュールやパフォーマンスにかかるプレッシャーによって、仲間との関わり合い方を学んで成長していくことがままならなくなる場合がありま す。こうしたチームに所属しているときは、子どもが友情を育んでいけるようにうまく時間やゆとりを持たせてあげましょう。

6～12歳の判断力

この年頃を迎えると、子どもはわがままな考え方をしなくなっていきます。それでも12歳くらいにならないと、その時々のパフォーマンスがなぜ良くて、なぜ悪かったのか、その原因を正確に把握することができません。物事を全か無か、白か黒かで捉えてしまうところが、まだ根強く残っているのです。特に6歳から10歳のうちは、結果が振るわないと、自分はダメな選手だと決めつけてしまいます。また、6〜12歳の子どもは親からどう思われているかに対しても非常に敏感です。だから、親は声のトーンや表情で無意識のうちに心のなかをさらけ出したりしていないかどうか注意しなくてはなりません。子どもが自分のパフォーマンスや技術や存在意義について見誤っているときは、それを積極的に正してあげることです。この年頃の子どもは、パフォーマンスや行動のルールや基準を定めることに関しては、まだ大人頼みなのです。

12歳を迎えるころには、基本的なモラルから善悪の判断ができるようになるものです。また、友達に関しては仲良くなれるかなれないか、大人については信用できる相手かどうか、そうしたさまざまな状況に関しても大丈夫なのか、それとも問題ありなのか、見極められる兆候が表れてくるはずです。

6〜12歳の感情のコントロール

この年齢層では、感情的な欲求をうまく消化して助けを求める能力をしだいに発揮するようになります。

ただし、スポーツ競技に携わっていると感情の起伏が激しくなることもあるので、自分のいちばん悪い一面をさらけ出してしまう場合があります。これは、親にもコーチにもいえることです。感情をコントロールできなくなっている大人の姿は、子どもに悪い手本を見せてしまっているということを忘れないでください。

12歳になるころには、やけになったり、乱暴なまねをしたり、他にもまずい行動に走ったりしなくても、怒りや悲しみ、不安や恐怖、寂しさや苛立ち、喜びといった、あらゆる感情を抱くことができるようになります。ときどき爆発することがあっても心配はありませんが、健全な12歳児であれば、激しく反抗したり、癇癪を起こしたり、逆に心を閉ざしたりすることなく、感情を表現するようになるものです。

ただし、比較的手を焼くこともなく、楽しそうにしている子どもでも、組織的なスポーツ活動の落とし穴にはまらないよう気を配らなくてはならないケースはあります。周囲に敏感で優秀な子どもは、自分がつらい思いをしていても親にそれを見せないようにすることがあるのです。こうしたケースは特に、この年齢層のなかでも年長（11～12歳）の女子や、親の病気や離婚、失業といった、精神的につらい問題に直面している家庭の子どもによく見られます。女の子はもっと幼いうちから、生まれつきにしろ、育ってきた環境の面からにしろ、自分より人が求めていることに敏感になりがちなので、感情を隠してしまうことがあります。賢くて物事に敏感な子どもは、親が元気をなくし、お金に余裕がなくなると、つらいことがあっても自分ひとりで抱え込んでしまうかもしれません。これ以上、家族に負担をかけてはいけないと考えるのです。そんな子どもに対して親は、早いうちによく声がけしてみることです。マサチューセッツ総合病院の児童精神科相談局長のポーラ・ラウチ医師からの声がけのアドバイスはこうです。

「ひとりで悩まないで。何か悩んでいることがあるなら、お母さんでもお父さんでも、他の頼りになりそうな人でもいいから誰かに相談してみて」

6～12歳のスポーツ関連のスキル

この年頃になると、多くのスポーツで基本的なスキルを技術的に身につけられる子どももいますが、才能に恵まれていても身体の成長はまだ不完全です。たとえば、視覚は選手として活躍していくうえで重要な役割を果たしますが、6～12歳、もっといえば10代のうちは、まだ成長途中にあります。

奥行き知覚（訳注：空間の対象物を三次元的に知覚する能力）や動体視力（飛んでいる野球ボールのように、動いている物の位置を正確に把握する能力）は、少なくとも12歳にならないと身につきません。周辺視（視界の端に見える相手が味方か敵かを見分けたりする能力）や図と地の分化（味方のオフェンスと敵ディフェンダーの状況を捉えたりする能力）は、10代に入ってから発達していきます。聴覚に関していえば、聴覚記憶（コーチから受けた指示を把握したりする能力）や聴覚弁別（審判のホイッスルと、スタンドからの雑音を聴き分けたりする能力）もまだ十分に発達していません。空中での接触や身体の動きを認識する能力もまだ発展途上にあります。

この年齢層の子どもはスポーツでどんなことに集中したらいいのでしょう。いい選手になるには、相手を打ち負かすために頑張る以上に、自分と戦いながらベストを尽くすことに力を注がなくてはいけません。スタンフォード大学アスレチック・デパートメント（スポーツ部を統括する独立部署）に設置された非営利組織ポジティブ・コーチング・アライアンスの創始者であるジム・トンプソンによると、ユーススポーツは「スコアボード上の勝者」になるという考え方から「熟達《マスタリー》の勝者」へのアプローチに切り替えるべきなのです。どんな犠牲を払っても勝とうとするのではなく、努力を重ねて技術を磨き、適切なテクニックを身につけることに力を入れるということです。ミスをしても、それを勝てなかった大きな要因となる失敗と考えるのではなく、学んでいくための貴重な糧と捉えるのです。こうした考え方ができるコーチなら、こんな声がけをするでしょう。「たしかに、あのシュートは入らなかったが、フォームはよかったぞ。この調子で頑張れば、次はきっと成功するさ。よく頑張ったな。テクニッ

ク は文句なしだ」

成功というのは、他人のパフォーマンスとの比較ではなく、自分のベストを尽くせたかどうかで決まります。必死に勝とうとすることは、熟達の勝者へのアプローチにおいてもとても大切ですが、誰が勝つのか、結果は必ずしもコントロールできるものではありません。研究によれば、こうしたアプローチによって不安が薄れ、幼い選手たちには自信がついていきます。自信がつけば、もっと頑張ってやり抜こうという意欲が湧いてきます。この年代のうちに頑張って技術を磨いていけば、子どもはスポーツに打ち込むようになり、そうした経験からいい成果も表れてくるでしょう。

ケーススタディ #04　親の口出しに振り回されるパトリック（11歳）

11歳のパトリック・トレンブレーにとっては、アイスホッケーがすべてです。彼の目覚ましい才能の前では、11～12歳の同年代の対戦相手もかすんでしまいます。パトリックの父親は息子のことに一生懸命で、ホッケー選手として育て上げることにはとりわけ真剣です。パトリックが5歳のときに妻に先立たれ、父子2人の生活はアイスホッケーを中心にまわっています。父親としては、何としても奨学金を受けて名門私立校に進学させ、ゆくゆくはディビジョン1、ディビジョン2（訳注：全米大学体育協会（NCAA）に属する大学の競技レベル別に区分したリーグに当たるもの。日本の大学の1部リーグ、2部リーグに相当）の大学に行かせたいと思っています。そして、プロになる期待も隠しません。

息子にはずば抜けた才能があると信じるあまり、父親はパトリックの所属チームのコーチや管理者ともめるようになりました。

「息子はリーグ一の選手なんだ。もっと試合に出すべきだし、少なくとも思いっきりプレーさせるべきだ。ペナルティ・キルでも出してもらいたい。息子をしかるべき形で使ってもらえないのなら、よそへ移籍しますよ。息子のプレー時間を奪って成長を妨げてるのはあんたたちだ！」

コーチや管理者たちは、パトリックの実力は認めつつも、父親からの要求には応じませんでした。アイスホッケーはチームスポーツであり、パトリックにはチームの底上げのために力を発揮してもらいたいと父親に伝えたのです。そして、目標は、チーム全体の成長であり、選手全員に公平に出場機会を与えることだという説明も加えました。

結局、パトリックの父親はそのシーズンが終わると、息子にはそのチームをやめさせました。このようにして、パトリックは3年間で2度もチームを移りました。今のチームでは、父親が望むように息子を出場させてもらえているようです。「親としてのいちばんの務めは、息子が実力を最大限に発揮できる環境を整えてやることなんです！」

スーパースター扱いをしてくれるチームに所属することは、長期的な意味でパトリックが関心を抱くことにどんな影響を及ぼすのでしょう。こうした手法はどんなリスクをはらんでいるのでしょうか。

ステップ1　子どものことを知る

パトリックが1つのスポーツにのめり込むのは、実際にとても危険なことです。優れた能力に恵まれると、目に見えない呪縛にかかってしまうことがあります。ハリウッドの多くの子役を見てもわかるように、子どもに輝かしい才能が表れると、良識が損なわれ、上手な子育てにも狂いが生じることがあります。よくある話ですが、小学校でもずば抜けて優秀な選手のために決まりが破られたりします。しかし、子どもが才能に恵まれると、親までその輝かしさのとりこになってしまう場合がありますが、それは本人であればなおさら自覚しにくいものです。

パトリックの父親は、息子がスポーツ選手として一定のペースで成長し、立派な活躍を見せ続けるものと誤解しているのかもしれません。しかし、パトリックはまだ思春期を迎えておらず、このままずっと活躍し続けるかどうかはわかりません。もしかしたら、身体の成長も才能も限界に達してしまうということもあり得ます。パトリックは早いうちに才能を開花させ、すでに伸びしろがなくなりつつあるのかもしれません。同年代の子どもたちは、これから体格が出来上がり、スピードも体力もアップし、視覚、聴覚、認知力、運動技能などさまざまな機能が向上して、パトリックのホッケーの才能に追いつくか、あるいはしのぐほどになることも十分に考えられます。

12歳以下の子どもが将来、スポーツ選手として成功するかどうかを正確に予測することはできないとする研究結果は増えてきています。専門家によれば、子どものことを将来有望な「逸材」と見るあまり、幼いうちからスポーツばかりに打ち込ませ、家族が時間も労力もお金もつぎ込むのは愚かなことだといいます。ＮＢＡの元バスケットボール選手のボブ・ビゲローは、著書『Just Let the Kids Play』のなかで、こうした問題についての研究を立証し、親やコーチに助言しています。かつて旧ソ連圏の国々では、幼少期のうちから優秀な人材を選りすぐってユースのスポーツアカデミーでエリート選手に育て上げることに躍起になっていましたが、今ではそうした手法はなくなってきています。成長過程は一定のペースで進んでいくものではなく、いわば、異なる流れがいくつもある川のようなものです。だから、選手として将来成功できるかどうかを予測するのは、実に危険な賭けなのです。

それでもパトリックの父親は、心の健全な成長についてはある程度、促していると自覚していて、アイスホッケーにのめり込んできているのも確かです。しかし、健やかに成長しているかどうかを別の角度から見てみると、学業への集中力に欠け、友達と楽しく遊ぶことやスポーツ以外のことには興味がないのがわかります。さらに、チームの移籍は悪影響を及ぼす可能性があります。チームワークや友情を育むことに意識を向けるより個人の才能のほうが大事だと考えているようでは、パトリックは個人の能力を人のために使ったり、大義のために犠牲を払ったり、自分だけではなく他人の限界に合わせようとしたりすることを学ぶ絶好の機会を逸してしまいます。コーチが間違っているのだから、言うことを聞く必要はないと親が言い続けていては、子どもは大きくなってもわがままで、自己中心的なままになってしまうでしょう。「ホッケー最優先」という考え方では、そのほかの重要な領域での成長が大きく損なわれてしまうかもしれません。

ここでカギとなるのが、バランスと多様性です。研究によれば、幼いうちから特定のスポーツに絞らなかった選手は、思春期を迎えてからもスポーツにずっと打ち込み、ケガもしにくくなることがわかっています。そして皮肉なことに、才能を伸ばすことばかりに一生懸命になっていると、パトリックの父親が想像もしなかったような、思わぬ結果も招きかねません。才能を育てるどころか、つぶしてしまうことも十分にあり得るのです。勝利やデータ、試合への出場機会や専門的なトレーニングなどにばかり囚われていては、スポーツは数字のゲームになってしまいます。そうなると、選手は自由にのびのびとプレーすることができなくなります。余計なことを考えずに目の前のことに集中し、すごく楽しいと感じているときこそ、思いどおりのプレーができるのです。しかし、あまりにも厳しくして、口うるさいことばかり言っていては、そんなプレーは望めません。数字上の結果が活躍の度合いをはかる物差しになると、選手は打算的なプレーに走り、息が詰まってしまいます。いわゆる「仕方がないプレー」、つまり「自分の意図しないプレー」をすることになるのです（「この試合では3ゴール決めたんだから、もう十分だろう。こっちが勝ってるのに、なんでコーチからもっとバックチェックに行ってディフェンスのサポートをしてやれ、なんて言われなきゃならないんだろう？なんで僕がわざわざそんなことをしなきゃいけないんだ？」）。そのうち得点や勝利が遠のき始め、結果重視のアプローチをしてきたのに思うような成果が得られそうになくなってくると、たちまちイライラしたり、考え込んだり、無茶なプレーをしたり、チームメイトや審判の判定やコーチの指示に文句をつけたりするようになることがよくあるのです。

パトリックのように奨学金という明確な目標があったにしても、結果によって判断されるようになると、幼い選手たちはスポーツを楽しめなくなるばかりか、パフォーマンスの質も落としかねません。子どもは何か好きなことができると、上達するために頑張るものです。好きなことでなければ、しまいにはやめるか、燃え尽きて終わってしまうでしょう。奨学金を得るためにスポーツをやっても、楽しくないうえに、結局、何も得られずじまいになるかもしれません。それはパトリックにとって危険なことなのです。

ステップ２　自分のことを知る

子どもの成長の原動力についてもっとよく理解すれば、パトリックの父親も息子の目標達成の手段を見直すことができるでしょう。

ただし現時点では、息子をいい高校、いい大学に行かせるためには本人のスポーツの才能にかけるほかないという前提のもとに動いてしまっています。早くに妻を亡くしたうえに、仕事で大ケガを負い、思うように働けなくなってしまい経済的に余裕がないからです。パトリックの父親は「スポーツ選手として挫折した夢を子どもに押しつける」といったタイプではありません。前向きで面倒見のいい父親です。アイスホッケーを極めれば、高校・大学進学のための奨学金が得られるものと信じています。そもそもパトリックはホッケーが好きなのですから、この父子が家族として目標を掲げ、達成しようとするのはたしかに自由です。それでも注意は必要です。

妻を亡くし、身体の自由も利かないパトリックの父親がどれほどの不安や苛立ちや罪悪感を抱えているのか想像に難くありません。１つのことに時間もエネルギーもめいっぱい注ぎ込むことで、この父子は苦痛や欲求を抑え込んでいるのかもしれません。

2人きりの家族で、何もかも2人で乗り越えていかなくてはならないというプレッシャーがかかっています。意識していようといなくても、2人は母親が亡くなってそばにいないことを嫌というほど感じているはずです。母親が亡くなったのは6年ほど前のことですが、子どもは命について大人と同等に理解できるようになってくると、親の死に対する悲しみが幾度となくこみ上げてくることがあります。そんなふうに子どもが再び悲しんだり落ち込んだりしたときは、うまく立ち直れるようにそばにいる親が支えてやらなくてはなりません。パトリックの父親が力になってやらなくてはならないのは、こうした部分なのです。スポーツはいい気晴らしになって、親子の絆も深まりますが、パトリックの悲しみに向き合うことが二の次になってしまってはいけません。

ステップ3　子どものスポーツ環境のことを知る

幼い選手の才能を伸ばそうと際限なく必死になるのは、親ばかりではありません。多くのコーチやチームの管理者、スポーツビジネスのオーナーも、既成概念の枠を超えてまだ幼いうちから子どもを1つのスポーツに集中させようとします。サッカーの選抜チームになると、有望な選手は本気でうまくなりたければ、秋・春のレギュラーシーズンに加えて、冬には室内サッカーにも参加するよう暗黙のうちに求められることも珍しくありません。

こうしたエリートリーグでは「自分最優先」という過熱競争を促す考え方が助長されがちです。勝利と、そのスポーツでの個人の才能を伸ばすこと以外に目を向けられることはほとんどありません。このようなリーグやチームでも、組織のミッションステートメントとして、「お子さまの総合的な成長のために、われわれは力を尽くします」などといった高尚な目標を掲げていることがあります。しかし、こんなものはたいていの場合、空約束に終わります。実際には、多くのユースのエリートチームが、勝つことやスーパースターの才能を磨くことに躍起になっています。あるホッケー選手の子どもをもつ親がそんな状況についてこう語っています。「うちの息子はチームに入れてもらえると言われてたんですけど、最後の最後で２人の子どもがコーチの目に留まったんです。２人とも正規のトライアウトに大幅に遅刻してきたのに、その子たちの話を聞いたコーチは、すごい才能がある選手たちなんだとわかったんです。たしかに、２人とも実力はずば抜けていましたけどね。それで土壇場になって、12歳の息子はチーム入りメンバーからはじかれたんです。入れてもらえると言われたあとで、外されたんですよ。こういうエリートチームではありがちですけどね。おかげで、こっちは慌てて別の選抜チームを探すはめになりましたよ」

勝利の実績を重ね、数少ないエリート選手を大学チームに送り出していることを派手に謳っているプログラムは、子どもの将来の保証を求める積極的な親からいっそう人気を集めます。そうしたプログラムに誤って参加させることによって、親は子どもに余計なプレッシャーをかけてしまいます。パトリックの父親の場合、個人の才能を磨くことを目標に掲げ、選手を誤った方向へ巧みに導いていくシステムのなかでもがいてしまっています。

パトリックの父親にできることは、こうした歪んだスポーツ文化に息子が翻弄されないようにすることです。別のタイプの娯楽として心から「楽しめること」を自由にやらせたり、夏の間はホッケーの活動を制限したりすると、いい息抜きになるでしょう。課外活動に継続的に参加したり、別のスポーツをやってみたり、宗教や地域のサマープログラムを体験してみたりすれば、社会的にも成長していくでしょう。

才能に恵まれた子どもは、ふつうの人なら苦しむような逆境に見舞われることが少ないので、自己中心的で自分のことしか頭にないといったところがなかなか抜けきれないことがあります。こうした人格形成に不可欠な課題を完全に克服できないままになってしまう人は実に多いのです。親としては、子どもに自分が愛されていると実感させ、同時に人には誰しも弱点があり、それは決して恥ずかしいことではないのだということも伝えていくべきです。パトリックには、周りの子どもと比べてずば抜けているわけではなく、自分には限界があることを思い知る状況が必要なのです。そうした気持ちを経験していくことで、我慢強さや自制心や人を思いやる心が身についていきます。

ケーススタディ #05　コーチでもある父親に萎縮するジェイソン（7歳）

ジェイソンは7歳半の男の子。体格は身長も体重も平均よりもやや大きめ。3人きょうだいの長男で、5歳の弟と2歳の幼い妹がいます。父親のジャックがコーチを務めるリトルリーグのBリーグ（8～9歳がメインのリーグ）でプレーしています。このリーグはずっとコーチが不足していて、ジェイソンは年齢が少し下でしたが、Bリーグの父親のチームでプレーすることになったのです。

ジェイソンの父親も高校時代に野球をやっていて平均以上の成績を残していましたが、高校3年生のときにひざを痛めて選手としては短命に終わりました。チームの子どもたちに対してはやや「辛口の指導者」ですが、面倒見のいいコーチです。ジャックと妻のシェリルは、ジェイソンにどこまで厳しくするかで意見が分かれることがよくあります。

Bリーグに入る前のいつものシーズンなら、ジェイソンはもっとうまくプレーできているはずでした。打撃に苦戦しているようで、守備でもエラーしてしまいます。ほとんど毎試合、ジェイソンはエラーや三振をしたあとで明らかに泣いていました。肩を落とし、グローブで顔を隠したり、目元まで覆うように帽子を目深にかぶったりしているのです。ジャックは懸命に厳しくしすぎないように何度も自分を抑えますが、ジェイソンとはどこかぎくしゃくしてしまうようです。

シェリルは、リーグ内のコーチとしては唯一のアフリカ系アメリカ人である夫に余計なプレッシャーがかかっていることも、ジェイソンとの関わり方に影響しているのではないかと心配しています。夫との間に大きな誤解が生じないようにしながら息子の力になってやるにはどうすればいいのか悩んでいます。この3人は、両親のうちの1人が子どものコーチである場合に陥りやすい苦難に直面しているのです。

ステップ１　子どものことを知る

ジェイソンは、プレッシャーの原因となることをいくつも抱えているといえます。まず、通常より早くＢリーグに入れられ、自分の年齢でできることよりも少し難易度の高いことを求められています。より高いレベルでプレーすることを求められれば、成長につながっていくものと思われがちですが、その逆のケースに陥ることもよくあります。

ジェイソンは自分でもどうすればいいのか少しわからなくなっています。シーズンが終わるころには落ち着いているかもしれませんが、今はもがいています。コーチでもある父親、競わなくてはならない年上の選手たちの存在、そしておそらく、５歳の弟が恵まれた運動神経を発揮し始めたことも、プレッシャーになっているのでしょう。

もう１つの原因として、ジェイソンは父親のことが大好きで、父親でありコーチでもある彼から向けられる言葉や身振り手振りは逃さず受け止めてしまうことが考えられます。父親が自分に対して失望したり怒ったりしている気配も逐一、敏感に察知します。そして、もっとうまくならなきゃだめだ、と自分にさらにプレッシャーをかけます。

父親がもともと選手としてとても優秀で、今でもすばらしい体型を維持していることをよく知っているだけに、ジェイソンは自分もそんなふうになりたいと思っています。きょうだいでもいちばん上の子どもが両親を、なかでも父親をつい喜ばせたいと思うあまり感じてしまうプレッシャーをジェイソンも抱えているのです。Bリーグで年上の子どもたちのなかでうまくやっていると自覚できるほどの洞察力も認知力も、ジェイソンにはまだ備わっていないのです。

ステップ2 自分のことを知る

母親のシェリルが息子と夫の力になるには、家族としての目標を重視し、親として抱えているプレッシャーを明確にしなくてはなりません。つまり、家族として求めていることや、やりたいことを認識する必要があるということです。

それにはまず第一に、シェリル自身が手本になることです。特に試合直後に夫のことを責めたり怒ったりするのを控え、息子とどう接してほしいのか自分がやってみせるのです。ジャックがジェイソンに対して熱くなったとしてもいい結果につながらなかったように、シェリルが夫に対して感情的に文句をぶつけても、彼の気持ちを静めることも、コーチとしてあまり気負わないように仕向けることもおそらくできないでしょう。

第二として、両親が2人で事前に計画を立てることです。2人にとっての最終目標や、スポーツでジェイソンに対して特に期待する点、たとえば、競技を通じて大人になってからもずっと高めていってほしいと思うような価値観や行動などについてシーズン前に2人でじっくり話し合うのです。スポーツに関して家族としてのミッションステートメントをまだ打ち立てていないのであれば、本書の序章で触れたように作ってみることです。そうすれば、競技で勝っても負けても家族が目標を見失うことはないでしょうし、ちょっとした挫折や落ち込みがあってもきちんと受け止めることができるでしょう。

また、話し合いにはタイミングも重要です。試合後、1～2日間は時間をおいてからこう言うのです。「ジェイソンは三振やエラーをすると、自分をすごく責めてしまうみたいね。そう思わない？　あなたはしっかりコーチしてくれてると思うんだけど、あの子はひどく落ち込むと、指示されたことを受け止められないみたいなのよ。そういう状態から抜け出すにはどうしたらいいのかしら。要は、野球が面白くて楽しいって、もっと思えるようにするにはどうすればいいかってことね。あの子にはとにかくベストを尽くして、チームに溶け込んでほしいと思ってる。あなたは野球であの子にどんなことを学んでもらいたいと思う？」

息子と夫の置かれた状況を改善するためにシェリルにできることは、まだほかにもあります。試合前の過剰なアドバイスや試合後の分析は子どもを余計に緊張させてしまうので、帰りの車のなかでは試合後の反省会を控えさせるようこんなふうに働きかけるのです。「勝っても負けても、アイスクリームを食べに行くわよ！」

一方、父親のジャックは、息子にアドバイスするときは、指導の基本にしっかり立ち返ることです。研究によると、リトルリーグの実績あるコーチが子どもの才能を伸ばし、野球を続けさせていくにあたって行う指導としては、悪いところを容赦なく指摘するよりも、的確に褒めることのほうがずっと多いのです。また、いいコーチ（いい親）の場合、選手のスキルをわかりやすく細かい動きに分けて捉え、いい部分を印象づけて、悪い部分を意識させないようにします。もっと前向きな指導をするのであれば、ジャックはジェイソンが次に三振したあとでこんな言葉をかけてやればいいのです。「惜しかったな。バランスはよかったぞ。いい球を逃さず振りにいけてた。バッティングスタンスも安定して問題ない。スイングも全然悪くない。今度は、ボックスの少し後ろに立ってみるといい。大丈夫。次はきっと打てるさ。バッティング技術は申し分ないんだ。三振はしたが、悪い打席じゃなかった。よく頑張ったな」

この指導のなかで、的確に褒めることと建設的な指摘をすることの割合は、4対1になっています。**子どもは話し手の身振り手振りや顔の表情も読み取るので、どれもが前向きな言葉とかみ合ってなくてはなりません。**子どもはこうしたやり取りから新たなことを学び、安心感を覚えるのです。試合後にあれこれ指摘されて怯えてしまうのとはまるで対照的です。「試合に負けて、父さんは怒ってる。僕がちゃんとできなかったから、がっかりしてるんだ。この車のなかでいろいろ言われるんだろうな。僕のどこが悪かったかって」。こんなに怯えさせては、競技が好きになったり、上達したりするわけがありません。

試合についてあとからどうしても話さなくてはならないのであれば、父親のジャックは自分の指摘をいきなりぶつけるのではなく、次のような自由に答えられる質問を投げかけてジェイソンが思っていることを聞きだしてみたほうがいいでしょう。

「今回の試合はどうだった？」

「今日の試合で何がいちばん楽しかった？」

「自分のプレーはどうだったと思う」
「今回の試合でいちばんよかったのは何だと思う？」
「今日、自分でよくできたと思うことは何？」

これらの質問から、ジェイソンがその日の試合をどんなふうに受け止めているのかを知ることができ、親は彼が求めていることに注意を払うことができます。たとえば、試合後の質問にジェイソンが泣きわめきながらこう答えたとします。「僕は全然ダメだよ。野球なんか嫌いだし、もう二度とやりたくない！　内野の守備なんかもう絶対やらない。ヒットだって打てっこないんだから！」。こんな状態のときにジェイソンのプレーについて指摘しても、野球が嫌になるばかりか、父親のことも信じられなくなってしまいます。もちろん、パフォーマンスがよくなるどころでもありません。

しかし、こんなに泣きじゃくっている状況を受け止めるのは、親のほうもなかなかつらいものかもしれません。こうした場面から、親自身の失敗や屈辱、喪失感までがよみがえってくることもあるのです。このような「記憶を呼び覚ますもの」がたどっていくのは、1つの出来事だけとは限りませんし、親本人も気づかないうちに、子どもが現在抱えている痛みによって自分がかつて負った心の深い傷がえぐられてしまうかもしれません。ジェイソンの父親は選手として前途有望だったのにケガでその道を絶たれてしまいました。町で唯一の黒人コーチというプレッシャーもあります。そうしたことを考え合わせてみると、ジェイソンが一時的な「不振」に陥ってもがいているることをきっかけに、選手生命を絶たれたという、身体が無意識のうちに抱え込んできた記憶が奥底で呼び覚まされ、アメリカでずっと付きまとってきた、黒人であるがゆえのストレスに火がついてしまうのではないでしょうか。このような心の傷によって、子どもが今、求めていることをはっきりと見極める親の目が曇ってしまう場合があります。こうした傷が引き金となって、競技中に感情的になってしまうこともあるかもしれません。感情に任せて辛辣で、愛情に欠けた、何も生み出さない無意味な言葉を浴びせたりすれば、ジェイソンのような子どもはこんなふうに思ってしまうでしょう。「僕は最低だ」。こんなセリフを必ずしも口に出すとは限りませんが、泣いたり、肩を落としたり、腹痛を訴えたりすることから、内心ではそんな気持ちでいることがうかがえるでしょう。スポーツ心理学者のシェイン・マーフィー博士が著書『The Cheers and the Tears』のなかで触れているように、子どもが泣く理由についてはあまり注意が払われることがありません。大人は子どもを元気づけることにばかり囚われてしまうところがあるのです。

確かなデータを求めている親であれば、１９７０年代初めにアメリカ海軍が行った研究は興味深いものといえるでしょう。海軍のエリートパイロットを対象とした綿密な心理学的評価によると、評価の低い戦闘機パイロットと比べて最高評価の戦闘機パイロットのほうが父親とのつながりが圧倒的に深いことがわかりました。その関係は、同じことに興味を持つということもあり、「非常に近しい」と表現されています。そうした関係性をもつ父親は、息子に対してあれこれ口うるさく言うのではなく、前向きに愛情を持って教え諭す術を身につけているということでしょう。前向きに愛情を持って的確に指導すれば、長所を着実に伸ばすことができるのです。

ステップ３　子どものスポーツ環境のことを知る

ジェイソンが苦しい状況に置かれているのは、リトルリーグのコーチ不足もその原因の1つとして挙げられます。コーチの子どもが、チームやリーグのために犠牲を強いられることはよくあります。ユーススポーツでは、子どものためというより、大人の都合に合わせてさまざまな決定が下されることが珍しくないのです。ジェイソンの父親は、コーチ補充のためにTボールリーグから昇格し、息子もそれに伴って同じチームに入れられたわけです。このケースでは、チーム登録の締切日の時点でジェイソンが7歳を超えていたので、リトルリーグ側が年齢制限枠のルールを曲げる形をとったのです。

ユースのスポーツプログラムに関しては、ルールや参加資格、また厳格な姿勢をとるか柔軟になるか、そのあり方について日々議論が重ねられています。こうした取り組みには、地道な積み重ねや見直しが求められます。親としては、そうしたルールや規則、またその例外措置が子どもにどんな影響を及ぼすのか、しっかり見極めなくてはなりません。そのプログラムを選択したことが本当に子どもの成長のためになるのかどうか、考えなくてはいけません。チーム昇格に関してはジェイソンの両親が2人で決めたことであれば、特にシーズン序盤のうちは本人にプレッシャーがかからないよう手を打つこともできたはずです。そうした両親の話し合いが最終的にスポーツプログラムを動かすこともあります。家族がスポーツに関する目標や価値観をはっきりと示せば、スポーツプログラムも似たような形で応えてくれる可能性がより高まるのです。

ボストンのあるリトルリーグは、その目標をＳＨＡＲＰＰという頭文字で表しています。Ｓは spirit「楽しむ気持ち」、Ｈは hustle「頑張り」、Ａは paying attention「注意を払うこと」、Rはrespect「敬意を払うこと」、Pはpositive approach「前向きなアプローチ」、そして最後のPはpractice「練習」（各頭文字の詳細については第14章参照）。まさに良き親のように、このリトルリーグの運営者側は、組織が推奨する重要な美徳や良い習慣を明確に伝えようと努めてきました。どのコーチも選手も必ずしもＳＨＡＰＰどおりにできるとは限りませんが、こうした目標があれば、誰もが平等に扱われ、争いごとが起こっても解決につなげていくことができます。このような目標を定めることに関しては、家族、コーチ、管理者が一丸となることができるのです。

心にとめておきたいこと

- ひとりで悩まないように子どもを元気づけましょう。つらいことや戸惑うことや疑問に感じることがあったら、親や誰か信頼できる人に相談するよう促しましょう。

・組織的なスポーツ活動と、型に囚われずに自由に遊ぶこととのバランスを大切にしましょう。子どもにはひとりにしろ、友達と一緒にしろ、のびのびと自由に工夫しながら遊ぶ時間が必要です。健やかな心を育てるうえで欠かせません。

・毎週、静かに過ごす時間をつくりましょう。できれば、最低1回20分、週3回は確保したいものです。この時間には、ラジオやテレビ、ビデオ、そのほか、気を散らすようなものがない状態にすること。静かに過ごせば、子どもは日々の目まぐるしい刺激から解放されます。これは、自分を落ち着かせる訓練にもなります。瞑想や読書の時間とするのがお勧めです。こうした習慣を家族全員で行ったり、小さいうちから続けたりしていれば、子どもは感情をうまく表現したり、自分の欲求を上手に消化できるようになるでしょう。こうしたスキルは、スポーツ競技で気持ちが切れてしまった場面で、自分を落ち着かせて集中力を取り戻そうとするときにも活かせます。

・試合後は前向きに接するようにし、あれこれ分析して指摘するのは避けましょう。否定的な意見や批判ほど、子どものスポーツに対する楽しみを削ぐものはありません。なるべく試合後１時間のうちは指摘を一切しないようにしましょう。その後、指摘をするにしても、４～５つ的確に褒めたあとで、１つ建設的な指摘をするくらいの割合が望ましいです。さらに言えば、指摘はコーチに任せて、サポート役に徹しましょう。

- 子どもが辛抱強く逆境を乗り越えたり、自制心や勇気、責任感、仲間意識やすばらしいスポーツマンシップを発揮したりしたら、その出来事を取り上げて褒めてあげましょう。こうしたアプローチは、勝ったとか、ヒットを打ったとか、ゴールやタッチダウンを決めたとか、トロフィーを獲得したとか、そういったことばかりを褒めるより効果的です。このような習慣を大切にし、一貫して継続していけば、優れた人格が形成され、努力が報われて的確な技術も身につき、スポーツの楽しさを味わえるようになります。長い目で見れば、パフォーマンスを向上させていくには、この方法がいちばんなのです。

第4章　青年期（13〜18歳）

——個性の発達、自立心の芽生え、達成感

青年期は、10代の子どもたちの多くがその能力を開花させ、輝きを見せる時期です。アイスホッケーの試合で決定的なプレーを見せてチームを大勝利に導いたり、高校3年生のときに化学の難しい試験でA判定を取ったり、ずっと熱心に頑張ってきて1軍チームのキャプテンに選ばれたり。こうしたことをきっかけに、この時期の子どもたちは自信を身につけ、バランスの取れた大人に向けて成長を見せるのです。

一方で、青春時代をやり直すなんて絶対ごめんだ、という人は実際のところ多いのではないでしょうか。ニキビ、思春期、同調圧力といった言葉を、つらい体験としてよく引き合いに出す人もいます。初恋で失恋したり、学校の運動部に入部できなかったりして拒絶感を味わったことを思い出す人もいます。ライバル校との試合で惨敗のきっかけとなったパスや、散々だったテストのことがよみがえる人もいるでしょう。

青年期には浮き沈みがつきもので、それによっていつの間にかくじけてしまう子ど

ももたくさんいます。そんな気持ちの浮き沈みや結果の良し悪しに、親までが引きずられてしまうことがよくあります。失敗して落ち込んだり、悪い仲間と付き合ったり、薬物やアルコールに手を出したり、我が子がそんなことにならないよう親は願うばかりです。子どもが青年期を無事に乗り切っていい結果を出し、自信を持って大人へと成長していけるよう願っていても、その行く手は不確かなもので、本人ばかりか親までが非常に苦しくつらい思いをする場合もあるのです。

デートをしたり、パーティーに行ったり、学校やスポーツで自分の存在感を見せつけたりする子、逆にそんなことには興味を示さない子、あるいはうまく適応できない子、この年頃になっても親にべったりで、学校のダンスパーティーに行くより家で映画を観ているほうがいいという子など、この時期の子どものタイプはさまざまです。そんな青年期の子どもの望みも彼らをサポートする方法も、親は理解しようと努めています。ただ、彼らが求めていることはコロコロとよく変わって予測がつきにくいので、その望みを叶えるのは一筋縄ではいきません。

青年期の子どもには、避けては通れない２つの課題があります。それは、自分の個性を見出し、自立心を身につけることです。

スポーツチームに入ったり、社会奉仕活動に参加したり、生徒会の仕事に携わったり、いずれも自分を知ることにつながるものです。そして、さまざまな活動を通じて、自分は頭がいいのか、面白い人間なのか、気さくなのか、スポーツの才能があるのか、異性からモテるのか、そんなふうに人からどう見られているのかを気にするようにもなります。まだ心が成熟していないので、自分を知ることと周りからの評価との間で何を信じていいのかわからず、悩んだり不安になったりすることがよくあります。

同時に、青年期に入ると自主性を主張し始めます。親の手を離れ、友達や恋人、先生やコーチとの絆に心の支えを求めるようになります。大人になっていくなかで、こうした同世代の仲間や大人とつながりを持つことで、自力で行動する強さを身につけていきます。学校やスポーツのことで親のアドバイスを求めなくなり、まるで親などもう必要ないかのように振る舞うのです。

子どもがこのような変化を見せるのは、つらいと感じる親も多いかもしれません。子どもの態度が急に変わってしまうことに、親はまだ心の準備ができていないのです。この時期の子どもは夢中になって世の中のことを探求し、自分のことを知り、さらに自立しようと頑張るわけですが、実は本人が思っている以上にまだ親の助けを必要としています。サポートの仕方は変わるかもしれませんが、青年期から若年成人期のうちは引き続き親には大事な役目があるのです。子どもの変化に戸惑う親は、子どもの自由を束縛しがちですが、それはサポートとして適切ではありません。

青年期を迎えるころから個人差はありますが、子どもたちは心も身体も大きく変化し始めます。男子の場合、ひげが生えて筋肉がついてくる子がいれば、中高生というよりおもちゃで遊ぶほうが楽しいという小学校5年生くらいに見える子もいます。女子の成長速度もさまざまです。発育がよくて全体的に身体が出来上がってきていてバスケットボールの1軍チームに入れそうな子もいれば、スポーツや自分を取り巻く社会生活に馴染めない子もいます。

また同様に、このような成長期に入ると、スポーツ知識や通常のプレーや試合戦術やコーチの指示に関して選手としての理解力が格段にアップしていく子も出てきます。試合状況に応じて自分の成すべきことがとっさにわかってきたり、チームが沈んでいるときにリーダーシップを発揮したり、周りが失敗を恐れているなかで果敢に挑戦しようとしたり。それまで経験したことのないようなプレッシャーのなかで見せる集中力など、精神的な才能や能力にこの青年期を境に目覚める選手もいます。

しかし高校で最上級生になっても、脳はまだ十分に発達しきっていないこともあります。前頭葉は情報をまとめ、順序立てて処理する能力を左右し、運動能力に重要な影響を及ぼすもので、若年成人期に入ってからも大きく成長し続ける場合があるのです。だから、能力を存分に発揮するのは、大学生か20代半ばになってからということも十分考えられます。

13～18歳の子どものことを知る

青年期には予測できないことが起こる場合が多く、スポーツに関してどのような行動が健全な範囲なのか、多くの親にはよくわからないものです。そんな青年期の子どもとしての成長を６項目から掘り下げていきます。

13～18歳の自信

青年期は、男女ともに自分の長所や短所を知り、自己発見するという意味で大切な時期といえます。自分の短所――本人はなかなか認めようとしないかもしれませんが――によってネガティブな気持ちになったり挫折したりしても、それを克服できるだけの強さを身につけていける時期です。

ただ、その過程でこんなふうにひどく感情的になることがあります。「クソッ！全然うまくいかない！」「こんなつまらない試合、意味ないだろ」「もう嫌だ」。自分の長所に気づき、短所と向き合うのは、特にスポーツのうえではプラスになると同時に、つらいことでもあるのです。

しかし、この年頃の失敗はミスや挫折から学べるいい機会となり、次のステップに向けてよりしっかりと心構えをすることにもつながります。

それでも、親としては子どもが失敗する姿を見るのはつらいもので、やる気をなくしたり落ち込んだりするのではないかと心配になってしまいます。ですが、この青年期に自信をつけていくには、幾度となく気持ちの浮き沈みを激しく繰り返すことが欠かせないのです。

13〜18歳の興味

青年期というと、新たに興味を持ったり夢中になったりすることがどんどんあふれ出てくる時期だったと振り返る人も多いことでしょう。セックス、容姿へのこだわり、パーティー、親から離れて友達と過ごす時間、勉強や競技や進路についての自分なりの目標といったことが主な関心事になります。

この時期には、身体が著しく変化していきます。女子は乳房が発達して生理が始まります。男子はホルモン量が急激に増えて性欲が増し、じっとして集中するのが難しくなります。こうした身体の変化に注意力が大幅に削がれ、競技中に気を散らしてしまうこともよくあります。青年期の子どもの場合、いろいろなことにバランスよく興味を向けて、1つのことばかりに夢中になって他のことがおろそかにならないようにしなくてはなりません。

もちろん、言うのは簡単ですが、それを実践するのは大変なことです。たとえば、映画『ブルークラッシュ』では、主人公の女子サーファーがアメフトのクォーターバックのプロ選手と付き合い始めたことをきっかけに、競技に集中できなくなっていきます。その新しい彼氏との時間が増えるにつれて、練習をさぼるようになり、サーフィン仲間の言うことも聞かず、大会が目前に迫ってくるころにはひどく自信をなくしている自分に気づきます。この主人公が直面している課題は、サーフィンの練習時間と彼氏との時間を両立することです。練習やトレーニングの時間も大切にしてこそ、彼氏とより深く支え合える関係を築き、自分の力を発揮できるようになります。

13～18歳の人間関係

青年期の子どもが親よりも同世代たちとの付き合いを大切にするのは、別に驚くようなことではありません。娘や息子がデートをしたり、恋愛で悩んだり、友達と夜中までインスタントメッセージでやり取りしたりします。

青年期の子どもが友達や、恋愛に発展しそうな相手と頻繁に話すのは、互いに深くつながりを持ちたいと思っているからです。このつながりは、スマートフォンでのやり取りだけがつくるものではありません。スポーツも強い関係を築いていくための場となります。たとえば、アメフトチームの男子選手たちは、各試合に向けて肉体的にも精神的にもいろいろな課題を克服していくうちに、切っても切り離せない絆で結ばれていきます。

また、コーチとの関係も重要になってきます。大きくなるにつれて、子どもはコーチや先生にアドバイスや指導をよりいっそう求めるようになります。そんな成り行きを快く思えなかったり、意外だと感じたりする親も多いかもしれませんが、子どもが自立していくためには必要なことなのです。

親以外の大人や同世代たちと固くいい関係を築くことで、青年期の子どもは自立心が身につき、自分の能力に自信が持てるようになります。18歳までにスポーツや他の興味のある分野を通じてコーチや先生、恋愛相手も含めて同世代たちと強いつながりを持つことができるとしたら、それはいい兆候です。そうして青年期のうちに身につけたことは、大人になっても良好な人間関係を築いていくことに活きてくるのです。

13～18歳の判断力

これまでとは違って、青年期になると子どもは自分で物事を見極めて判断し、行動する能力を身につけることができます。飲酒運転はいけないことだと判断できるようになります。たとえ負けることになっても、試合中に不正行為に及んでは、反則を取られて元も子もなくなると見定めることもできます。

それでも、青年期の子どもに自由な判断を任せるというのは、親にしてみれば不安なものです。親がアドバイスや指示をしてやらなくては、誤った判断を下すのではないかと心配になります。

子どもにとって良くないと思われる友達と付き合うようになる場合もあります。危険な薬物に手を出したり、衝動的に性行為に及んだりするかもしれません。親であればつねに我が子を守りたいと思うものですが、青年期の子どもが学んで成長していくためには、過ちを犯す可能性を承知しながら好きにさせてみることも間違いなく必要なのです。**大切なのは、失敗から学んで責任ある行動がとれるようになったら、より自由にさせて自主性を尊重することです。**

そこで子どもが失敗や誤った判断をしたときに、ようやく親の支えや教えが必要になります。18歳になるころには、自分の判断や行動の良し悪しを見極めて、その結果についても責任を持って受け止められるようになっていてほしいものです。

13～18歳の感情のコントロール

青年期のころの感情の起伏を伴う出来事は、多くの親にとっても忘れがたいものです。強い感情を抑えきれなくなると、青年期の子どもはひっきりなしにわめき散らしたり、泣きじゃくったり、壁を殴りつけたり、人に暴言を吐いたりします。知性が磨かれてきているとはいえ、考えるよりも感情が先走ってしまうことがよくあるのです。自分でもなぜ怒っているのか、なぜイライラしているのか、なぜあれこれ気にしてしまうのか、なぜ動揺してしまうのか、わからなくなることがたびたびあります。このようにわからなくなるから、感情をコントロールできなくなったり、自分を見失ったりすることがあるわけです。この時期に、勝負という一喜一憂する気持ちをコントロールするような機会を得られるというのは、スポーツのすばらしいところでもあります。青年期も18歳が近づいてくるにつれて、自分の感情をもっとうまくコントロールし、挫折したり落ち込んだりしてもくじけたりすることはなくなってくるはずです。気持ちが押しつぶされても、立ち直りがずっと早くなり、自分でもそうなるよう全力を尽くすことができるようになるのです。

13～18歳のスポーツ関連のスキル

青年期には、ほとんどの選手が自分の真価を発揮し始めます。選手としての能力や可能性を見極めるのが難しい学童期とは違って、青年期でも18歳になるとたいがいの場合、身長が十分に伸び、自分の身体能力や反射神経についてより正確に把握できるようになります。

青年期の終わりごろまで動きがぎこちなかったり、筋力が不十分だったりして苦労していたのに、翌年には身体が完全に成長したのをきっかけに、見違えるほどの選手に生まれ変わる例もあります。こうした現象は珍しいことではありません。長身でやせ型の、ある高校4年生のバスケットボール選手の場合、足のサイズが極端に大きくてよくつまずいていました。どんなにいい指導を受けても、状況は変わりませんでした。ところが、そこからの1年で身体がぐっと成熟し、筋力と足のサイズのバランスが取れてくると、それまで格上に見えていた選手たちをしのぐようになりました。

青年期の終わりにようやく身体が出来上がってくる子どもは、不利な目に遭うことがあります。すばらしい可能性を秘めているのに、身体面で値踏みされた瞬間にチームから見向きもされなかったり、ふるい落とされたりする選手もいるのです。将来的な成長は考慮されていないというわけです。マイケル・ジョーダンが、もし高校2年生のときに入部できずにそのままバスケットボールをやめていたらと想像してみてください。彼は15歳のときには高校の1軍チームにも入れなかったのに、わずか1年後の16歳のときには未来のスーパースターへと成長していました。マイケル・ジョーダンのような天賦の才能と運動知能を持ち合わせた人はごく稀ですが、才能や成熟ぶりが表れるタイミングは、個人によってみんな違うのだということを認識しておかなくてはなりません。それがいつ表れるのかは予測できませんが、子どもがスポーツに前向きに取り組めるようにしてやれば、その可能性が花開くチャンスもめぐってくるでしょう。

ケーススタディ #06　初めての挫折で部屋にこもるアレックス（14歳）

サッカーの1軍チーム入りを目指す、14歳の高校1年生（訳注：日本の中学3年生に相当）のアレックスのケースを見てみましょう。

アレックスは母親の迎えを待っていますが、永遠に来ないのではないかと思えるほどその時間が長く感じられて仕方がありません。迎えにきた母親は、息子が泣いている姿を目にして驚きます。

「いったいどうしたの？」

「なんでもない」と答えるアレックス。そのまま沈黙が続きますが、帰り道を半分ほど過ぎた辺りで、アレックスはその日に行われた、サッカーの１軍入りのトライアウトに落ちてショックを受けていることを打ち明けます。

１軍入りできるものと本人が期待していたことは承知していたので、アレックスの母親は慎重に言葉を選んで答えます。「あら、アレックス、それは残念だったわね。１軍には本気で入りたがっていたものね。今、話したいのなら聞こうか？」「別にいいよ」。アレックスはため息をつきます。「ただ、悔しいんだ。チャンスさえもらえれば、僕だっていいプレーができるのに。得点に絡むチャンスがあんまりなかったんだ。パスは４年生の人から１回もらったけど、的外れなところに蹴ってきて全然追いつけなくてさ。こんなの不公平だよ。これじゃあもう、２軍でやっていくしかないじゃないか」

元スポーツ選手である父親のほうはもっとあっさりとした反応を見せます。出張から疲れて帰ってきて、荷ほどきもしないうちからこの話を聞かされたのです。「おいおい、お前はまだこれからじゃないか。心配することないさ。２軍でいい経験を積んで、試合にたくさん出て、友達と楽しくやればいいじゃないか」

「あのね、父さん。そんな話、聞きたくない。僕は1軍に入れるはずだったんだ！」

「たしかにそうかもしれないけど、今はもうこの状況のなかでベストを尽くすしかないだろう」

黙り込むアレックス。目に涙を浮かべて、ふてくされた様子で自分の部屋に引っ込んでしまいます。

両親ともアレックスのためを思って言葉をかけているものの、もしかしたら父親は厳しすぎるのかもしれません。あるいは、母親が過保護すぎるともいえます。この年頃の子どもに対していつ慰めて、いつ前向きな気持ちに持っていけばいいのか、まず状況を見極めなければなりません。アレックスは精神的・身体的にどれほど成長しているのか？　コーチやスポーツプログラムとの相性はいいのか？　これらの答えを出すことで、両親が取るべき適切な行動も見えてくるでしょう。

ステップ1　子どものことを知る

アレックスにとって、サッカーだけは自信が持てることでした。他のことで不安があっても、サッカーにかけては、これまでつねにスター選手として活躍してきたからです。振り返ってみれば、中学3年生のシーズンには、ほぼ全試合でゴールを決めました。クラスメイトには1軍チームに入ったほうがいいとふだんからよく言われ、コーチの特別な計らいもあって1軍のトライアウトを受けられることになったのです。アレックスは高校1年生でただ1人、1軍入りするという夢を抱いていましたが、その道はトライアウトに落ちたことで絶たれてしまいます。

アレックスが1軍入りできなかったことにこれほどのショックを見せる要因は、他にもありました。高校に入学して、授業が難しくなってついていけるのか？　先輩とうまくやっていけるのか？　競技の激しい競争に勝ち抜いていけるのか？　アレックスはそんな不安を抱えていたのです。

身長165センチ、体重61キロのアレックスは、客観的に見れば、高校3〜4年生のライバルたちよりはるかに身体が小さく、1年生にして2軍に入れるだけでもすばらしいことです。でも、本人にしてみれば高校で出鼻をくじかれたような状況に陥っています。青年期の子どもは失敗することにどれほどもろいのか、アレックスのようなやり場のない気持ちに対してどれほど無力なのか、親は肝に銘じなくてはならない場面によく遭遇します。高校生アスリートの研究や臨床に携わっていると、彼らがいかにネガティブで自己批判的なのか、嫌というほど思い知らされます。**些細なミスや**

挫折でも曲解して大げさに捉え、ひどく落ち込んでしまうのです。こうしたときは、親が支えることで、この年齢層の子どもはメンタルが強くなり、競争に力強く立ち向かっていけるようにもなります。**ネガティブな考え方を払拭する術が身につけば、プレー中に気持ちを立て直せるようにもなるでしょう。**これは、どんな競技レベルにあろうと、いいパフォーマンスを発揮するためには欠かせない要素です。「最低だ」と自分に言い聞かせながらゴールを決める子どもはまずいません。

アレックスは最初、落ち込んでいることをなかなか母親に打ち明けようとしませんでしたが、最終的にはどれほど悔しくて傷ついているのか、その思いを吐き出します。これとは対照的に、青年期でももっと年上の子どもになると、同じように落ち込むことがあっても、親に気持ちをぶつけることはあまりしません。自分で何とかしようとするのです。アレックスはそこまで自力で対処できるほどには、まだ全然至っていなかったということです。表には見せなくても、母親に支えてもらったり、安心するような言葉をかけてもらったりすることが必要なのです。自分の気持ちを吐き出せる、そんな安心できる環境がなかったら、アレックスはもっとつらい思いをしていたかもしれません。このようにネガティブな感情をぶちまけて支えられているという安心感が得られれば、元気や自信が湧いてきて再び立ち直り、頑張り続けていくことができるでしょう。

怒ったり落ち込んだりする青年期の子どもを相手にしていると、親は振り回されて戸惑ったり疲れたりするかもしれません。しかし、本人が助けなどいらないようなそぶりを見せていても、イラついたり、怒ったり、悩んだりしているのであれば、辛抱強く向き合っていくことが絶対に必要なのです。

ステップ2　自分のことを知る

アレックスの両親は2人とも、落ち込んでいる息子が立ち直って元気を取り戻し、2軍チームでも前向きなシーズンを送れるようにしてやりたいと思っています。ただ明らかに、母親のほうがうまくサポートにまわっています。アレックスにはスポーツ選手として活躍してほしいと願いつつも、幸せに楽しんでほしいという気持ちのほうが強いのです。母親は中学までしかスポーツをやってこなかったので、高校で1軍チームに入ることをさほど重要視していません。それでも、彼女の息子に対する接し方は、自分のことを理解して支えてもらいたいというアレックスの気持ちにしっかり寄り添っています。青年期の子どもは、親にただそばにいて話を聞いてもらいたいと思うことがよくあるのです。何かアドバイスをするのは、気持ちが落ち着いてもう少し人の話を聞けるような状態になってからで十分なのです。

アレックスの父親は、うかつにもそうしたアドバイスをするのがあまりにも早すぎたといえます。アレックスが落ち込んでいるのにそっけない態度をとり、息子の先々のことばかりに意識が向いてしまっています。このような接し方をしては、アレックスを怒らせてしまいます。アレックスはひどく傷ついて意気消沈し、先のことを考える余裕などないのです。元スポーツ選手の父親にしてみると、息子の挫折は長い目で見れば些細なことで、結果的にはいずれ本人のためになるものと捉えていたのです。ふだんならもっと辛抱強く慎重にコミュニケーションを図れるはずなのに、長期出張から疲れて帰ってきてそれができなかったのかもしれません。アレックスにしてみれば、父親の物言いは容赦ないもので、その言葉に込められた大切な真意をくみ取るというところまで意識が及ばないのです。

自分には知恵も経験もあるのに、子どもがそれに頼ろうともしてくれないと、親はよく歯がゆい思いをします。「自分の知っていることを伝授してやりさえすれば、格段に良くなるのに」と親は考えたりするのです。しかし、スポーツが得意だからといって子どもを元気づける方法をよく心得ているとは限りません。逆に、スポーツに関して子どもにプレッシャーをかけて追い詰めてしまうこともあります。子どもが逆境に直面しても負けないように、良かれと思って厳しく接する親が多いですが、それがかえって裏目に出ることがあるのです。アレックスの場合、自信を持って2軍でもしっかり頑張ってもっと優れた選手になれるように両親からの的確なサポートが必要です。それに、両親から自分の実力を信じてもらえていると実感できれば、自分ならできる、という自信もわいてくるでしょう。スポーツ選手の子どもを相手にすることにかけてはよく承知している親でも、アレックスの両親のような状況に陥ることは多少なりともあります。**青年期の子どもは理解されることを求めていますが、自信を持ってずっと頑張っていけるよう後押ししてもらいたいと親を頼りにもしているのです。**心に寄り添いつつ成長を促すという両面からのアプローチは、アレックスにはとても有効ですが、そのどちらかが欠けては、あまり効果は望めないでしょう。

ステップ3　子どものスポーツ環境のことを知る

アレックスは幸いにも、いいスポーツプログラムに参加しています。

アレックスのような新入生を評価して、こんなことを言うコーチもいるかもしれません。「なあ、あの子はすごい選手になるぞ。体格的に今から１軍に上げるのはリスクがあるだろうが、一か八かやってみよう」

選手は準備もできていないうちから無茶なことを強いられると、競技をやめてしまったり、友達と触れ合う機会をなくしたり、ケガをする恐れもあります。そうした視点から見ると、アレックスのコーチ陣は選手の総合的な成長に配慮してくれています。アレックスに関しては、１軍に入れる代わりに選手として成長させ、自信を持たせるという方針を取っています。親には子どもが失敗しないように守ってやることはできません。１軍入りのトライアウトを受けるチャンスがもらえたことで、アレックスは自分の実力をはかる機会を得ることはできました。

今回のような挫折によって、アレックスは選手としての自信や成長が削がれる恐れもありますが、その逆の可能性のほうが大きいともいえます。２軍でいい経験を積んでスキルを磨き、試合経験も重ねていけば、落ち込んだ状態からもうまく立ち直ることができるでしょう。１軍入りを１年待つことで実際、将来的にパフォーマンスが向上する可能性が高まるのです。現に翌年、アレックスは１軍入りを果たし、州の強豪チームのレギュラーの座を勝ち取りました。

スポーツプログラムが子どもの成長スピードに合っているのか、本人の準備ができてから新たなことに挑戦できる環境なのかどうか、どうすればわかるのでしょう。それを見極めるのは簡単なことではありません。他の親や教師や子どもたちとも話してみてわかってくることもあるでしょうが、基本的にはゆっくりとしたペースで成長させたほうが、当然ながらリスクははるかに小さくなります。

どの親も我が子は特別だと信じていますから、ゆっくりとしたペースを守っていくのは無理があるかもしれません。親から最高だと思われていることを子どもが知るのはいいことです（これによって自尊心が植えつけられます）。それでも親は我が子の能力や成長レベルをつい過大評価し、それが子どもの負担になってしまうのです。もっと悪いのは、親の歪んだ認識を子どもが押しつけられてしまうことです。子どもは自分の限界を現実として突きつけられたときに、どうすることもできなくなってしまいます。

信頼できるコーチのもとでいいプログラムに参加していけば、子どもは公平に扱われ、自分のスキルや能力を現実的に把握できるようになるでしょう。

ケーススタディ #07　成功している母親と自分を比べてしまうサラ（17歳）

サラは青年期半ば、高校3年生（訳注：日本の高校2年生に相当）の17歳。クロスカントリーのスター選手です。16歳のときにこの競技で州上位の成績を収め、大学の奨学金候補にもなっています。

レースで新入生に負けた日の夜、サラはむくれた顔で夕食のテーブルにつきました。その新入生に負けたのはこのときが2度目で、前回にもまして気分は最悪で、状況は悪くなる一方でした。「ねえ、今日の大会はどうだったの？　全然話してくれないけど」と母親から聞かれたサラはこう返しました。

「お母さん、その話はしたくない。あの新入生にまた負けちゃったの。私のほうが速いのに。クロスカントリーなんて嫌い、あんなつまんないスポーツ」

サラの母親はこう答えます。「まあ、時には負けることもあるわよ。もっと頑張ればいいじゃない。私も高校のときにチームの年下の子に負けたことがあってね。すごく悔しかったけど、おかげでもっと頑張れるようになったわ。次の大会では、その子に追いつけたし。あなただって同じようにできるわよ」

「私はもうこれ以上、頑張るなんて嫌よ」とサラは声を荒げます。「お母さんは全然わかってない！」

サラはそのまま勉強部屋に向かいます。父親は目を丸くして母親のほうを見ます。自分はスポーツをやってこなかったので、妻や娘にとって競技がどれほど重要なのかよくわかりません。

張り詰めた空気を和らげようと、父親は母親にこんな言葉をかけます。「時にはただ話を聞いてやることも必要だよ。あの子は腹を立ててるんだ。そんな子を追い詰めちゃだめだよ。そうでなくても、自分で自分を追い詰めてるんだから。君が心配してるように、あの子だってデューク大に入れるかどうか不安で、やる気をなくしてるんだ。少しそっとしてやったほうがいいと思うよ」

その日の夜遅く、母親はサラの部屋のドアをノックしてみました。

「ほっといてよ！　誰とも話したくないんだから」

母親はどうしたらいいのかわかりません。

ステップ1　子どものことを知る

サラはなぜ新入生に負けてしまったのでしょう。新入生のほうが、単に実力が上だから？　あるいは、サラが両親に話したこと以外に何か理由があるのでしょうか。それを解き明かすためには、17歳の女子が競技を続けていくのがどれほど大変なことなのか考えてみる必要があります。

少女から若い女性へと成長していく過程では、多くの弊害が生じます。いい意味での変化もありますが、厄介な変化もあり、それによって身体に違和感をきたします。**女子アスリートのなかには、特に走種目や体操、競泳の選手の場合、こうした変化によって競技が困難になることがあります。**女子競泳では、青年期にお尻が大きくなり、水の抵抗が増してタイムが落ちてしまう選手がいます。胸が大きくなって体重が増え、ホルモンの分泌量が急増してくると、もっと細身だったころにはできていたパフォーマンスがうまくいかなくなる選手もいます。サラの場合、筋力は強くても体重は新入生のほうが軽く、それはある意味クロスカントリーでは有利に働きます。

サラのような立場の選手のなかには、無理なダイエットや過剰なトレーニングをして身体の自然な変化に逆らって、摂食障害に陥ったり、ケガをしやすくなったりする人もいます。親は青年期の女子に見られる身体の変化や、本人がそれに順応できているかどうかを注意深く見守る必要があります。こうした身体の変化を認めて前向きに受け入れることは、成長過程のなかで重要な意味を持ちます。競技を通じて、身体に自信を持つことができれば、そうした変化もスムーズに受け入れられるでしょうが、自分を過剰に否定してしまう場合もあります。筋力がついたことを認められれば、サラは自分の身体に対する見方が変わり、その力を競技に活かすこともできるようになるでしょう。

ストレスは内面的にも外面的にも、パフォーマンスの妨げになることがあります。もっと頑張れという母親からのプレッシャーや、新入生にこのまま負け続けるのではないかという不安を抱えていては、サラは本来の実力をなかなか発揮できなくなってしまいます。ストレスはエネルギーを吸い取り、身体を緊張させ、睡眠を阻害することもあります。サラとは対照的に、新入生のほうはこうしたストレスを何も感じていません。新入りランナーにすぎず、期待をかけられることも不安を抱えることもありません。サラは上級生で好成績を収めることを期待されています。勝つことへのプレッシャーが、サラの不調の一因になっているのかもしれません。

高校競技でどれほどのストレスがかかるのか、親は選手経験の有無にかかわらず、ときどきつい忘れてしまいます。練習は夕飯時まで続くこともありますし、家に帰れば宿題をこなし、翌日にはまた練習の繰り返しです。大学願書の提出やＳＡＴ（大学進学適性試験）がすぐ間近に迫っていて、それもサラのプレッシャーの原因になっています。競技につまずいたことで、サラの感情のスケールは、本来なら苛立つところで止まっていたのが打ちのめされた状態にまで陥ってしまっているのです。心のバランスと自信を取り戻すには、周りから時間をかけてサポートを受けることが必要です。

ステップ2　自分のことを知る

競技経験のない人の目から見ても、サラには明らかにクロスカントリーの才能があり、大学チームでも活躍できる可能性を秘めています。また、母親も選手として優秀だったことは、サラにとって恵まれていると同時に、不幸なことでもあります。もっと頑張るよう母親から駆り立てられることで、家庭内でもめ事が起こっているのは明らかです。サラの両親は、自分たちが娘のパフォーマンスにどれほど影響を与えているのか、よく考えなくてはなりません。

驚いたことに、子どもに与える影響力について親が無頓着なケースは実に多いのです。臨床の現場では、最初は「親に勝つようプレッシャーをかけられたりすることはない」と話していた若いアスリートが、あとになってから、負けたときには親にすごくがっかりされるといった話を打ち明けてくることがよくあります。

子どもも親もプレッシャーの存在を認めたくないかのように振る舞うのです。子どもは親を悪者にしたいわけでも、親にどれほど追い詰められているのかを突きつけて責めたいわけでもありません。親はおそらくプライドや不安に囚われて、子どもにとっていちばんためになることを見逃してしまっているかもしれないという可能性を受け入れられないのです。そのうち口も利かなくなってぎくしゃくするようになり、そんな状態がずっと続いたまま事態はどんどん悪化していってしまいます。

サラは大変な重荷を背負っています。サラが目指しているデューク大学のクロスカントリーの選手だった母親は、持ち前の競争力や自制心を小児科の開業医の仕事にも活かしています。ずっと健康的なスタイルを維持し、きれいで有能で仕事でも成功していて、絵に描いたようなお母さんだと、友達からも評判の母親です。サラの目から見ても、母親は完璧な存在です。母親も若いころにもがき苦しんでいたとは想像できません。サラにとっては、母親の成功がプレッシャーになっています。母親のほうは自分の存在が娘にそんな影響を及ぼしているとは夢にも思っていません。

子どもは親の話をよく聞いています。親が言ったこと、なかでも食事中につい口をついて出てしまった汚い言葉はよく覚えています。しかし、もっと重要なのは、**自分の見た目や行動やパフォーマンスについて親から向けられた言葉については、子どもはなかなか忘れないということです。**サラの母親が娘のパフォーマンスについて発する言葉は、大きな意味を持ちます。母親から何か言われることで、サラはますます苛立ち、自分を追い詰めてしまいます。サラのような青年期の子どもには、そうした言葉を理解して記憶するだけの知能はありますが、自分のこととなるとまだきちんと受け止められないのです。**子どもはときどき、見た目も行動も大人ぶることがありますが、まだ青年期で大人ほど図太くない**ということを肝に銘じておかなくてはなりません。青年期のうちはある意味まだ子どもなので、親は言葉を和らげ、うっかりプレッシャーをかけてしまったのであればそれを軽くしてやらなくてはいけません。

親が成功していることそのものが、子どもに弊害を与えているわけではありません。実際、成功を収めた親が、子どものすばらしい手本になるケースもあります。母親のことをその道を究めた女性として見ることができれば、サラには自分にもやれるという自信が湧いてくるでしょう。けれども、母親も完璧な人間ではないことや、今の自分に至るまでにはつらい思いをして、山あり谷ありの道のりをいくつも歩んできたことが、サラにはまだ理解できません。母親のほうは自分も苦労してきたことをサラにわからせようとしますが、それがうまく伝わりません。

青年期の子どもは意地を張ったり、はっきり言われたことでもなかなか呑み込めなかったりするものです。人生には失敗がつきもの、ということを理解させるためには、サラの母親は大変な思いをしてきたのは自分も同じで、完璧な人間などではないということを娘に幾度となく伝える必要があるかもしれません。そうして何度も言い聞かせてようやく、子どもは本気で耳を傾け、話を受け止めてくれるようになるのです。

サラの父親は、スポーツに関していえば母親ほど入れ込んでいるわけではありませんが、サラにとって重要な役割を果たすことができています。サラがどれほどプレッシャーを感じているのかを察し、それを妻にうまい具合に伝えています。その結果、母親はそれからしばらく自分のことを見つめ直し、娘に自分を重ね合わせていることに気づきます。サラには何としてもいい選手になってもらいたいと願うあまり、娘が自分とは個性も性格も目標も違う別人だということをつい忘れていたのです。自分の思い入れがサラの不調につながっているかもしれないと思い、母親はあえて一歩引いて、娘に対しては言葉を和らげることにしようと考えます。これが功を奏し、サラの反抗的な態度も収まっていきます。今では、サラが競技のことで行き詰まったときに頼りになる存在として、気軽に相談を受けるようになっています。

真に優れたアスリートは、失敗からいかにして立ち直り、試合に向けてどんな調整をし、どのようなトレーニングをして、再び挑戦していくにはどうすればいいのか把握しています。だから、サラが経験しているような挫折は、有意義な学びの機会となるのです。親はこのような見方をすることができれば、子どもがアスリートとして、誰かのライバルとして、人間としてよりたくましく、より多才になれるよう心を配りながらサポートしていけるようになります。

ステップ3　子どものスポーツ環境のことを知る

サラが所属するクロスカントリー部の雰囲気はどうでしょう。コーチはサラの敗北に対してどんな反応を見せているのでしょうか。

サラのような不調はトレーニングに問題があるのではないかと捉えたり、こうした不振を機に評価を改めたりするコーチもいます。サラの両親がコーチの考え方に注意深く目を向けていれば、娘に対して的確なサポートをしていけるようになるでしょう。たとえば、コーチが休養をとるように勧めているのに、もっと頑張れなどと言っては、かえって逆効果になってしまいます。チームやコーチのことをよく把握しておけば、的外れなことを言って子どもを混乱させるようなことも避けられます。

本章で伝えてきた通り、青年期も後半になると、コーチに頼ることが多くなり、親と話すことが少なくなることがあります。親がコーチのことを尊重して信頼すれば、困ったことがあっても安心してコーチの力を借りるよう促すことができます。優れたスポーツ選手として活躍してきた親の場合、自分のほうが知識や経験が豊富だと思い込んでしまうこともあるかもしれませんが、それでもコーチにバトンタッチしなくてはなりません。青年期に入ったら親以外の大人から学ぶことが必要で、そうすることで、いずれ家を出て独立するころには、試練にも立ち向かっていけるようになります。子どもが成長して自立した人間として大人へと近づいていけるように、親は自分が用なしになったと考えるのではなく、あえて一歩引いてみるといった、新たな立ち位置を認識するべきなのです。

ケーススタディ#08　急に競技をやめ、演劇をやると言い出したデイビッド（18歳）

デイビッドは18歳になったばかりの高校4年生（訳注：日本の高校3年生に相当）。ラクロスの1軍チームのトライアウトを受けるかどうかで迷っています。ラクロスはずっと楽しく続けてきましたが、高校3年生の時点でも2軍ゴールキーパーの控え止まりで、自分にはトップレベルの選手を相手に競い合うほどの情熱や才能はないと自覚しています。

そんなときにどういうわけか、学校の演劇で主役に挑戦してみないかという話が舞い込んできます。その誘いを受けるためにデイビッドはラクロスをやめようかと考えます。ラクロスをやめると言えば、父親から反対されるのは目に見えていますが、本気で変わりたいと思っているのです。ある夜、デイビッドは夕食時にこの話を思い切って両親に切り出します。

「お父さんは僕にラクロスを続けてほしいと思ってるんだろうけど、もうこれ以上は無理なんだ。試合には出してもらえないだろうし、それよりもっと本気でやってみたいことがあるんだ。すごくいい芝居があって、演劇の先生から主役のオーディションを受けてみないかって言われて。僕、やってみようと思うんだ」

デイビッドの父親は思わずフォークを皿の上に落とし、怒鳴り声を上げます。「何をバカなことを言ってるんだ。何年もずっとやってきたのに、今さらラクロスをやめるだって？」。そのあとは沈黙が続きました。デイビッドがテーブルの食器を片付けている間、両親は互いに目配せするばかりです。

これ以来、デイビッドは父親と１週間以上も口をきいていません。母親は２人の板挟みになってどうすることもできずにいます。デイビッドの父親は、何としても息子にラクロスを続けさせたいと思っていますが、それが本人にとっていちばんためになるのかどうかわかっているわけではありません。デイビッドの父親は自分にこう問いかけます。「あんなことを言い出したのは、親を困らせたいだけなのか？　ただの反抗期なんだろうか？」

ステップ1　子どものことを知る

厳しい話ですが、高校生アスリートの多くは上級生になってくると、試合に出場するか、控えにまわされるか、チームからふるい落とされるか、別の道を歩むか、そんな現実を突きつけられます。高校時代に「ベンチを温める」ことがなかった人もいるでしょうが、多くの親はユニフォームを着たままベンチに座って、出してもらえる見込みもない試合をひたすら見ているといった、つらくて苦い、時には屈辱的な経験を味わっています。こんな状況が何シーズンも続いたら、選手はこう思わずにはいられなくなります。「こんなことに何の意味があるんだろう？」

デイビッドは、まさしくそんな立場に置かれています。身長は172センチで止まったまま。ウエイトトレーニングや、さらに練習を重ねたとしても、身体がこれ以上大きくなることはないだろうと本人も感じています。ラクロスのスティックさばきはまずまずですが、スピードも体格も才能も、他の選手には及ばないということもわかっています。コーチは選手起用に関しては容赦がありません。「先発メンバー」と見込みがないのだと思い知らされるのです。

そんな折に、学校の演劇で主役を演じるチャンスがめぐってきて、デイビッドは心底わくわくしています。魅力的な活動に新たに挑戦することで輝けるかもしれないのです。演劇にはずっと興味を持っていましたが、スポーツとの両立の兼ね合いで諦めていました。今になってスポーツをやめようとしているのは、落ち込んだり腹を立てたりしているからではありません。危ないことに引きずり込まれようとしているわけでもありません。デイビッドは善良な学生で、問題を起こしたこともありません。今は自分の意志で歩むべき道を切り開こうとしているのです。ラクロスをやめて演劇の道を目指そうとするのは、新しい仕事に挑戦するようなものです。こうした挑戦は健全なもので、先行きが見えなくても期待に胸が膨らむものでもあります。

デイビッドの選択は、両親、特に父親への反抗心の表れともいえるかもしれませんが、必ずしも悪いことではないのです。**青年期でも年齢を重ねていくと、親に逆らうことが必要になってきます。**今こうして自分のことは自分で決めるようになってきたのは、不思議なことではないのです。青年期の子どもにスポーツを強制すると、その競技が嫌いになったり、身体的な活動自体をやめてしまったりする恐れがあります。

だからこそ、親は広い視野で見守っていくことが大切なのです。たとえ親の意に反するものであっても、本人の好きな道を選ばせてやらなくてはなりません。

ステップ２　自分のことを知る

両親の意見が一致していないのは問題です。２人の意見がバラバラでは、子どもに対して協力しあっていくことが困難になります。デイビッドの両親がこの家庭内の不和を乗り切るためにはまず、持っている偏見や自分の経験が及ぼす影響について意識するようにしなくてはなりません。

デイビッドの父親はラクロスの選手でしたが、今では競技に関わることはなくなっています。デイビッドの試合を観戦に行ったこともあまりなく、他の選手の親と話したこともないので、今のチームがどれほどのレベルなのかもわかっていません。デイビッドが毎日どんな練習をしていて、コーチに見向きもされず、どれほど疎外感を味わっているのかも知りません。デイビッドの父親にとって、高校最後の年にラクロスをやっていたころのことは、最高にいい思い出として残っています。振り返ってみれば、すばらしい仲間ができたのはそのころでしたし、チームの一員になったことで男としても自信を持てるようになりました。デイビッドがそんなすばらしい経験ができないと思うと、腹立たしくてなりませんし、息子のスポーツ活動に関わってこなかったという後ろめたさもあって、さらにやり切れない気持ちに駆られています。そんな思い入れがあるだけに、デイビッドがラクロスをやめると言い出しても、なかなか受け入れられないのです。もっと言うと、父親は、自分が息子にラクロスを強要している恐れがあることにも気づいていません。

自分の過去の経験が子どもにどれほど影響を与えるのか、親には理解できていない場合があります。もっと認識できるようにするには、こんなふうに自分にいくつか問いかけてみるといいでしょう。

「なんでこんなにムキになってしまうんだろう」

「ラクロスをやめて演劇をやると言い出したからって、何の問題があるんだ？」

「自分はいったい何を心配してるんだろう？」

こうした問いかけに何とかして答えを出していけば、自分の考え方を客観的に認識するのにもプラスに働くでしょう。

デイビッドと父親の関係が手詰まりの状態になっていることで、母親も難しい状況に追い込まれています。意地を張り合っている男2人を相手にどう立ち回ればいいのでしょうか。デイビッドに対しては、本人の意志を尊重すると伝え、父親については自分がラクロスを楽しんできたから、ただ意地になっているだけだと言い聞かせたとしても、根本的な解決にはなりません。

この問題については父親とも協力する必要があります。穏やかに話し合いへと持っていけるよう、先ほど紹介した父親による自分自身への問いかけを、母親が促す役割を担います。

「あなた、デイビッドが演劇をやりたがっているのが、そんなにいけないことなの？本人が好きだっていうんだから、思い通りにやらせてあげればいいじゃない。何をそんなに腹を立ててるの？」

すぐに話し合いを持つことができなかったとしても、デイビッドの父親はひとりになってその問いかけについて考えてみることはできます。そのうちデイビッドの決断についてもっと冷静に話し合えるようになるでしょう。そうすれば、息子の決断について完全に納得することができなくても、サポートしていくことには賛成できます。

今のところ父子関係はぎくしゃくしていますが、デイビッドがどんな決断をしようと、ずっと寄り添っていく姿勢が大切です。子どもが成人を迎えてもサポートやアドバイスを求めてくるのは珍しくありませんから、親はそれをいつでも受け止められるように見守り続けることが必要です。実際に子どもが独り立ちできるようになれば、下手な意地を張ったりせず、素直に親の知恵や経験を求めるようになるでしょう。

ステップ3　子どものスポーツ環境のことを知る

デイビッドの両親もよく承知していることですが、彼の学校はスポーツにとても力を入れています。スポーツ競技より演劇を選べば、学校生活にも進学にも何かしら影響が生じることになります。デイビッドの学校では、スポーツ選手はカッコいい存在です。演劇部員は、大多数の生徒と比べると少し変わっていて、校風とはかけ離れた存在と見られています。

デイビッドにしてみれば、演劇の道に進むことは勇気ある一歩といえます。これから大きく前進し、自立した考え方ができるようになろうとしているのです。

興味深いことに、デイビッドは大学１年になって同好会でラクロスを再び始めるようになります。プレーするのが本当につらくなる前にやめたことで、ラクロスを楽しむ気持ちを失わずにすんだのです。復帰したのは、自分が望んだことであり、親や大学から勧められたからではなく、あくまでも本人の意志です。大学に入ってからは、ラクロスに対して情熱や喜び、自分の意志でやっているという感覚が持てるようになり、おかげでプレーも想像以上に上達していきます。要は、ラクロスをやめたことで、最終的には選手として成長できたわけです。

心にとめておきたいこと

- 青年期の子どもが親の手を離れていくのは自然なことです。家族としてはつらいでしょうが、子どもの成長には不可欠なのです。
- 青年期の子どもはまだ親に試合を見に来てもらいたいですし、助けやサポートを求めているときにはそばにいてほしいと思っているのです。
- この時期の子どもにとってコーチや教師の役割はますます重要になります。子どものためになるすばらしい指導者を積極的に探しましょう。
- 脳や身体は青年期のころに著しく発達します。その成長は若年成人期を迎えてからも続きます。見た目や行動が大人じみていても、まだ発達途中なのです。

- 身体や心の成長は予測できません。青年期のころに才能を発揮していても、若年成人期に入ってからもそのまま活躍するとは限りません。遅咲きの子どももいます。選手の能力を伸ばすには、適度な期待を持って競技を続けさせていくのがいちばんなのです。
- 高校で求められるよりレベルの高いプレーをするには、そのスポーツが本当に好きでなくてはなりません。続けている主な理由が親や他の誰かのためであっては、楽しめないうえに、いいプレーもできません。
- スポーツをやめるといっても、それは必ずしも逃げからくるものとは限りません。自分の長所や短所を受け入れるためだとか、自分に合ったスポーツを見つけるためというケースもあるのです。怠けているのではないか、不健全なことに手を染めようとしているのではないかと勘ぐる前に、子どもがどんな気持ちでいるのか探ってみましょう。
- スポーツ奨学金を獲得するのも、ディビジョン１でプレーできるのも、ごくひと握りの選手だけです。そうした目標を達成するには相当なプレッシャーがかかり、青年期の子どもには運動能力に悪影響が及ぶ恐れがあります。

- 生まれつき才能があっても、青年期の子どもは親に支えられていると実感し、リラックスした気持ちでスポーツを楽しいと感じているときにこそ、最高のプレーをするということを忘れずに。
- 親とは違う道をたどろうとすることを恐れてはいけません。それはそれでいいのです。何かしらスポーツと関わっていくのであれば、大人になってからも身体的な活動を続けていくようになるでしょう。

第5章　若年成人期（20歳前後）

――自身の将来とスポーツ

若年成人期に入ると、いろいろなことが複雑に絡み合います。家を出て全く新しい世界に飛び込んでいくのは、わくわくすることであり、不安なものでもあります。そこでは、学業、スポーツ、社会生活、いずれについてもしっかり励むよう期待をかけられます。こうして親元を離れることで、大人への第一歩を踏み出すことになるのです。

自分の時間や労力を使って何かをやろうと自発的に決められるようになるのは、おそらくこの時期からといっていいでしょう。薬物やアルコールを気軽に手に入れ、誰かと親密な関係を持つこともできるようになります。夜中の3時までパーティーにふけって、朝6時には練習に出るということもできます。「出席している」以上は、コーチも教授も、寮の管理人もたいがい、学生がよそで何をしようと、気にかけることはまずありません。

大学で運動部に所属している学生は、エリートの部類に入ります。全体の5パーセントにも満たないのです。その中に入れたとしても通常、厳しい洗礼を受けることになります。まさに、「井の中の蛙大海を知らず」という現実を突きつけられた状態になるのです。大学の奨学金をもらっている学生は、高校のチームではおそらく中心的な選手だったことでしょう。ところが、大学に入ってからは少なくとも1年生の間はベンチを温めることになるものです。チームメイトは概ね選りすぐりの選手ばかりで、学業も優秀な学生が多いのです。大学アスリートは、より優れた選手との競争を余儀なくされ、より一層の努力も求められます。

大学のこうした競争の激しいスポーツ界で活躍するには、文字通りアスリートとしてひたすらレベルアップを図っていかなくてはなりません。大幅に筋肉をつけたり、体脂肪を極端に減らしたり、身体づくりに関してはたいがい厳しい目標をクリアしなくてはいけません。1日4~5時間の練習を課せられたり、授業の欠席を余儀なくされたり、練習や試合スケジュールに合わせて登録できる授業科目が限られたりする場合もあります。さらにコーチからはたいてい、「任意」としながらもウエイトトレーニングや個人練習、対戦相手のスキルや戦略の分析のためにビデオチェックなども求められます。ここまでスポーツにどっぷり浸かるのは、親からすれば行き過ぎと思えるかもしれません。選手本人でさえもそう感じてしまうこともあります。大学アスリートが活躍するためには、トレーニングに全力で取り組まなくてはならないのです。スポーツ奨学金をもらっている学生は特に、コーチから絶大な期待を寄せられるものです。「お金をもらっている」以上、チームのために全力を捧げるのは当然のことと考えるコーチも少なくありません。

このようにスポーツで懸命にレベルアップを図ることは、本人にとっていろいろな意味でプラスになっていく反面、集中的なトレーニングを課されると、ケガを負う危険が高まります。1軍チームの練習になると、1日2回、週6日ということも珍しくありません。体力、筋力、スキルなど、あらゆる面で限界までレベルアップすることを求められます。身体を酷使し、疲れ果ててしまうような過密スケジュールに追われ、勝利に対する極度のプレッシャーにさらされた挙げ句、燃え尽きたり、身体を壊したり、ケガをしたりすることもあります。たとえば、大学の女子サッカーチームの選手の場合、毎シーズン10人に1人が前十字靱帯を断裂してしまいます。また、アスリートであることに固執しすぎると、スポーツで活躍しなければ、自分には人間として価値がないと思い込んでしまうこともあります。そんなときこそ、**スポーツで活躍してもしなくても、自分は大切な存在なのだと子どもに親が理解させることが大切になり**

ます。若年成人期に入ってもなお、子どもは親に自分の気持ちをわかってもらいたいと思うものです。

20歳前後の子どものことを知る

20歳前後の自信

若年成人期に差し掛かると、子どもは周囲の状況も自分のことも見極められるようになります。大学スポーツでは、自信を持つことが不可欠です。ハイレベルな戦いになると、トップアスリートと苦戦している選手との差は、自信の度合いによって表れることがよくあります。自分のプレーを信じられるようになることが必要なのです。スポーツでの長期的な目標に向けて、毎日達成できるような目標を立てれば日々、自信をつけていけるようになります。さらに、コーチや他の見識のある人からのアドバイスを活かせば、そうした日々の努力を積み重ねていくことができます。自信がつけば、前向きな心の声に耳を傾けて、集中力を切らさないようにすることもできるようになります。

20歳前後の興味

若年成人期になると、新たな体験をしたがるようになります。新たな考え方に翻弄されたり初めての機会に次々と出くわしたりしますが、流されたりしないようにしなくてはなりません。この年頃の子どもの興味はあらゆる範囲に及びます。異性と親密な関係を持ったり、薬物やアルコールに手を出したり、あるいはその様子を近くで眺めていたり、ピアスをあけたりタトゥーを入れたり、親が面食らうような服装をしたり、さまざまな学問や娯楽にも夢中になったりします。どんなことに興味を向けても、自分をそれらしくカッコよく見せたいという気持ちが強いことに変わりはありません。

もちろん、この年齢になっても運動競技に打ち込んでいるのであれば、スポーツに対しては人一倍強い興味を持っています。こうした興味が転じて、パフォーマンスを高める薬物を試してみたり、競技のために体重をコントロールしようと無理なダイエットをしたり、過食症に陥ったりする場合があります。

20歳前後の人間関係

若年成人期に入ると、有意義な人間関係を求めるようになります。この時期にできた仲のいい友達との関係は一生続くこともあります。親は、子どもがこうした重要な人間関係を築くためのゆとりを大切に維持していけるようにしたいものです。この年頃のアスリートは、プレーの実力で評価されることが多く、パフォーマンスによってその人となりが決まるわけではないということをなかなか受け入れられないケースがあります。競技にのめり込みすぎると、スポーツを客観的に捉えられなくなり、絶対的なものだと思い込んでしまうのです。有意義な人間関係を築くことは、ハイレベルな運動競技の場では必ずしも容易なことではありません。選手はほとんど自分のことばかり考えます。つまり、自分勝手になってしまうのです。

テニスやトラック種目といった個人競技になると、もっと大変です。こうした競技の場合、「チームメイト」も自分の最大のライバルですから、そんな相手と仲良くなるのはなかなかできることではありません。大学でもスポーツを続けられているということは相当な負けず嫌いであるはずで、そうなると、相手と仲良くというのは難しいものです。

だからこそ、レースや他の競技の順位がどうあれ、自分が人間として何より大切な存在なのだということを親が改めて理解させることで、子どもはスポーツを広い視野で捉えられるようになるでしょう。

20歳前後の判断力

若年成人期にもなれば、しっかりと善悪を判断し、自信を持って正しいことを選択できて当然と考えるものです。着実に成長していれば、自分のことも他人のこともしっかりと尊重し、正しいことかどうかで物事を見定めます。しかし、デイビッド・シールズとバーバラ・ブレデマイヤーの競技スポーツとモラルの発達に関する研究によると、熾烈な戦いになってくると、選手はほとんど見境がなくなってしまうことがあるのです。

そのことに拍車をかけるように、判定を下すのは審判なのだから、ばれないようにすればできることは何でもやって良し、とにかく反則を取られないようにしろ、と教えるコーチもいます。勝つことを求められ、それに乗じて自分のことばかり考えなくてはならない状況に追い込まれれば、他人を顧みない人間にもなりかねません。

このように思いやりの気持ちが薄れ、さらに審判が気づかなかった悪は、悪ではないといった具合に教え込まれてきたことも加われば、競技中でもそれ以外でも、自分の行動に責任を持つことを避けるようになってしまうかもしれません。

親は自分が手本となって正しい選択ができるように話し合って力になることです。子どもは表には出さなくても、親の言うことや考えていることをとても意識しています。うまくやってのけることと、正しい行動をとることを区別できるようにさせることが必要です。

20歳前後の感情のコントロール

成人期を迎えるころには、感情をコントロールする力がしっかりと根づき始めます。しかし、この年頃は人生のなかでも不安定な時期といえます。恋に落ちたり、スポーツに必死に打ち込んだり。失恋すれば、打ちひしがれることもあるでしょう。競技で負ければ、どうしようもなく悔しい思いもします。大学の専攻を決めるのに、何か月も悩むこともあります。住む場所を決めるときには、ものすごく楽しみであると同時に、ひどく不安な気持ちにもなります。

若年成人期には、心配や不安や恐怖、うれしくて仕方がないことなどを経験しながら、感情をコントロールする術を身につけていかなくてはなりません。必要なときに自分の気持ちを抑えて集中できるようにしなくてはいけないのです。スポーツで絶えずいいパフォーマンスを発揮したいのであれば、感情をコントロールしてうまく気持ちを切り替えることが大切です。競技中は、抑えきれないほど熱狂したり、どうしたらいいのかわからず落ち込んだり、腹を立てたり、感情がさまざまな方向へ揺れ動くものです。感情をうまくコントロールできるようになれば、レベルの高い大学やエリート集団に混じっても、高いパフォーマンスを発揮できるようになるでしょう。

20歳前後のスポーツ関連のスキル

この時期になると、ベースとなる身体能力は発達してから時間が経っているので、テクニックの微調整に意識を向けることが多くなります。

さらに発達を続けていくものとして主に挙げられるのがメンタルスキルです。競技でのプレッシャーに耐え、スポーツをやること自体が好きで夢中になれる気持ちを持ち続けていけるようメンタルを高めていくのです。

ケーススタディ #09　家庭の問題とコーチの叱責。重なるストレスで限界のシンディ（大学2年生）

大学2年生のシンディは、競泳選手です。高校のころ、地元の小さな町では大学に行ったらスター選手になれると期待されていました。なかでも父親からの期待は大きなものでした。大学生になってからも順調に成長していましたが、2年生になると、そんな状況が一変し始めます。タイムが大幅に落ち、奨学金の支給も危うくなってきてしまいます。

実はそのころ、シンディの母親はガンと診断され、25年間続けてきた父親の店も倒産寸前に追い込まれていました。でも、シンディはそんな家庭問題について学校では誰にも話していません。シンディの父親も、わが家に降りかかってくる劇的な変化に押しつぶされそうになっています。

シンディは両親のことを心配しつつも、この状況を冷静に受け止めているようでした。父親にも電話で自分は勉強と水泳に集中するし、力にもなるから、と話していました。ところが、実際にはそうはいきませんでした。

泳ぎの調子は悪くなる一方。大会成績も過去最低を更新してしまいます。おかげでコーチは完全に怒り心頭。このままでは、残りのシーズンの試合からいつ外されてもおかしくありません。「シンディ、何だ、その気のない泳ぎは！　やる気あるのか？　全く時間の無駄だ！　やる気がないなら、お前の奨学金は別の奴にまわしてやってもいいんだぞ！」

もはやシンディに耐えきれる状況をはるかに超えています。そのうち、シンディは競泳の報告をするのに実家に電話をかけるのもためらうようになってしまいます。そんな話をしても、両親をさらにがっかりさせるだけだからです。電話をかけると、毎回の練習のときのように胃が痛くなり、吐き気がして緊張が走ります。頑張れば頑張るほど、何もかもが悪いほうへ向かっていくようでした。

「あらまあ、シンディ」。母親が電話に出ます。「声が聞けてとてもうれしいわ！　大会はどうだったの？」

シンディはこう答えます。「あんまりよくなかった……」

娘の声のトーンから、この1週間、また嫌な思いをしたのではないかと母親は察します。「ねえ、水泳の結果がどうだろうと、お父さんもお母さんもあなたのことを大事に思ってるから。大学でとにかく元気で楽しくやっていてくれれば、それだけで十分よ」

シンディは思わず泣き出してしまいます。「もう限界。お母さんたちに会いたい。お母さんとお父さんのことが心配でたまらないの。水泳はすごく大事だったけど、今はもうどうだっていいの。水泳部では私が足を引っ張ってるって思われてて、みんな怒ってるし。それでも一生懸命頑張ってるのよ。だけど、タイムが出ないの。もうこんなのたくさん！　しばらく家に帰ったほうがいいかもしれない」

シンディの両親は、どうすれば娘の力になれるのか悩んでいます。問題はプールで起こっています。大学のプールは地理的に離れているうえに、両親がよく知らない人物（コーチ）に娘がひどい扱いを受けているわけですからなおさらです。

ステップ１ 子どものことを知る

シンディにとって大きな障害となっているのは、心配事や不安をずっと抱え続けていることです。母親の病気や父親の店のことに加えて、水泳ではもっとタイムを上げなくてはならず、夜も眠れなくなって、泳ぎの調子は落ちていく一方です。練習でも試合でも、泳ぎにまるで身が入りません。逆に、不安ばかりが募ります。

シンディの身体は、絶えず「張り詰めた状態」になっています。泳いでいる間、シンディは文字通り、筋肉と格闘しているのです。心配事や不安があると、筋肉は絶えずこわばって硬くなってしまい、練習でも試合でも余計に負荷がかかるわけです。シンディのように若くて才能のある選手が、ストロークのたびに必死にもがいているのです。

結果が出なくて、シンディは気のない泳ぎをしているように映るかもしれません。さぞかしやる気をなくしているように見えることでしょう。しかし、若年成人期に入って競技レベルが上がったときに、**やる気がないように見えてくるのはたいがい、自**

分だけではなく、親やコーチ、チームメイトをがっかりさせるのが怖いためです。恐怖心があると、心も身体もうまく働かなくなり、意欲さえ削がれてしまいます。シンディはコーチから真面目に頑張っていないだけだと思われています。コーチは彼女の家の事情を知らないので、誤解しているのです。実際、シンディはやりすぎくらいに頑張っていて、文字通り自分と闘っています。

最近、シンディは練習後に食堂へ向かう途中、チームの親友にとうとうこう打ち明けました。「ジェン、今、何もかもが最悪なの。コーチにはいつも怒鳴られるし、タイムは全然出ないし。もうどうすればいいのかわからないよ。練習に行くのも嫌。ホントにつまらないんだもん。よくやってられるよね。トレーニングなんて、同じことの繰り返しばっかりじゃない。それに練習の間、ヘレンがずっと私の前にいるのも嫌。とにかく何もかもが嫌でたまんないの。お母さんは重い病気だし。もう家に帰りたい。水泳なんか、やめちゃいたい。でも、奨学金をもらっているから……」

シンディは胸の内を吐き出して、一時は気持ちが軽くなりましたが、すぐに気恥ずかしくなって、ジェンに打ち明けなければよかったと後悔します。シンディは周りから強い人間だと思われたいのです。彼女はいわば、「期待の星」。家族のなかで大学に進学したのは彼女が初めてで、両親にとって自慢の娘でありたいのです。それに、奨学金を受けているので、大学に残るためには水泳でいい成績を残すほかありません。このようなプレッシャーを乗り越えていくのは、最良の環境が整っていても大変なことです。シンディが置かれた状況で、自ら課している期待に応えろというのは酷な話です。

シンディは親から思いやりや無条件の愛情を注がれ、大学生活がうまくいってもいかなくても、奨学金をもらっていてもいなくても、自分は大切に思われているのだと実感できることが必要なのです。

ステップ２　自分のことを知る

シンディの両親は、娘が直面していることをどう捉えればいいのか、考えてみる必要があります。

両親は２人とも大学には行っていません。父親は高校でレスリングをやっていましたが、母親にはスポーツ経験がありません。母親はかわいい娘に選手としてつらい思いをさせてまで頑張らせる必要が本当にあるのかどうか計りかねています。大学スポーツで求められることがどれほど厳しいのか、母親にはわからないのです。それでもシンディが水泳で奨学金を獲得したことは手放しで喜んでいました。何しろ、この一家には経済的な余裕がなく、巨額の借金でもしなければ、シンディを一流大学に行かせるのは無理だったからです。奨学金のおかげでシンディは大学進学の「切符」をつかんだわけですが、母親には娘が水泳に果たして向いているのかどうか疑問を抱いています。

父親は自らもアスリートだという意識があり、娘が水泳に打ち込んでいることを心から喜んでいますが、大学の勉強と競技をうまく両立するのがどれほど大変なのか、よくわかっていません。

娘が直面していることをどう捉えればいいのか考えるためには、まず、シンディから大学での話を聞いてみなければ、彼女が抱えているストレスや行き詰まっている問題について実感が湧かないうえに、本当の意味で力になることもできません。シンディにはこんな質問をしてみるといいでしょう。

「シンディが今どんなふうに過ごしているのか知りたいと思ってる。毎日どういったトレーニングをしてるの？」

「今、どんなことを大変だと感じている？　そのことで本当につらいと思うことは？」

「水泳や勉強や大学生活のことをどう思ってるのか、正直に話してみてほしい」

こうした話題を出すことで、シンディは自分が支えられていて理解してもらっていると感じることができますし、抱えているプレッシャーが少しは和らぐかもしれません。この年頃の子どもは、親の支えなど必要ないかのようによく振る舞うものですが、実際には親の言うことを注意深く聞いています。

さらにシンディの両親は、母親のがん治療のことや父親の店がつぶれかけていることなど、自分たちが抱えている問題について正直に話す必要があります。こうした話をすれば、シンディのことを大人同然に扱っていることがはっきりと伝わります。

余談になりますが、シンディの両親は娘が水泳で好成績をあげることにすっかり慣れてしまっていて、今のように結果が出ないときに――よりハイレベルな競技の場に身を置いている選手であれば、珍しいことではありませんが――どうすればいいのかわからないのです。こうした状況の場合、子どもに好成績をあげ続けるよう求める親もいます。シンディの両親のように、大学生の子どもが期待される真剣勝負のレベルの高さに戸惑う親もいるでしょう。どちらのタイプの親も子どもに無意識のうちにプレッシャーをかけてしまっている場合があります。シンディの両親は娘が大学でどんな思いをしているのか、少し認識が甘いといえます。娘が好成績をあげることをいつも期待するばかりで、本人がスランプに陥ってもどうしてやればいいのかわからないのです。

それでも、水泳競技を始めたきっかけを思い返してみるよう促せば、力になれるかもしれません。楽しく熱心に泳いでいたころのことを視覚化したり、そのときのことがよみがえってくるキーワードも作ったりすれば、非常に効果的でしょう。

また、その日その日のことに集中させるようにするのもいいでしょう。シンディは先のことを考えすぎてしまっています。多くのアスリートによくあることですが、半年後の選手権大会で優勝することばかり考えて、そのためにどうすればいいのかわからなくなってしまうのです。シンディは奨学金を失わないようにすることに気を取られるよりも、技術を磨いたり、ただ水を感じたり、日々の練習での小さな積み重ねに集中するべきです。こうした日々の目標は、努力の甲斐があったと実感できるように、少しばかり困難でも達成できることにしたほうがいいでしょう。

ボート競技の一流のオリンピック選手を対象とした調査によると、世界の舞台で金メダルをとるような超一流のアスリートは、１度に１つの練習に集中する傾向があります。いくつも金メダルをとっているある選手が、次もメダルをとると期待されていることについて聞かれると、笑ってこう答えました。「私には1度に1つの練習、1つの大会に集中することしかできませんよ。それだけで精一杯です。そのあとは時間をかけて心や身体を回復させて、次の練習やレースに備えるんです」。頂点に立つには、地道な努力——日々の積み重ねが物を言うのです。

ステップ3　子どものスポーツ環境のことを知る

大学のスポーツ選手のスケジュールは過酷なものです。授業に出席して食事をとり、1日2回の練習に出ることも珍しくなく、さらに自習したり、シーズンオフには基礎トレーニングに励んだり、朝早くから夜遅くまでぎっしりです。シーズン中は、どのスポーツもほとんど試合スケジュールが詰まっていて、そこに移動時間も加わります。さらに、チームの社会活動や新入部員の勧誘に駆り出され、そんななかで基本的に必要な睡眠を、しかもたいがいは騒がしい定員満杯の寮で確保しなければなりません。

また、大学生アスリートはある種の偏見にも立ち向かわなくてはいけません。試合のために授業をやむを得ず欠席する場合でも、他の学生からは不満が出るでしょうし、教授からはスポーツ選手の学力は低いものと勝手に決めつけられてしまうこともあります。こうしていろいろなことに神経をすり減らされて、疲弊してしまう場合も珍しくありません。それに加えて、大学アスリートは勝つことを求められます。コーチの仕事は、いくつものシーズンを勝ち抜くことでその評価が決まります。そのような環境では、選手はスポーツを楽しめなくなってしまいます。練習やトレーニングにも迷いや不安が生じてくるかもしれません。大学スポーツでは、契約金や奨学金、他にも何かにつけて、選手のパフォーマンスには大きな利害が絡んできます。ディビジョン1の大学では、非常に高い実力を求められます。シンディの両親は、娘をどんなときでも支え、励ます存在になるためにも、本人がこうした環境に置かれていることを知っておく必要があります。

ケーススタディ#10　薬物か、スポーツか。選択を迫られるケニー（大学2年生）

ケニーは10歳のころからアメフトを続けています。これまで所属していたどのチームでもずば抜けた選手として認められてきました。大学に入学したころは「ウォークオン」プレイヤー（訳注：リクルート時にスポーツ奨学金を提示されていない学生）でしたが、2年生からは一部支給の奨学金を受けるようになりました。しかし、2年生のシーズン最初の6試合はずっとベンチで過ごしています。1年生のころは他の同学年の選手もみんな控えだったので、さほど嫌な思いをすることはありませんでした。けれども2年生になっても試合中にベンチにずっと座っているのは、耐えがたいものでした。ケニーは1年生のときにベンチで一緒に座っていた選手のうち数人とすぐに親しくなります。彼らは一緒につるむ相手としてはすごく楽しい連中で、大のパーティー好きでもありました。ケニーは最初、一緒にドラッグをやることはなかったのですが、結局、手を出し始め、そのうちマリファナを頻繁に吸うようになります。お酒をさほど飲まない分、マリファナを吸っても大したことはないのだと自分に言い聞かせていました。

この2年生の秋は、アメフトでは悔しくてやり切れない思いをしていましたが、遊び仲間と過ごして気分がハイになれば、心地いいリラックスした気持ちで一日を終えることができました。最近では、マリファナを毎日、時には1日に2度、3度吸うこともあります。それまでにないくらい最高の気分が味わえて、もはやベンチに座っていることなどどうでもいいことのように思えていました。

ところがその後、薬物検査を受けることになり、マリファナの使用で陽性反応が出てしまいます。ケニーは試合に出場していなかったので、まさか薬物検査を受けることになるとは思ってもみませんでした。検査結果はアスレチック・ディレクターから両親に電話で知らされました。両親はアスレチック・ディレクターから初回だけは大目に見るという、大学の「ワンチャンス」措置について説明を受けました。カウンセリングを受け、次の薬物検査で陽性反応が出たら、ケニーはチームから完全に除名されることになります。

ケニーは幼いころから父親と話すのにずっと苦労してきました。薬物検査のことで家に電話をしたときも、どうか母親が出てくれますようにと祈っていました。それでも受話器の向こうから聞こえてきたのは、父親の声でした。「もしもし？」

ケニーは一時たじろいで、ようやく話し始めます。「父さん、薬物検査の話は聞いてるよね。1回やっただけなんだ。だから何も言わないで。もう絶対やらないから。約束するからさ……。母さんに代わってもらえるかな？」

ケニーの両親は思いもしなかった状況に直面しています。息子の薬物問題にどう対処するかなど、両親の間で話し合ったこともありませんでした。ケニーが試合に出してもらえないことで不満を募らせていることはわかっていましたが、今シーズンのうちに状況はよくなると期待していました。このままではケニーが大学でプレーする絶好のチャンスをふいにしてしまうのではないかと、父親は腹立たしく思えて仕方がありません。母親は息子にとっていちばんためになることをしてやりたいと思っています。

ステップ1 子どものことを知る

ケニーは代々、アメフトを続けてきた家系の生まれで、父親も祖父もすばらしい選手でした。そのこともあって、自分のアメフトの実力が父親からどう評価されているのか、いつも気にしていました。両親には自分のことを自慢の息子だと認められたいと思っています。

これまで数多くのアスリートを研究してきたなかでわかったことですが、10代後半の男子が自分の競技人生において父親の考えていることがとても重要なのです。ケニーは捉えているのが、父親です。父親の考えていることがとても重要なのです。ケニーはつねに父親の期待に応えてプロになりたいと思っていました。しかし、そうして父親を喜ばせたいという強い気持ちが、かえってケニーの成長を妨げていたのです。

ケニーは父親の評価を気にするあまり、1年生のころは試合に出してもらえないことが悔しくてたまらず、そんなやり場のない気持ちをどうすればいいのかわかりませんでした。そんな状態から抜け出す手っ取り早い方法が薬物だったのです。ケニーはベンチの控え選手たちが楽しそうにしているのを見て、自分も楽しまなきゃだめだと思いました。次の試合でもどれほど嫌な思いをするだろうかと考えると、ただ気が滅入るばかりでした。ケニーが出場しないと、父親は暗く沈んだ様子で黙り込んだまま、ただじっと試合を観ています。ケニーは感受性が強く、激しい感情が湧いてきて嫌な気分になってもマリファナを吸えば気を紛らわすことができました。

アメフトをやっていてもいなくても、父親から大事だと思われていると感じられれば、ケニーはベンチにいる時間ももっとうまく耐えることができたでしょう。

また、スポーツでの「挫折」によってケニーが打ちのめされてしまったのは、アスリートとしての自分にこだわりすぎていたためでもあります。こうした自分に対する意識が芽生えたのは、ユースや高校時代にスター選手扱いされ、才能があるともてはやされていたからです。小学校では競技でふるい落とされて我慢を強いられたことなど一度もありませんでした。トライアウトに落ちたこともありません。他の多くのスター選手のように、控えとしてベンチにじっと座っていたり、自分よりもうまい選手の補欠としてプレーさせられたりした経験もありません。だから、挫折してもいかに立ち直るかといった、スポーツをやっていれば嫌でも思い知らされる大事な教訓を得るチャンスがなかったのです。また、自分がうまくやってのけられるかではなく、正しいことかどうかで物事を見定める力を伸ばすチャンスにも恵まれませんでした。その結果、ばれなければ、マリファナを吸っても誰にも迷惑をかけることはないと踏んでいたのです。

ケニーは薬物かアメフトか、どちらかを選ばなくてはなりません。同様に、控え選手としてベンチに座っていることから生じた邪な感情とも最終的には向き合わなくてはいけません。両親は、そうした感情についてケニーと話し合うことで力になれるでしょう。また、ケニーには自分でコントロールできることに集中させ、他のこととは手を切るように導いていくこともできるでしょう。

ステップ2　自分のことを知る

薬物やアルコールが大学生活とは切っても切り離せないことは、ケニーの両親も承知しています。それでも、我が子が薬物を乱用していると聞かされたときには、まさに寝耳に水の状態でした。ケニーの母親は息子や夫とどう向き合っていけばいいのか悩んでいます。夫にとって、ケニーのアメフトは生きがいも同然だとわかっているからです。

ケニーの父親は、自分のことを喜ばせようと息子が涙ぐましいほど頑張っていることに何年も前から心を痛めてきました。我が子が活躍する姿を見たいのは山々ですが、本人につらい思いをさせてまでそれを叶えたいとは思っていません。ただ、父親自身が若いころ、アメフトをやっているときがいちばん楽しかったので、ケニーもプレーすれば幸せな気分になれると単純に思い込んでいたのです。今はすぐにでもケニーの力になることが必要なのは承知していますが、どのように手を差し伸べればいいのかわかりません。少しマリファナをやったくらいでこれほどのリスクを背負うことになったケニーに、父親はショックを受け、失望しているのです。アメフトは、この家で代々受け継がれてきたスポーツです。この競技を大切にすることは、父親にとって大きな意味があり、ケニーはそれをわけもなく踏みにじったのです。

どう手を差し伸べていいのかわからないときは、話し合おうとするのではなく、手紙を書いて、自分の気持ちに加えて、励ましの言葉も伝えるといいでしょう。「ケニー、お前がマリファナをやっていると聞いて残念に思っているよ。この秋は本当につらかったんだろうね。どんなことがあっても、これまでお前がアメフトで頑張ってきたことを誇らしく思っていることはわかっていてほしい。２年生になっても、多少控えにまわされたからといって、それは別に珍しいことじゃない。薬物依存を治すためには誰かの力を借りないといけないよ。コーチには反省していることを伝えて、クリーンな身体になってプレーすることを約束しなさい。本気で頑張って、今の状況をよかったと思えるようになるんだ。まじめにやってコーチの言うこともよく聞いていれば、そのうち試合に出られる日も来るさ。マリファナはもう金輪際やらないと約束するんだぞ」

ケニーの母親はアメフトに特に関心はありませんが、夫がとても熱心なので認めてはいます。高校・大学時代はクロスカントリーの選手でした。競技でのプレッシャーについては理解していますが、ケニー本人が楽しくないのであれば、やめてしまえばすむことだと思っています。とはいえ一方では、何より大事なのは息子の力になることだということもわかっています。本人がアメフトを続けたいと思っていて、充実感を得られるのであれば、それを尊重してやることです。ケニーとの関係はずっと良好なので、本人を安心させることもできるでしょう。

薬物使用にショックを受けていることについては本人と話すのもいいですが、なぜそんな事態になったのか、もう少し時間をかけて理解するように努めることです。トップレベルの選手に混じってプレーするのが大変なことは、母親にもわかっています。

しかし、そんな状況でもよかった点について話してみるのです。なにしろケニーは今、国内でもトップレベルの選手とプレーするチャンスに恵まれているのですから。ケニーの状況について包み隠さず正直に話し合ってみること。両親がケニーのためにできることでこれ以上のことはありません。気持ちを理解することで、ケニーがこのつらい時期を乗り越えていけるようにするのです。

ステップ3　子どものスポーツ環境のことを知る

子どものころからスター選手だったケニーが、大学スポーツのトップレベルの環境に適応するのは、ことさら大変なことでした。ケニーも耳にしていたことですが、大学では１年生のうちは「レッドシャツ」（訳注：出場選手登録されていない練習生。選手が試合出場できるシーズン数は限られているので、１年生はレッドシャツに入る選手が少なくない）になる選手がいます。こうした選手は、１年生の間は試合に出ず、２年生から５年生の間に出場することになります。それでもケニーは、自分が１年生のベストメンバーの１人になってコーチの目に留まり、１年目のシーズンから試合に出られるのではないかとなんとなく思っていました。

ところが、実際にはそのひと握りの枠には入れませんでした。コーチの仕事は勝敗記録で決まるので、そんな未熟な選手を起用するようなリスクを冒すわけにはいかなかったのです。コーチは目先の利益のために、どんな犠牲を払っても勝ち星を伸ばすような判断を下さざるを得ません。そういうわけで、ケニーは1年目に続いて2年目のシーズンもベンチでくすぶり続けることになったのです。

ケニーが通っているのはディビジョン1の大学。そういった大学では、学生の時間の管理が徹底している場合が多く、コーチのスタイルや期待度にもよりますが、「何がなんでも勝つ」という意識を植えつけられることがよくあります。こうした特殊なチームに入るにあたって、その長所と短所についてケニーの両親が何かしら調べていれば、本人の鬱憤を少しは防ぐことができたかもしれません。試合の出場機会についてはコーチから話を聞いていれば、1年生のときも2年生になってからも予測することができたでしょう。このアメフト部の卒業生から話を聞いてみることもできたかもしれません。卒業して4、5年も経っている相手であれば、部の長所や短所について客観的な情報を得られるはずです。

また、控えベンチに座って悪い仲間に引きずり込まれること以外にも、うまく乗り切っていかなくてはならないことは山ほどあります。小さな町から大規模な大学組織に身を置くようになって、ケニーの生活は何もかもがほとんど一変しました。今ではキャンパスが生活の場となり、そこには同世代の若者が数えきれないほどいて、これまでとは違う物を食べ、睡眠パターンも変わってそれに慣れていかなくてはなりません。

さらに、大学の１軍アスリートとなるとすぐに、早朝トレーニングから夜は遅くまで勉強といった厳しいスケジュールを課されました。他のほとんどの一般学生がやらなくていいことまで余計にこなさなくてはなりません。チームでの食事、遠征、自習、育成指導や個人指導のサポート、自主練のウエイトトレーニングや有酸素トレーニングなど、ごく一部でもこんなにあります。それに、大学の社会生活ではよくあることですが、薬物やアルコールの乱用の誘惑にもさらされました。ケニーはこうした怒濤のように押し寄せてくるライフスタイルの変化についていけなかったのです。

両親は、彼がなぜ道を踏み外したのかを理解させ、時間やエネルギーを体力や筋力や技術を向上させるために使うよう促すことです。また、ケニーの生活を定期的にチェックし続けることも必要です。電話やメールをしたり、時には訪ねていったりして、無条件の愛情やサポートを受けていることを本人に実感させるのです。

ケーススタディ #11　オリンピックか引退か。3度目のリハビリに心が折れかけているモリー（21歳）

サッカーアメリカ代表メンバーのモリーは先日、３度目のひざの手術を受け、リハビリ中です。現在21歳。サッカーを始めてからもう16年が経ちました。そんな娘のサッカーを母親はいつもとても熱心に応援してきました。母親自身に競技経験はありませんが、娘がサッカーで数々の活躍を見せてきたことを喜んでいます。家族はずっとモリーと母親の２人きり。モリーは１人っ子で、父親は彼女が生後６か月のときに家出しました。

モリーは物心ついてからずっと、周囲からはスター選手になると期待され、実際にそうあり続けてきました。ずっと安定したパフォーマンスを見せ、実際、プレッシャーなど物ともしません。サッカーも競い合うことも純粋に好きなのです。今のチーム拠点はアメリカの反対側にあるので、母親とは週に２、３回電話で話しています。

オリンピックが２年後に迫っており、その代表入りを果たすためにはトレーニングを続けなくてはなりません。しかし最近では、現役引退をよく考えるようになっていました。でも、母親がどんな反応を見せるのかが気がかりです。

「リハビリの調子はどう？」と母親が電話越しに尋ねます。「先生からはあと6週間で復帰できそうだって聞いてるけど」

「まだ100パーセント回復してるわけじゃないのよ。ただ、どうしていいのか……」。モリーは消え入るように答えます。

「どうしたの？　またリハビリがそんなにつらいの？」

「ううん、そうじゃないの。実際、今回はすごく順調に回復してる。ただ、もしかしたら……」

「もしかしたら何？　あのチームドクターにまた何かきついことでも言われたの？　あのドクター、とにかく気が短いから」

「違うの、お母さん。そういうわけじゃなくて。ただ、もう頑張れそうにないの。前みたいな気持ちになれないのよ。今までとは全然違って……」

「まあ、そのうち落ち着いてくるわよ。今はそれがふつうよ。こんなことは前にもあったけど、切り抜けてきたじゃない」

モリーは気を静めてこう答えます。「お母さん、こんなことを言うのは本当につらいんだけどね。今回のケガは、サッカーに踏ん切りをつけろっていうお告げだと思うの。痛い思いをするのはもう嫌なの。プレーしたいって気持ちにどうしてもなれないのよ。サッカーが好きだって、もう思えないの。やりがいを感じられないのよ」

「モリー、あと2年じゃない。そのために頑張ってきたんでしょ！」

「ねえ、お母さん、もうこれ以上つらい思いをさせないで」

モリーが引退を考えているとは、母親は夢にも思っていませんでした。どうサポートしてやればいいのかわからないのと同時に、こんなに性急な結論を出して、あとから後悔しないようにするにはどうすればいいのか悩んでいます。

ステップ1　子どものことを知る

モリーはもともととても明るい性格で、それでいてトレーニングやサッカーをプレーするときには真剣です。サッカーはモリーにとって人生そのもの。アスリートであることが大好きでしたし、サッカーを通じて親しい友達もできました。初めから圧倒的な実力を発揮していましたが、心から大切にしていたのは、サッカーを楽しむことです。３度のケガにも耐えてきましたが、その我慢も限界に近づいてきていました。

ケガの回復に努めるうちに、サッカーを純粋に楽しむ気持ちも失われてきています。今では、走り方１つにも注意しなくてはなりません。カッティングやターンの練習もまだできません。２度目までのケガは完治しているとわかっていても、自分の身体が心もとなく思えて慎重になりすぎてしまうこともあります。自由自在に楽々とこなしていたプレーが以前のようにはできなくなっています。かつてのような感覚を本当に取り戻せるのだろうかと不安を感じています。

モリーは親友と話しているときに、こんな本音を漏らします。「最近、本当につらくてね。またケガから復活しようと頑張ったところで、無駄じゃないかって思えるの。オリンピックまであと２年だけど、そんなに長い間、このひざと闘っていかなきゃいけないなんて想像もできないのよ。もうここまでかなって気がするの」

モリーが感じていたように、**若年成人期の選手のスポーツに対するひたむきさは、大きく揺れ動くものです。どうしようもなく夢中になる日もあれば、すぐにでもやめてしまいたいという衝動に駆られる日もあります。**何年もスポーツ漬けの日々を送っていると、とかくやめようと考えがちになってしまいます。モリーは、ハイレベルなサッカー競技の場で激しい浮き沈みを経験し、さらにケガに追い打ちをかけられ、もう耐えられなくなってしまったのかもしれません。ここ数年、１日３、４時間のトレーニングを続けてきたので、他の多くの一流選手と同様に身体的に限界がきていてケガもしやすくなっており、精神的にも燃え尽きそうな状態にあります。慢性的なひざの故障からもわかるように、モリーは幾度となく限界を超えています。

しかし、適切なリハビリを重ねて見通しをつけることができれば、モリーは最終的に次のオリンピックへの意欲を取り戻すかもしれません。今の身体の状態のせいであらゆる可能性について考えることができないのであれば、完全に回復したときの感覚について、少し時間をかけて考えてみることです。最高のプレーをしているときにどんなことを考えてどんな気持ちになるのか、いいときの感覚に意識を向けるといいでしょう。そうすれば、いろいろなことに対する見方も変わってくるでしょう。

ステップ2　自分のことを知る

モリーの母親は娘のサッカーに入れ込むあまり、ただ自分の望みを叶えたいという誤った理由から競技を続けさせようといつの間にかプレッシャーをかけてしまっているかもしれません。

モリーのことは女手一つで苦労しながら育ててきました。モリーを養うために、アーティストになるという自分の夢を諦めて「ふつう」の仕事に就きました。当時は子どものためなら何をやっていても楽しかったのですが、今は娘と離れて暮らすようになって少し空しい日々を送っています。何よりの楽しみは、スポーツ選手としてモリーが活躍する様子を見守ること。それだけに、オリンピックの代表入りのチャンスを自ら棒に振ろうとするなど、母親には到底受け入れられるようなことではありません。これまでモリーのために数々の犠牲を払ってきたというのに、ケガをしたからといってせっかくのチャンスをふいにするのかと考えてしまいます。「これまでも回復したのだから、今回もきっと復帰できるはず」。そんな思いがぬぐい切れません。

モリーの母親は自分の思惑が娘にとっての最善の道筋をどれほど遮ってしまっているのか、よく考えてみる必要があります。母親が一歩引いて見守るようにすれば、ケガが完治しなくてオリンピックの代表入りができなくなることを恐れているのか、それとも本気でサッカーをやめようとしているのか、本人が判断する手助けをすることができるでしょう。2人はずっと良好な親子関係を築いてきました。その分、母親は自分の意見が娘の気持ちをどれほど左右するのか、肝に銘じておかなくてはなりません。

また、モリーがケガを克服できるかどうか、トレーナーにも主治医にも診てもらうようにすることです。さらに、自分の決断によって短期的にも長期的にも将来にどのような影響が及ぶと考えているのか、モリー本人に確認してみるのもいいでしょう。

手術後に回復を目指していくなかで落ち込んで苦しんでいるときには、気持ちを支えましょう。モリーは先々に待っていることを考えず感情に任せて決断を下してしまう恐れがあります。それでも、母親は自分も含めて周りがどう考えようと、本人がいちばんいいと思うようにさせてやることです。自分の思い通りにしたら、母親を失望させるかもしれないと思っていては、モリーは自分の気持ちを押し通すことができなくなってしまうでしょう。

ステップ３　子どものスポーツ環境のことを知る

スポーツもモリーのレベルになると、全力を発揮しなければやっていけません。本人も承知していることですが、オリンピック代表に選ばれれば、肉体的にも精神的にも毎日ギリギリのところまで自分を追い込まなくてはならなくなります。彼女ほど優れた才能に恵まれていても、調子が万全でなければ、すぐに別の優秀な選手に取って代わられてしまうでしょう。彼女くらいのレベルになると、ほとんどの選手が技術、才能、身体のコンディション、いずれの面においても拮抗しています。たとえコーチやチームメイトからの人望や信頼が厚くても、簡単に別の誰かとすげ替えられてしまることもモリーにはわかっています。ケガからうまく回復できたとしても、以前と同じようにプレーできるとは限りません。

それに、本人もわかりきったことですが、現役を続けるとなれば、トレーニングでも試合でも広範囲に移動することになります。もともと移動は苦にならなかったのですが、今ではその負担を減らしたいと思ってしまいます。また、友人の多くは大学院に進学したり、安定した高給取りの仕事に就いたり、家庭を持ったりし始めています。サッカーが好きでも、モリーは「ふつう」だとか「現実的な」生活を送ることに憧れを抱くようになっていました。あと2年も先延ばしにすれば、そんな生活は永久に叶わないのではないかと不安になっているのです。

一流チームの選手は、トップレベルの戦いのためにつねに妥協を強いられます。対照的に、「ふつう」のことをたくさん我慢しなければなりません。友達が送る生活とは全く対照的に、スポーツにどっぷり浸かることになります。そんな世界に身を置いて自分が強く望んでいるような経験ができるのかどうか、選手それぞれが見極めなくてはなりません。望み通りになるのであれば、妥協する甲斐があるというものです。ただし、競技から退いたほうがいい場合もあります。

心にとめておきたいこと

- 若年成人期であっても、子どもが競技での目標に向けて頑張っていくためには、自分は親にとって大事な存在だということを実感できることが大切です。勝ったり活躍できたりしたときには一緒に喜びを分かち合いますが、競技を続けていくかどうかに関係なく、愛情を持って子どもの支えとなっていく気持ちに変わりはないということを言葉や行動で伝え続けていきましょう。
- 若年成人期の選手は、親やコーチ、チームメイト、時にはメディアからも、いいパフォーマンスを見せるようプレッシャーをかけられます。子どもとは今の状況について話してみることです。そして毎日、精いっぱい頑張れば十分で、それだけでも立派なことだと絶えず言い聞かせるようにしましょう。
- スポーツに全力で打ち込むことも大切ですが、失敗する可能性や、それが現実になったときにはその事実を受け止めることも必要です。子どもには落胆する気持ちときちんと向き合わせるようにしましょう。そうすれば、次のチャンスにつなげていけるようになります。

- 目標に向けて頑張っている子どもを支えるには、親の望みや要求は抜きにするのがいちばんです。
- 勝利だけに重きを置くと、若年成人期の子どもは勝つことばかり考えるようになってしまいます。協力的で愛情深い親でもいい結果にばかりこだわっていると、すでにいろいろなことを求められている子どもに、知らず知らずのうちにプレッシャーで追い打ちをかけてしまうかもしれません。
- 結果はどうあれ、子どもが競技の場で自分の意志でやっていることは重視しましょう。その積み重ねによって、子どもには自信が湧いてくるのです。

Whose game is it, anyway?

第2部

保護者の悩みから見る
子育てにおけるスポーツ

第6章 子どもにはどこまでプレッシャーをかけるべき？

午後4時30分。サムの両親は学校まで息子を急いで車で迎えにいきます。15歳の高校2年生のサムが、アイスホッケーの練習で汗だくになったまま車内に飛び乗ってくると、両親はトラベルチームの練習場に向けて車を飛ばします。トラベルチームの練習が始まるのは午後6時45分。練習に遅刻すれば、サムは週末に行われるトーナメントに先発出場させてもらえなくなります。大学でプレーするチャンスをいずれつかもうとするのであれば、このトラベルチームで先発出場することが必要なのです。その日の練習の帰り道、サムの父親は車のなかでパフォーマンスのよかった点や悪かった点について振り返り、週末のトーナメントに向けての戦略について息子と話し合います。サムは翌日、数学のテストも控えています。翌年、微分積分の上級クラスに入るためには、好成績をあげなくてはなりません。

サムの立場になって考えてみてください。スポーツでも勉強でもハイレベルな環境に身を置いて刺激を受けているのかもしれませんが、過剰な負担がかかっていると考えられます。サムのような子どもをもつ親は、その潜在能力を引き出すためにどのくらい後押しすればいいのか、場合によっては、どれほどプレッシャーをかければいいのか、判断に迷うものです。問題は、いつどんな形でプレッシャーをかけて、それをいつ緩めればいいのかを見極めることです。

「プレッシャーをかけてもダメ、かけなくてもダメ」というジレンマ

研究によると、親から支えや励ましを受けているという実感のある子どもの場合、パフォーマンスは向上し、プレーしているときの喜びも増すことがわかっています。しかし、親から執拗にプレッシャーをかけられると、スポーツを楽しめなくなり、パフォーマンスも低下してしまいます。ユースのサッカー選手（7～14歳）とその親を対象とした、アメリカ国内での調査によると、彼らがプレーすることをいちばん望んでいるのは父親か母親だと答えた子どもは27パーセントにのぼりました。また、親からプレーすることを誰よりも望まれている子どもがいちばん不安を感じるのは、試合中に親から怒鳴られることです。

また、子どものプレーを誰より望んでいる親は、我が子のパフォーマンスに対する関心が高く、コーチにはチームの勝利に人一倍こだわってもらいたいと思っていることが多いのです。そして何よりはっきりといえるのは、そういう親は、本人がさほどこだわっていないのに、子どもの試合出場の機会をできるだけ増やしてほしいと思っていることです。一方、本人自らが望んでプレーしている子どものほうが、スポーツを楽しんでスキルを磨くことをより大切にしているという結果も出ています。

スポーツに打ち込む子どもに対して、アメとムチをバランスよく保つには、注意や思いやりが必要です。どのような形で接するにせよ、本人の成長に合わせてやらなくてはなりません。親は事前に下調べをして子どものことをよく知り、自分の思惑は胸にしまっておき、本人がスポーツを楽しみながら活躍できるようにするにはどうすればいいのか、その手立てを見つけなくてはいけません。口で言うのは簡単ですが、これはやってみると案外難しいものです。

子どもを競技場や体育館に送り出すときに、親が「楽しんできてね！」と声がけをしているのをよく耳にします。聞いたところ、ただの見送りの言葉のようであっても、そこに込められた親の期待はもっと複雑である場合が多いのです。大半の親は、スポーツで子どもに成し遂げてもらいたいことについてひそかに話し合っています。たとえば、ある母親は父親にこんなことを言います。「ベッツィーはもっと練習さえすれば、すごいアイスホッケー選手になれると思うの」。また、父親が母親にこんなことを言うケースもあります。「トミーは運動がからっきしダメで協調性もないんだから、チームスポーツをやるなんて無理だよ。うちの家系でスポーツ選手だった人間なんか1人もいやしないんだから」。このように対照的な親の期待によって、ベッツィーとトミーがどのような影響を受けるのかは、なかなか予測できません。

「プレッシャーをかけてもダメ、かけなくてもダメ」。子どもにプレッシャーをかけるときに、多くの親が味わうジレンマを表す言葉としてこんな表現が使われます。寄せられる期待が大きかろうと、小さかろうと、子どもはさまざまな問題に直面します。たとえば、ベッツィーのような選手は、上達しなければいけないという極度のプレッシャーを感じてしまうかもしれません。練習に行くこともつまらなくなってきてしまいます。プレーしていても、いいところを見せて親を喜ばせたいと思うあまりプレッシャーを感じて、結局パフォーマンスの低下を招きます。一方、親からあまり期待されていない場合でも、また別の意味で子どもは悪影響を受けることがあります。トミーは父親からプレッシャーをかけられないことをこんなふうに受け止めてしまうかもしれません。「父さんは僕には無理だって本気で思ってるんだ。だったら、やっても無駄じゃないか。どうせ僕なんか何をやってもダメなんだ」

親は勝利や得点をあげるといった結果よりも、スポーツに対する努力や姿勢、スキルを磨くといったことをもっと重視する必要があります。子どもは親から自分の能力について信頼され、楽しみながら懸命に打ち込めるよう応援されていると実感できれば、それはより良い結果につながっていきます。トミーの場合、父親が前向きな動機づけをしてやれば、本人はこう思うことでしょう。「父さんが僕にはできるって思ってくれてるなら、きっとできるんだ。とにかく一生懸命頑張ればいいんだ。そうすれば、父さんは喜んでくれる。あとは頑張るだけだ」。トミーの能力を信じてやれば、子どもには自信が芽生えてきます。これこそ、親が子どもに与えられる、とびきりの贈り物です。

臨床の現場で選手やその親、コーチとも接するなかでよく口にすることとして、スポーツ心理学の根幹となるこんな考え方があります。「結果にこだわるよりも、その時々の細かいことに目を向けてプレーの過程を優先したほうがうまくいく」。臨床現場や研究では、こうした考え方を裏付ける数えきれないほどのエピソードと出会います。打撃不振に陥った7歳のソフトボール選手を子どもにもつ親を診たときには、娘にこうアドバイスするよう伝えました。バットを振るときには、ボールをよく見て、後ろの軸足にしっかり体重を乗せるようにと。その娘はヒットを打つことにばかり気を取られて、スイングの基本がおろそかになってしまっていたのです。それに、スイングに入るたびに不安がよぎっていました。「お願いだから、当たって」。こんな調子では、いいパフォーマンスなどできるわけがありません。ところが、ボールをよく見て軸足にしっかり体重を乗せてボールを呼び込むことに集中するようになると、ヒットが着実に増えていきました。そして何よりの収穫は、ソフトボールが楽しくなったことです。

もちろん、結果は完全に無視してもいいというわけではありません。結果を通じて自分がどこまでできるようになったのかを知ることができ、目標に向けてもっと頑張って工夫してみようという意欲が湧いてきます。しかし、上達していい結果を出すには、パフォーマンスに集中してコントロールできるようにならなくてはいけません。精いっぱい思い切りよく楽しむ、そんな大事な気持ちをしっかり持たせつつ、ボールをよく見るといった、試合に役立つような具体的なアドバイスをすることで、子どものプレッシャーを和らげることができます。「よし、とにかく集中して、一生懸命やって、楽しめばいい。それならわたしにもできる」

たいがいの人は、プレッシャーのかからない場面なら最高のパフォーマンスを発揮するものですが、中には緊迫した場面で活躍する人もいます。ただし、そういう人はまれです。たとえば想像してみてください。上司が絶えず後ろから目を光らせているなかで仕事をするのがどれほど大変なことか。いい結果を出すことに気を取られたり、失敗したらみっともないだとか、恥ずかしいだとか、自分の悲惨な姿ばかり想像してしまったりします。ひどい状態になって身体も固まってしまうかもしれません。子どももプレッシャーをかけられすぎてしまうと、同じような思いをするのです。

また、大人がゴルフをするとしましょう。打ったボールがシャンク（訳注：右打ちの場合、右方向にボールが飛び出してしまうミスショット）してしまったら、こんなふうには思わないですよね。「いいスイングだわ。次もこの調子よ。ゴルフって、面白いじゃない。このコースもなんてきれいなのかしら。友達と一緒にプレーできるのも楽しいし。最高だわ！」

たいていはこう思うはずです。「しまった！　私ったらもう、またやっちゃったわ。カッコ悪いスイング、みんなに見られちゃったわよね。しっかりしないと、せっかくの１日が台無しだわ」

スポーツ心理学者によれば、このようにネガティブな思考に陥ってしまうと、ふつうはパフォーマンスが損なわれてしまうものです。例外もありますが、一般的にほとんどの選手はネガティブな考えやイメージを持ってしまうと、弱気になります。これは子どもも同じです。何か指摘を受けたときに、それが前向きな言いまわしではなかった場合、子どもは年齢に関係なく、自分は悪く思われていると受け止めてしまったりするのです。

自分の不安や後悔を子どもに重ねてしまう親

プレッシャーをかけたところで、子どもも含めてたいがいの人に対して効果は見込めないとわかっているのに、どうして同じことを繰り返してしまうのでしょうか。子どもを追い詰めすぎてしまう親は、自分が抱えている不安に振り回されることが多く、それはいろいろな形となって表れます。よくあるのは、親がめいっぱい頑張ってやらないと、子どもがチャンスを逸してしまうのではないかという不安です。子どもが将来、活躍するための進路をめぐって親同士が次のようにプレッシャーをかけ合うこともあります。

「ジョニーのトライアウトはもう申し込んだ？」

「いいえ。えっ？　そんなに大事なの？」

「もちろんよ。トライアウトに受からないと、あの高校のチームではプレーできないのよ。コーチや他の保護者の人たちから聞いた話ではそうよ」

「そうなの？　そのトライアウトの期間は？」

「そんなにはかからないわよ。最初の週に3時間の練習があって、2週目の終わりには結果が出るわ」

「真剣ね」

「当然よ。そんなものだから」

　トライアウトは、ただの始まりにすぎません。親は自分が最高のチャンスを作ってやらなくてはと、子どものスポーツに多大なエネルギーや時間やお金をつぎ込むのです。朝早くから子どもを室内サッカーの練習に送り届けたり、トライアウトで息子が不利にならないようにホッケーの高価な道具を買い与えたりもします。自分の休みも返上して試合を観に行きます。時には遠くの会場まで出かけていくこともあります。はっきり言って、こんなふうに子どものために骨を折るのは疲れます。ここまでやらなくても、と思う親も少なくないでしょう。「まったく、何やってるんだか。たかが子どものお遊びじゃないか。プロの選手じゃあるまいし」などと口にしたくもなります。それでも、どこどこのトラベルチームやエリートチームでプレーさせるとか、週5日は練習をやらせるとかしないと、子どもが不利な目に遭うのではないかと、親はどうしても不安になってしまうのです。スポーツをやめたら、友達をなくしてしまうんじゃないか？　時間を持て余してしまうんじゃないか？　そんな不安もあって、親はスポーツに投資を続けていくのです。そうして幼い子や青年期の子どもが競技で楽しめて有利になれるよう働きかけるうちに、それがだんだん大人にとって重要なことへと変わっていきます。次のような言葉にそれが表れています。

「チームには勝ってもらわないと困るんだよ。今シーズンだけでもどれだけの時間や金を費やしたことか」

「あの子は奨学金をもらうべきだ。親としてやれることはすべてやってきたんだから。専任コーチに合宿……どれも報われてくれないと困る」

「冗談じゃないぞ、コーチ。なんでテディを出場させない？　あの子は最高の選手なんだぞ！」

親が子どもにプレッシャーをかけてしまうのは、自分の叶わなかった夢を追い続けるためでもあります。ユーススポーツの研究が指摘しているところによると、**親は子どもの成功や実績にすがるようになる場合があるのです**。だからこそ、3ステップアプローチの2つ目の「自分のことを知る」をクリアするのが特に難しいのです。大学でアイスホッケーの選手になるという、25年前に叶えられなかった自分の夢を息子に託す父親。若いころ、自分はスポーツ選手になるチャンスに恵まれなかったので、娘に陸上の厳しいトレーニングをやらせる母親。このようなケースでは、自分が子どもに及ぼす影響がどれほどのものか、当の親はたいてい気づいていないものです。その結果、子どもは特に理由がないように見えるのに、調子を落とし始めたり、ケガをしたり、とにかくやめたいと言い出したりするのです。

「コーチが試合に出してくれないから、あの子はやめたんだ」だとか、「コーチがちゃんとしたトレーニングをしてくれない」だとか、人のせいにするのではなく、親は自分の行動や役割について見直し、うまく調整を図らなくてはなりません。問題が浮上する前に自分の子育てのやり方としっかり向き合うことができればもっといいでしょう。ただし、これは到底、一筋縄ではいきません。スポーツや他の分野で自分がうまくできたことや失敗したことについて振り返らなくてはならないのです。

たいてい、誰しも過去の自分に立ち返るのは嫌なものです。過去の出来事に今でも影響されていることを認めたくないのです。それでも、子どもを通じて自分が幼かったころに傷ついたり、落ち込んだりしたときのことがよみがえってきて、嫌な気持ちになります。子どものスポーツに立ち会っていると、もろかったころの自分がよみがえってきて、公の場でも、家に帰ってからも子どもを相手に、親はつい過剰に反応してしまうようなこともあるのです。こうした複雑な感情やその原因がわかるようになれば、自分の行動を抑え、スポーツは親のためではなく、子ども本人のためのものだと思い直すことができるでしょう。こうしたことに早いうちから取り組めれば、子どもにとってもいい結果につながっていきます。

それでも、もっと難しいことに挑戦させてみるとか、もっと頑張るよう促すとか、思い切ったことをやらせてみるとか、たしかに子どもには無茶にならない範囲で少しプレッシャーをかけることも必要です。適度にプレッシャーをかけるには、どうすればいいのでしょうか。子どもはそれぞれ独自の課題を抱えています。次の節では、運動能力や運動技能のレベルもモチベーションの度合いもさまざまな子どもに対処する方法について紹介していきます。多くの親がまず壁にぶち当たるのは、子どもがスポーツにやる気をなくしたときです。そういう場合、親は子どもにとにかくプレッシャーをかけたほうがいいのではないかと考えます。同時に、子どもを追い込みすぎているのではないか、それともまだ足りないのか、と迷ってしまうのです。

ケーススタディ#12 スポーツが苦手で友達の輪に入れないアンソニー（8歳）

小学校3年生のアンソニーには学校で友達がいないと担任教師から聞かされて、両親は心配しています。8歳のアンソニーは、クラスでいちばん小柄な男の子です。昼食ではピーナッツバターとジャムのサンドイッチを背中を丸めてよくひとりで食べています。昼休みのベルが鳴ると、みんな外に飛び出していきますが、アンソニーは校内に残って本を読みます。彼は読書をしたり、本の話をしたりするのが好きなのですが、同級生はほとんど相手にしてくれません。

息子がひとりぼっちで落ち込んでいるのではないかと思い、両親は近所の男の子たちとタッチ・フットボール（訳注：タックルの代わりにタッチする、子ども向けのアメリカンフットボール）でもやってみてはどうかと勧めます。「別にいいよ。遊びたくないし」。アンソニーはそう言って、本に視線を戻します。アンソニーは、ボールを扱うことがとても苦手で、父親がアメフトの子ども向けのやわらかいオレンジ色のボールを投げても、弾いて取り損なってしまいます。そんなとき、アンソニーはがっかりしているというより、どうでもいいというような反応を見せます。

アンソニーがスポーツをやりたがらないのは、みんなの前で失敗するのが嫌だからではないかと両親は心配しています。また、父親は高校時代、野球をやっていたので、息子のことが理解できず、スポーツに興味を持たせることもできなくて、ついやりきれなくなって腹を立ててしまいます。母親はスポーツにあまり興味がなく、アンソニーは団体活動の類に参加するのが苦手なのではないかと思っています。

そんなアンソニーに町のリトルリーグに参加してみないかという話が持ち上がります。本人がやりたくないと言っても、両親はやらせてみたほうがいいのではないかと悩んでいます。スポーツもやらず、友達もいないのでは、状況はますます悪くなっていくのではないかと不安なのです。あとになってから、こんな文句を言われたらどうでしょう。「母さん、なんで野球をやらせてくれなかったの？　チームにいるだけで楽しかっただろうし、投げ方も教えてもらえただろうし。そうすれば、みんなにからかわれることもなくなるのに」

でも、無理やりやらせるのは、間違っているのではないかと二の足を踏む思いもあります。

どんな選択をしようと、親にとって大きな賭けになることは間違いないのです。

アンソニーの場合、水泳のような、協調性をさほど必要としない個人競技をやってみるという手もあるかもしれません。こうした考えに行きつくとしたら、親が3ステップアプローチに真剣に取り組んできた証拠です。最初のステップは、「子どものことを知る」です。好きでもないスポーツを無理強いされたら、本人には大きな負担になってしまうでしょう。水泳のようなスポーツをやらせてみようというのであれば、それは親が本人のためを思っている表れといえます。水泳で自信がつけば、次のシーズンはチームスポーツに改めて挑戦してみようという気にもなるかもしれません。このようにして、幼いうちはスポーツで恥ずかしい思いをさせないことです。そうすれば、身体活動のこともだんだんわかってくるようになるでしょう。

また、アンソニーには友達をつくる機会も必要なので、本人がその気になったら、親が機転を利かせてこれだと思えるチーム活動の場を見つけてやることも大切です。

何人もの親から聞いた話によれば、アンソニーのような子どもに合った活動を見つけるには、たしかに思った以上に時間も根気も要します。アンソニーの母親は、これはどうかとあれこれ提案してみますが、本人はほとんど興味を示しません。

「水泳とか、体操とかはどう?」

「嫌だ。プールは嫌いだし、体操なんか、できないもん」

アンソニーは本で顔を遮ったまま、ふてくされたように答えます。アンソニーのような子どもをもつ親は、こうした反抗的な態度をとられたときのために、本人が気に入りそうな活動をいくつかリストアップしておき、次のように見せてみるといいでしょう。

「ねえ見て、アンソニー。このなかから選んでみて。ここに書いてあるスポーツのなかからどれでもいいから。どれを選んだっていいのよ。ただし、1つは選んでちょうだいね」

このような場面ではたいがい、親はつらくてもきっぱりとした姿勢で臨まなくてはいけません。子どもに嫌われるのではないか、スポーツを無理強いしてもっと嫌な思いをさせるのではないか、そのせいで自分まで面倒な事態に対処しなくてはならなくなるのではないかと、親は不安なのです。アンソニーの場合、できればずっと家にいてひとりで読書したいと思っていることは、両親も承知しています。それでも、アンソニーにはその殻を破ることが必要なのです。

アンソニーの母親は、地元のYMCA（訳注：キリスト教主義のもと、スポーツ、教育、文化などさまざまな社会事業を展開する組織）に電話して、息子にできそうなスポーツ活動を片っ端から当たってみることにしました。アンソニーや父親も交えて検討し、気に入ったスポーツを本人に選ぶように伝えます。候補に挙がったのは、水泳、体操、バスケットボール、ヨガ、空手。幾度となく考え、話し合った結果、アンソニーは空手を選びます。最初の数週間のうちは嫌がったり、癇癪を起こしたりするかもしれませんが、アンソニーのような子どもは少しずつ上達を見せるようになるでしょう。アンソニーは父親に得意げにこんなことを口にします。「僕ね、肩の上まで蹴り上げられるようになったんだよ。ほら見て、父さん」

他の空手仲間とはなかなか打ち解けられませんでしたが、数か月後には、両親の目から見ても、アンソニーはさらに自信をつけ、他の子どもたちとの関係もよくなっていきます。両親が背中を押してきた成果が表れてきたということです。本人から面と向かって感謝の言葉を口にされることはないでしょうが、アンソニーの成長ぶりは手ごたえとして想定以上のものといえます。両親もアンソニーにとっていちばんためになることができたと実感できるでしょう。

アンソニーがどのスポーツもやりたがらなかった場合は、次のステップとしてスクールカウンセラーに相談してみるといいでしょう。子どもが落ち込んでいるとか、社会的に孤立しているとか、そんな状態に気づいたときには特に注意が必要です。子どもがスポーツを嫌がる背景には、あとでもっと複雑で厄介な事態に発展する前に早い段階で手を打つことができる問題もあるのです。

ケーススタディ #13　仲間はずれを恐れて、実力を出せないサンディ（15歳）

子どもは年を重ねるにつれて、自分で物事を決める責任がより大きくなります。それに伴って、親は一歩引いて本人の好きなようにさせつつも、サポートやアドバイスが受けられなくて子どもが困った状態にならないようにするのに苦労する場面も増えてきます。このような状況の典型的な例が、15歳の高校2年生のサンディのケースです。

サンディは生まれつき運動能力が抜群で、バスケットボール部の1軍のトライアウトを受けてみようかどうか迷っています。身長は約170センチ、足が長くて手の力が強く、引き締まった体つきをした機敏な選手です。リバウンドをもぎ取ってドリブルでコートを一気に駆け抜けて軽々とレイアップを決める、そんな娘の姿を両親はしょっちゅう目にしています。ウォーミングアップ中に友達と談笑しているところには、笑いや楽しそうな雰囲気があふれています。

サンディはトライアウト前に、両親にこう告げます。「今年も2軍でやっていきたいって思ってるの。1軍には友達もいないし。それに1軍の上級生たちはあまりいい人がいないしね。それが嫌なの」。サンディの話では、友達のほとんどが2軍のほうが居心地いいと感じているようです。ただし、サンディには昇格できるだけの才能がありますが、2軍の友達の大半にはその実力がありません。

サンディの両親がコーチから聞かされた話では、このまま2軍に残っていては上を目指していけないし、1年間でも1軍でプレーすれば、大学のバスケ部に入るための下準備にもなるし、奨学金も狙えるかもしれないといいます。両親は、スポーツに関してサンディが決めたことをつねに尊重してきましたし、その選択に口を出したこともありません。それでも父親は、トライアウトを受けるようサンディに勧めてみようと考えています。母親のほうはサンディが友達と離れたくないと思っていることが気がかりですが、本人があえて実力を出さないようにしていることも気になっています。相手を圧倒している試合でも、サンディが簡単なシュートを外したり、手を抜いたプレーをしたりしているのに両親は2人とも気づいています。もっとシュートを打つように両親が促すと、サンディは気乗りしない表情でこう答えます。「わかった。考えておく」。そうして最多得点をあげた試合のあと、サンディは両親にこう話します。友達から冷たくされるようになったと。これこそサンディが恐れていることでした。

サンディが望んでいるのは、スター選手になって周りから冷たくされることではなく、あえて実力以下のプレーをしてチームに溶け込んだ存在であることだったのです。

3ステップアプローチを活用し、サンディのことや彼女を取り巻く環境についてわかってくると、次のようないくつか気になる疑問が湧いてきます。サンディは女子であるがゆえに、どんなプレッシャーにさらされているのか。コーチは、サンディ本人のためを考えてくれる存在としてどれほど信用できるのか。サンディは今回の1軍入りをどう決断するべきなのか。

ひと昔前であれば、サンディのような女の子は周りから仲間はずれにされる恐れもあるので、親は1軍入りを勧めずにそっとしておくよう注意されていたかもしれません。しかし近年、女子スポーツは目を見張るような進化を遂げ、若手はより強力なロールモデルを得て強くて競争力のある選手へと成長していっています。さらに、自分が競技者としても、チームプレーヤーとしてもすばらしい選手になれるという意識を持てるようになってきています。人より秀でていても、それは疎外されるというより、むしろ友達の羨望を集めることにつながると認識されてきているのです。サンディのような若手の女子選手は、力強いプレーですばらしい活躍を見せ、自信をつけてさらなる高みを目指していけるようになっています。

しかし、今日の社会には、女子選手たちが依然として影響を受けている別の風潮もはびこっています。スポーツで力強い活躍を見せることは、従来の女性らしさのあるべき姿にそぐわないという考え方です。メアリ・パイファー著『オフェリアの生還』（邦訳・学習研究社）では、青年期の少女たちがこうした女性像にどれほど影響を受けているのかについて触れられています。それによると、女子は青年期の入口くらいまではおてんばでも問題ないけれども、この時期を境にその見方は一変します。この時期から女子は、自分が男子とは分け隔てられる存在だという意識を植えつけられます。男子は強いリーダーになることを期待され、逆に女子は子育てや人のサポートにまわるべきだとされます。このような考え方はかつてよりは薄らいできていますが、女子はスポーツ選手になると男子にモテなくなると言われる風潮がまだ残っています。多くの女子選手が、コートやグラウンドでは派手なプレーを控え、自分のアスリートとしての実力の話は避け、活躍しても悪いことでもしたように振る舞います。一方、そうした激しい差別的な見方を拒絶し、自分の強さを尊重する女子もいます。

多くの女子選手たちは、こうした2つの女性像の板挟みになっています。たとえば、互いに思いやったり支え合ったりして、自分のあるべき姿を何とかして見出そうとする女子もいます。状況によっては、相手ともめてそれが醜い言い争いに発展することもあります。

「あの子、まるで男みたいね。見て、あの格好……あらまあ、化粧ってものを知らないのかしら？」

サンディの両親は、今回の問題の背景について3ステップアプローチのステップ1を通じて考えてみます。娘のことを知る、そこに集中して考えてみると、サンディがスポーツ選手としての自分のことは二の次で、友達との固い友情を維持していけるかどうかを気にしていることがわかります。また、サンディは自分が選手としてすばらしい強さを持っていることをなかなか受け止められずにいます。このような問題では、コーチがうまく働きかけて力になってくれることもよくあります。しかし、サンディのスポーツ環境のことを知っていくうちに、両親はコーチの判断を信用していいものか確信が持てなくなってきています。

コーチがあまりにも熱心なせいで、親はかえって混乱して自分のやるべきことがわからなくなってしまうことがあります。我が子に才能があるとコーチから言われれば、親はそれを信じたいと思うでしょうが、自分がそれを伸ばしてやることができなかったらと思うと不安になります。逆に、親が子どもの才能を過大評価すれば、コーチからは高望みをせず、現実に目を向けるよう言い含められるはずです。いずれにしても、親は難しい対処を迫られます。

サンディの場合、大学のバスケ部に入ることを想定して、今のうちからもっと高いレベルの環境でプレーしたほうが何より本人のためになると、両親は1軍のバスケットボールコーチから説得を受けます。大学スポーツの話が出ると、すぐに飛びつく親もいますが、サンディの両親は違います。彼らはただ、サンディがいい大学に進学して実力を存分に発揮できるようにしてやりたいだけなのです。そこで、1軍チームに所属している娘をもつ親たちと何人か話をしてコーチのやり方について聞き、さらに情報を集めることにします。その結果、コーチは厳しいけれども、1軍の選手はほとんど楽しくプレーしていることがわかりました。サンディの両親はそんな話に背中を押され、まだ少し不安はありましたが、とりあえずトライアウトは受けさせてみようと思い始めます。

両親はサンディと話をしてみることにします。父親がこう言います。「サンディ、お前が何をどう決めようと構わないし、お父さんもお母さんもそれを応援するよ。でも、とりあえずトライアウトは一度受けてみたらどうだろう。1軍の上級生たちやコーチとうまくやっていけるかどうか試してごらんよ。1軍に入るかどうかは、トライアウトが終わってから決めればいいからさ」。さらに母親がこう付け加えます。「サンディ、あなたはすごい選手なのよ。せっかくこんな昇格のチャンスができたんだもの。無駄にする手はないわ。嫌ならもう1年、2軍でプレーして、また来年、挑戦してみたらいいじゃない」

サンディは、最初のうちは反抗的な態度を見せます。部屋に引っ込んでドアを激しく閉め、こんなわめき声を上げます。「お父さんもお母さんも、全然わかってない！」。両親は、しまったというような表情をして2人で顔を見合わせ、やりすぎてしまったのではないかと心配になります。それでも翌日の朝食のときに、サンディはひとまずトライアウトは受けてみると告げます。

サンディの両親は賢明なことに、トライアウトを受けるよう強要するようなことはしませんでした。ただ自分たちの気持ちやサンディを信じていることを伝え、1軍入りすることがどうしてためになるのか説明を加えるだけにとどめています。こうした両親による後押しは、努力と勇気の賜物です。あくまでも決めるのはサンディ自身であると、両親は本人に言い聞かせています。同時に、両親が1軍入りを勧めたのは、青年期後半から大人の入口に差し掛かるころになって重要な意味を持つことになるからです。友達との関係やスポーツ環境のことでサンディが抱えているジレンマについては、時間をかけて理解していけば、両親はもっと効果的にサポートできるでしょう。やりすぎることなく、サンディのことを後押ししていけます。

ケーススタディ #14
親の善意のサポートが負担になっているローリー（17歳）

サンディと同様、ローリーも優秀なアスリートです。17歳にして、才能あふれるテニスプレーヤーに成長しました。彼が尊敬しているのは、アーサー・アッシュ選手。プロテニスの4大大会でアフリカ系アメリカ人として初めて優勝した選手です。プレッシャーがかかる場面でも冷静さを失わず、偏見も物ともせず目標を達成する、そんなアッシュの姿に惹かれていました。ローリーの父親は、コンピュータ会社を立ち上げて成功を収めた実業家。ローリーが6歳のときからテニスの指導やトレーニングに率先して関わってきました。今ではローリーがジュニアの全米レベルで戦えるほどの選手になってきたことをとりわけ誇らしく思っています。それに引き換え、父親自身は学生時代、放課後はいつも働かなくてはならず、組織的なスポーツ活動をするチャンスなどありませんでした。

ローリーが数試合、負けが続いたのをきっかけに問題が起こり始めます。父親はローリーが連敗している状況にあっても、大したことではないかのようにこう言って聞かせます。「一生懸命やって楽しければ、結果なんかどうでもいいんだ」。息子にプレッシャーをかけているのではないかと人に訊かれても、父親はそんなことはないと否定します。それでも他の選手の親や話を聞いてくれそうな人に対しては、息子にはどれほど才能があって、テニス界での今後の活躍をどれほど期待しているかを日ごろからよく口にしていて、ローリーもそれに気づいています。ローリーが試合に負けると、父親は途端に無口になり、がっかりしたそぶりを見せます。

ローリーは母親からあれこれ問いただされた末に、父親をがっかりさせたくない気持ちでいることをひそかに打ち明けます。自分のテニスのために父親には時間もエネルギーも山ほど注いでもらったのに、連敗ばかりで不甲斐なくて仕方がないのです。このことは父親には内緒にしてもらうようローリーは母親にきつく口止めをします。母親はしぶしぶ黙っていることを約束したものの、父子の関係がぎくしゃくしてきているのを感じています。

3ステップアプローチをもとに、母親がローリーにまず投げかけなくてはならないのは、こんな質問です。「テニスは今も好き？」。好きだ、という答えなら、ステップ

2の「自分のことを知る」に進んで自分のことを見つめ直し、父親に対してはローリーにどれほどプレッシャーをかけているのか認識させるようにします。テニスなんかもうやりたくない、という答えなら、本人がやめたがっているという可能性も両親はきちんと視野に入れなくてはなりません。ローリーがテニスへの情熱を持ち続けているのであれば、厳しい状況にあっても、前向きな気持ちで乗り越えていけるでしょう。しかし、情熱を失っているのだとしたら、最近の連敗から抜け出すのは厳しいでしょう。親の立場からすれば、スポーツを楽しみ、好きだと思う気持ちを重要視しすぎだと思われるかもしれません。それよりも、鍛錬や才能、コーチの指導や知力といったもののほうが大事に思えるでしょう。それでも**一流のプロアスリートはトップレベルでプレーしているとき、まず間違いなく楽しいと感じています。**マイケル・ジョーダンもこう力説しています。「若い選手たちがいちばん大事にしなくてはならないのは、試合するのが好きだという気持ちです」

ローリーの母親は、息子がテニスの試合をするのが好きではあっても、今のような高いレベルで競い合うだけの実力があるのかどうかに関しては、どうしても疑問をぬぐい切れずにいます。ローリーは初めから負けると決めつけているのか、試合前から戦意を喪失してしまっているように見えるのです。一流のアスリートは、プレッシャーやネガティブな思考にのまれてしまうと、競技に大きな支障をきたします。才能があっても、自分に負けてしまうのです。

それに、ローリーは恐れや不安を悟られないようにするのが非常にうまいので、父親は息子のそんな心の内を察してやることができません。ローリーはあくまでも父親に対しては、疲れていて少しスランプ気味なだけだと伝えます。ところが、次の大会の試合中に、ローリーは自分がスランプどころではない状態に陥っていることに気づきます。

セカンドサーブを打つ瞬間、ここでダブルフォルトをしたら、父親をがっかりさせてしまうという恐怖が襲い掛かってきたのです。「ダブルフォルト」という審判の声が頭のなかで響いて、抑えようのない悔しさがこみ上げてきます。試合中、ずっとそんな光景が浮かんできて身体が硬くなり、アウトになったり、ネットに引っ掛けたりするショットがいつも以上に増えていきます。ローリーは、格下の相手に2大会連続で負けてしまいます。

そうなると、ローリーの父親は何か力になってやらなければと思い、息子の練習に何度か顔を出します。しかし、父親が現れることで、ローリーはかえってプレッシャーを感じてしまいます。そのことに父親は気づいていません。父親が関わってくる機会が増えることは、ローリーには逆に負担になってしまうのです。

ローリーの母親は、息子が明かしてくれた気持ちを漏らしてはいけないと思いつつも、彼のパフォーマンスにかかるストレスを取り除くために何とかしなくてはと考えます。残念なことに、ローリーがまたしても試合に負けてしまった日の夜、本人が２階で宿題をしている間、母親は夫にこんな話をします。

「ねえ、ローリーは私たちからのプレッシャーを感じてるんじゃないかと思うの。以前はプレーするのをすごく楽しんでたわ。でも今は、すごくしんどい思いをしてる。そっと距離を置いて見守ってやったほうがいいんじゃないかしら」

ローリーの父親は最初、妻の言うことに聞く耳を持ちませんでした。「何を言ってるんだ？　あの子には親の支えが必要なんだぞ」

「ええ、たしかに私たちの支えは必要よ。でも、あの子を楽にしてやるためには、何より私たちが少し落ち着かないといけないんじゃないかしら。考えてみて。あなたは仕事もそっちのけで、あの子のテニスのことにばかり構ってる。それがあの子にとってはプレッシャーになるんじゃないかしら」

これまでの臨床例や個人的な経験からも明らかですが、このように両親の間で子どもに悪影響を及ぼしているかもしれないことについて話し合うときには、とても慎重にならなくてはいけません。一方には悪気がないとしても、もう一方がつい怒らせてしまうことがあるのです。自分の激しい感情に驚く親もいます。それでもローリーの母親は、うまくコミュニケーションを図っています。息子にプレッシャーをかけている父親のことを直接責めるようなことはしていません。自分が相手を追い込んでしまうかもしれないという可能性を踏まえて、相手を責めるのではなく、疑問を投げかける形で話し合いに持ち込んでいます。こうすることで、父親のほうも向きにならず妻から言われたことを客観的に受け止めることができます。母親はローリーとの約束を守りながら、息子の力になれる方法を持ちかけているのです。

結局、ローリーとは少し距離を置いたほうがいいということで父親も納得します。その後も、試合の観戦には行きますが、練習を観に行くのはやめることにしました。試合後にあれこれ言うのも控えるようになりました。「調子はどうだ？」と時折聞いてみたり、「最高の試合だったぞ！」と以前より褒めてやったりします。しばらく負けは続きましたが、ローリーはつらい気持ちを両親に以前より打ち明けるようになります。厳しい戦いが増えて、テニスが前ほど楽しくなくなってきたことを話したりして胸の内を明かすことで少し気持ちが楽になってきているようです。

父子で本音をぶつけ合うなかで、父親はこう言います。「とにかく、お前が楽しければそれでいいんだ」

「そうなの？　僕は父さんを喜ばせたくてテニスをやってるんだって思うことがあるんだ」

そうしてつい口走ってしまった言葉にショックを受けて、父親が怒鳴り声を上げるのではないかとローリーは思わず身構えます。ところが、父親は黙ったままです。うなだれていたかと思うと、ゆっくりと視線を息子に戻します。

「そうだな。たしかにお前の言う通りだよ。プレーしてるのはお前だ。私じゃない。自分が最高に楽しいと思えなきゃだめなんだ。お前にはできるだけ長く活躍してもらいたいけど、自分のためにプレーしないと、面白くもないし、やる気だって湧いてこないよな」

親がこうした話をするのは、ローリーのような才能のある子どもが相手であればなおさら難しいでしょうが、こんなふうに話すことで本人が抱えているプレッシャーはずいぶん和らぐはずです。ローリーが本気でプレーしたいのであれば、本人の好きなようにさせることです。ローリーのプレッシャーの原因は、何も父親だけではありません。テニスもこのくらいのレベルになると、厳しい戦いを強いられ、消耗しきってしまうこともあるのです。父親が以前より協力的になってきて、ローリーはプレーによって受ける他のプレッシャーもコントロールできるようになろうと思っています。父親が一歩引いてくれたことで、ローリーは前進できるようになったのです。

子どもは子どもなりの受け取り方をする

スポーツでプレッシャーが全くない状況があると考えるのは無理な話です。子どもは親からも周りの環境からも何らかのプレッシャーを受けています。それに、親や他の大人たちを見て、自分にプレッシャーをかけるということを覚えていきます。大人がスポーツや仕事で自分にプレッシャーをかけて頑張る姿を見ているうちに、子どももそれに倣うようになるのです。

同年代の相手と競い合う場面でプレッシャーを感じることもあります。仲間に認めてもらおうと、レースや試合で必死に勝とうとする男子もいるでしょう。学年でいちばんバスケットボールがうまくなりたくて、週末までフリースローの自主練に励む女子もいるかもしれません。

親が何気なく口にしたとはいえ、傷つくようなきつい言を気にして、子どもがプレッシャーを感じてしまう場面もあります。ある土曜日の午後、父親から娘はこんなことを言われます。サッカーの試合中、ピッチで手を抜いてたなと。父親はその土曜日の１試合のことだけを言ったつもりでしたが、その意に反して娘のほうはいつもやる気がないように思われていると誤解して不安になってしまうということがよくあります。子どもは親から言われたことを拡大解釈して、それがプレッシャーになってしまうことがあるので注意したほうがいいでしょう。

他でも触れていますが、実際に口にしていないことまで誤解される場合があります。ユーススポーツの研究によると、８歳以下の子どもは人の表情をなかなか正確に読み取ることができません。親が悲しそうな顔をすると、子どもはそれを怒っていると捉えてしまうことがあります。親が無表情のときは、がっかりしていると受け取ってしまう場合もあるのです。このように、子どもは親の心の奥底にある感情を必死に理解しようとしても結局誤解し、意図されてもいないプレッシャーを感じてしまうケースもあります。

親なら誰しも子どもにプレッシャーをかけてしまうものです。それが適度なプレッシャーなのかどうかを確かめるにはどうすればいいのでしょうか。まずは、３ステッププアプローチのステップ２に従って自分のことを理解してみることです。そうすれば、自分の欲求を満たすために子どもに余計なプレッシャーを与えるようなことをせずにすみます。第2に、子どもは年齢に関係なく、あまりプレッシャーのかからない環境でプレーしたほうが楽しいうえに、上達することも心にとめておくことです。特に12歳以下の子どもの場合がそうです。運動が苦手な8歳のアンソニーは、プレッシャーがかかっていたから、うまくプレーできなかったのでしょう。彼の両親は辛抱強く励まし、いろいろ工夫を凝らして本人がスポーツに参加して気持ちよく楽しめるように後押ししていました。

運動が苦手だという子どもをもつ親はたくさんいます。そんな場合でも、子どもが気持ちよく身体を動かして健康的な運動の習慣を身につけられるようにするのは親の務めです。何も学校の1軍チームに入れるだとか、大学のスポーツ奨学金を受けられるような選手に育て上げる必要はありません。ただ、スポーツを生活の一部に取り入れて、楽しいと感じられればそれでいいのです。スポーツを通じて気持ちよく身体を動かせるようになれば、自分に対してより健康的なイメージを持つことができるようになります。身体を動かす楽しさを教えることで、健康的な運動の習慣が出来上がり、大人になってからもそれをずっと続けていけるようになるでしょう。

一家全員が燃え尽き状態

プレッシャーが頂点に達すると、本人のみならず、その一家全員が燃え尽き状態になります。子どものパフォーマンスが低下すると、親はさらに激怒し、負のスパイラルに陥ります。このレベルは「オーバーヒート状態」といい、そう表現するのは、アスリートがあまりに気負いすぎて集中力を失い、試合を楽しめなくなり、それによって自分のポテンシャルを引き出せなくなってしまうと考えられるからです。

かの有名な作家パット・コンロイは、作品のなかですさまじいほどに厳しく高圧的な父親のことについてよく触れています。コンロイはバスケットボール選手だったころ、父親から勝つようにプレッシャーをかけられ、活躍しているときでさえ厳しいことを求められていました。コンロイは自伝小説『失われた季節』（邦訳・バジリコ）のなかで、彼が過去最高の試合を見せたときでさえ、父親がスタンドであきれたような顔をして座っていた様子を描いています。試合後も、父親はずっとまくし立ててコンロイにこう言います。「お前は甘い。こんなことでは父さんが大学でこなしていたプレーのレベルには到底及ばないぞ」。これは、親から受けるプレッシャーのなかでも最悪の部類に入ります。コンロイは父親が間違っていることを証明しようと何度か頑張ってはみたものの、こうしたプレッシャーによって試合でのプレーもうまくいかなくなり、ひどく傷つけられてしまいます。

長期間にわたって親からプレッシャーを受けるのは耐えがたいものです。しかし、親なら誰しも魔が差して、後悔するような言動をとってしまうことがあります。こうした瞬間を迎えると、自分のなかの核となるもろい部分がダメージを受け、感情が抑えられなくなります。そんなときは、感情のコントロールができなくなった自分を責めるのではなく、どうしてそういう言動に至ってしまうのか考えてみることです。子どもが失敗したり悔しい思いをしたりせずにすむように守ってやりたかったのではないか。それは自分も同じような経験をしたからではないか。このようにプレッシャーレベルが高くなった理由がわかれば、いずれ爆発することがないようになるための第一歩となるでしょう。

アスリートの子どもをもつ親が、我が子にどれほどプレッシャーをかけているのかを見極めるために、次のようなチェック項目を用意しました。この質問表は採点方式で評価するのではなく、スポーツに関わるプレッシャーについて話し合うための基盤を整えるのが主な目的です。それぞれの質問内容について話し合うことで、親は自分のかつてのスポーツ経験を振り返り、潜在的な問題に目を向けられるようになるでしょう。また、子どもがスポーツを続けていくなかで経験するプレッシャーの問題にどう対応していくのか、両親がその方向性を決めるのにも役立ちます。さらに、評判のコーチやカウンセラーなど、信頼できるスポーツ関係者に相談してみるのもいいでしょう。

親からのプレッシャーチェック項目

1．自分の行動が子どものスポーツ経験に与える影響について、夫婦でどのくらい話し合っていますか？

A．ときどき
B．全くない
C．各シーズンの直前に
D．最低でも毎週数回
E．ほぼ毎日

2. 子どもと同じ年齢のころのアスリートだった自分をどのように表現しますか？

A. すばらしい
B. 良い
C. ふつう
D. 標準以下
E. 最低

3. 子どものころのスポーツ経験をどう表現しますか？

A. 最高
B. 概ねよかった
C. ふつう
D. あまりよくなかった
E. よくなかった

4. 3歳の子どもに何度泳ぎ方を教えてもプールに入ろうとしないとき、あなたならどうしますか？

A. その日は諦める
B. 言い聞かせてやらせてみる
C. 別の遊びを試す
D. 夫または妻に任せる
E. その他

5. 試合後に子どもを迎えに行ったとき、結果についてどれくらいの頻度で聞きますか?

A. いつも
B. ときどき
C. 子どもが言い出すまで待つ
D. めったにない
E. 全くない

6. 子どもの試合中に見せるあなたの行動について、以下の項目のうち最も当てはまるものはどれですか?

A．心配で見ていられなくて、試合から目を背ける
B．自分の子どもとチームを応援する
C．応援するが、審判に文句を言うことがある
D．味方チームを応援して、相手チームにはブーイングを送ることがある
E．自分を抑えきれなくなることがある

7．子どものスポーツ経験であなたが重視していることを順番に並べてください。

A．自分や他人、試合を尊重すること
B．チームやコーチに従うこと
C．チームやコーチと協力すること
D．成績
E．熱心に打ち込んで努力すること
F．楽しむこと

8．子どもがプレーしているときに、以下の項目のうち最も気になることはどれですか？

A. 子どもがケガをしないかどうか
B. 試合後に子どもが嫌な思いをしていないかどうか
C. 子どもがあまり試合に出してもらえないこと
D. 子どもが上達していないこと
E. 子どもが負けそうなこと

9. 子どもなら誰しもいいプレーができるように、親から何らかのプレッシャーをかけられるものです。次の項目のうち、あなたが子どもにかけているプレッシャーを最もよく表しているのはどれですか？

A. 試合中に何度も叫ぶ
B. 子どもに練習や事前準備のことであれこれ質問する
C. 勝敗のことをよく話す
D. もっと頑張るように促す
E. 子どもにプレッシャーをかけているとは全く思っていない

10. いいプレーができなかったとき、子どもにかける言葉として次のなかで最も近

いものはどれですか？

A. よく頑張った。次はきっとうまくいくさ
B. いったいどうしたんだ？
C. よくやったと思うよ
D. 話したかったら聞くよ
E. 何も言わない

11. 子どもが実力を出し切れていないのだとしたら、どの程度だと思いますか？

A. 全く出せていない
B. 少しだけ出せていない
C. 半分くらいしか出せていない
D. かなり出せていない
E. わからない

12. スポーツは大学進学に役立つと思いますか？

A. 役に立たないと思う

B．役立つかもしれない
C．役立つ
D．コーチが役立つと言っている
E．コーチは役立たないと言っているが、自分は役立つと思う

13．あなたの子どもはいつかプロとしてプレーできると思いますか？

A．はい
B．いいえ
C．コーチは無理だと言っているが、自分はそうは思わない
D．可能性はある
E．コーチは可能性があると言っている

14．あなたはどの程度スポーツをやっていましたか？

A．全くやったことがない
B．遊びとしてやっただけ
C．スポーツは楽しくなかったので、やらなかった

D. 中学まで
E. 高校まで
F. 大学まで
G. クラブ活動で
H. プロとして

15. あなたが子どものころ、親からどんなことでプレッシャーを受けましたか？

A. 勉強
B. 学校生活
C. スポーツ
D. 家庭内での役割
E. 特になし

16. 質問15でA～Dのいずれかに該当するなら、そのプレッシャーは全体的にどの程度のものでしたか？

A. ごくわずか

B．概ね小さいが、つらい時期はあった
C．中程度
D．ひどいときがあった
E．常時

17．子どものころ、いちばんよかったのは、どんなことですか？

A．学校でいい成績を取ったこと
B．友達関係のこと
C．音楽、ダンス、美術
D．スポーツ
E．ほとんど楽しいことはなかった

18．質問17で選んだことに対して、強く興味を持つきっかけになった人は誰ですか？

A．母親
B．きょうだい

C．父親
D．祖父母
E，自分
F．その他

第７章 子どもの運動能力や興味が、親の期待と異なるとき

子どもはこの世に生まれて育っていくなかで、親が全く思いもつかないような行動をします。子どもが親と同じようなことをするとは限らないのです。「蛙の子は蛙」にならなかった場合、どうなるのでしょう？　スポーツに関して子どもの好みや経験が親とは異なると、厄介な問題が生じる場合があります。子どもに対して失望する親、スポーツで自分が成し遂げた以上のことを子どもに託そうとする親もいます。このような状況に、子どもはよくプレッシャーを感じてしまうのです。親はこうした事態をどのようにして防ぎ、子どもがスポーツで最高の経験ができるようにしてやればいいのでしょう。

ケーススタディ#15　学業重視の両親に試合を欠場させられたネリー（12歳）

ウースター夫妻は、２人とも学界に身を置く若い夫婦。そんな夫妻の12歳の娘ネリーがアイスホッケーでずば抜けた選手になっていると知って、２人は戸惑っています。ネリーはコーチがそれまで見てきたなかでもスケーティングが最高にうまい選手で、狭い場所での方向転換も自在で、氷上を広い視野で見ることができます。ウースター夫妻は娘の活躍ぶりを誇らしく思う一方で、自分たちにはスポーツ経験がごく限られた程度しかないため、試合を観戦していると余計に困惑してしまうのです。

夫妻はヨーロッパからの移民で、新しい国に馴染むために勉強に力を注ぎ、スポーツにはまるで関心がありませんでした。だから、ホッケーのことをもっと知ろうと努力はしていますが、ネリーが勉強をおろそかにしているのではないかと心配しています。練習は朝5時から始まり、週末には大会もあり、勉強時間がなかなか確保できません。このままではスポーツのせいでネリーは落ちこぼれてしまうのではないかと、両親は気が気ではないのです。

こうした家族のように、親が重きを置いているのとは別のことに子どもが夢中になってしまうと、ひずみが生じることがあります。そうすると、親はさらに頑なな態度をとり、子どもは反抗的になり、互いに引くに引けない状況に陥ったりします。どちらも勝者にはなりません。

ネリーの両親は、数学のテスト勉強のために週末のホッケーの試合を無理やり欠場させますが、本人は勉強しようとしません。部屋でただじっと音楽を聴きながら壁を眺めています。テスト本番を迎えても、ネリーは勉強不足で散々な結果に終わり、自己嫌悪に陥ります。両親が良かれと思ってやったことは、結局裏目に出てしまったわけです。ネリーは大好きなホッケーの試合に出られなかったうえに、学校の成績もさらに落ち込み、気持ちは沈むばかりです。

ネリーの両親には、もっといい対処法があったのでしょうか？　もしかしたら、こんなふうに言うこともできたかもしれません。「ネリー、今週末の試合にどうしても出たいのはわかるけど、月曜日には数学の大事なテストもあるのよ。土日の朝に数時間でも勉強するのなら、試合に出てもいいわよ」

このように歩みよれば、互いに少しは自分の思いを通すことができます。ネリーの両親は、娘がどれほどホッケーが好きなのかを認め、試合に出場できるように取り計らっています。同時に、学業が大切であることも伝え、もっと真剣に勉強させるために、ホッケーをモチベーションの道具として利用しています。こうしたやり取りを通じて、好きなことをしたいのであれば、まずはやるべきことをやらなければならず、スポーツも勉強も大事だというメッセージをネリーに伝えることができます。また、本人の意志に任せることによって、親は「悪者」になることも、頭ごなしに「ダメだ」と口うるさく言う必要もなくなります。

さらに、ネリーの両親には、娘のホッケーに対する情熱を受け止めてほしいです。それができれば、ネリーがホッケーを通じて友情を育み、成長して自信を身につけていっているということが理解できるようになるでしょう。試合で最高にうれしいときの気持ちもわかってくるはずです。手始めとして、アイスホッケーのことを聞いてみるといいでしょう。「試合はどうだった？　あのチームは手ごわかったんじゃないか？　でも、絶妙なパスを何本も決めてたね」

こうしていろいろ聞いてみることで、両親が自分のやっていることに興味を持ってくれている、気にかけてくれているとネリーに思わせることができます。たとえ子どもほど熱い気持ちになれなくても、本人がいちばん大切にしていることを親が尊重し、大事にしていると感じられるようにすることが必要なのです。そうすることで、自分らしさを見つけるという、青年期の大事な目標を達成しようと頑張っているのを親が後押ししてくれていると子どもは実感できるのです。

また、ネリーの両親はホッケーについてコーチや他の親と話して、もっと応援に力を入れていくのもいいでしょう。親が子どもの試合を観に行くことを軽く考えてはいけません。数年前に行われた、ユースサッカーのある全米調査によると、**子どもは十中八九、親に試合を観に来てもらいたいと思っている**ことがわかっています。子どもは親にいいところを見せたいのです。そうすれば、自分の良さをアピールできるわけです。ネリーもこう思うことでしょう。「お父さんもお母さんも、私のやってることや私自身のことも認めてくれてる」

ケーススタディ #16　自分の競技のことで両親の不和を招いてしまっているダレン（８歳）

ダレンは８歳の野球少年。リトルリーグのタイガースというチームのなかでもとびきり優秀な選手です。打席やマウンドに向かうダレンを目にした相手チームの親からは、あの子は11歳くらいじゃないのか、と口々に言われます。なにしろ同世代のほとんどの選手と比べても何センチも身長が高いのです。目と手の協調性は抜群でパワーもある、チーム一の強打者ですが、足は遅く、本人もそれを気にしています。中学生になっても、すばやいベースランニングができないのではないかと不安を抱えています。速く走れないせいでチームの足を引っ張れば、仲間からの信頼を失いかねません。それればかりか、父親から厳しく叱責されればもう最悪です。

ダレンにとって父親は、自分のことをいちばん応援してくれる存在であるのと同時に、誰よりも厳しい人でもあります。父親自身は子どものころ、振り返ってみてもどの試合にもなかなか出してもらえず、ひどくからかわれていただけに、息子が野球で活躍していることがうれしくて仕方がないのです。「とうとううちにも、何の不安もなく、スポーツを存分に楽しめる人間が出てきたんだ」と何度思ったことか知れません。息子にそんなすばらしい才能があることがうれしくて、試合では熱心に声援を送り、練習にもたびたび顔を出し、友人に対してはダレンの優れた実力について、恥ずかしげもなくこんなふうに自慢します。「さっきのホームラン、見たか？　まるでメジャー級だろ！」。それでも、試合の帰りの車のなかでは、もっと上達するようにとプレーについてしょっちゅう口を出します。「バッティングのとき、ボールから目を離してしまってるんじゃないのか。スイングの瞬間の頭の位置が高すぎるんだよ」。父親は自分が息子にプレッシャーをかけていることに全く気づきもせず、ダレンがピッチングやバッティングで調子を落としてくると、信じられないとばかりにイラついた様子を見せます。

ある試合でダレンが三振したあとには、こんな言葉を浴びせます。「しっかりしろ、ダレン。お前ならもっとやれるだろ！　あのホームランのスイングはどこに行った？」。ダレンはうなだれて地面を蹴り、そのままベンチに下がっていきます。父親はそんなダレンの様子を見て、次こそはやってくれるはずだと期待をかけます。

ダレンがこうした反応を見せるのは、勝ちたいからだと父親は思い込んでいますが、実際のところ、本人はプレー中に父親から口出しされるのが嫌なのです。結局、その試合でダレンはヒットを1本も打てませんでした。

その日の夜、夕食の席で父親はダレンが打てなかったことについて蒸し返します。ダレンは本音を打ち明けることもできず、食事中はずっとうつむいたままで、早々に席を立って自分の部屋に引っ込みます。ダレンの足音が聞こえなくなると父親は、とがめるような目つきでにらんでくる妻に向かって顔をしかめます。

ダレンの調子はますます悪くなり、父親はさらに苛立ちを募らせ、家族全員がそんな状況に心を痛めます。ダレンは野球が嫌いになりかけていますが、父親のことを喜ばせたい気持ちに変わりはありません。父親は息子の活躍を通じて、自分の子ども時代の心の傷を癒したいと思っています。母親はダレンが落ち込まないようにしてやりたいのに加え、夫に息子との向き合い方を見直してもらいたいと考えています。

これまでの臨床現場での経験から言えば、ダレンの父親のような親に対しては次のような接し方をすると、まず間違いなく失敗します。「大切なのは、息子さんのプレーがうまくいくかどうかではないんです。本人が楽しめているかどうか、それが大事なんですよ」。こう言うと、たいていの場合、冷めた目をしてお決まりのセリフが返ってきます。「ご意見ありがとうございます、先生。何かあれば、お電話します」

こういったケースでは概ね、子どものパフォーマンスを向上させることに目を向けさせなくてはなりません。親が気にかけているのはそこだからです。そういうわけで、臨床医としてはこんなふうに言います。「選手として才能に恵まれた、すばらしい息子さんをお持ちなんですね。一つ言えるのは、息子さんは打席に立ったとき、ストレスを抱えて余裕をなくしているんじゃないかということです。打てなかったらどうしよう、と不安になってるんじゃないかと思うんです。だから、私たちがとにかく心がけなくてはならないのは、もっとリラックスできるようにしてあげることです。息子さんが失敗することにストレスや不安を抱えている様子はありませんでしたか？　あるとしたら、いつごろからですか？　そんな不安を抱えるようになった原因に何か心当たりはありますか？」

こんなふうに、こちらも父親と同じこと、つまり、息子にもっといい選手になってもらいたいと思っているということを示すのです。こうしておくと、もっと難しい問題に対処する余裕が生まれます。

両親で話し合う前に知っておきたいこと

ダレンの父親は、スポーツでの苦い経験に自分の行動がどれほど左右されているのか自覚すべきですが、それはなかなか難しいものです。そうした経験はつらく、時には屈辱的なこともあり、向き合っていくには時間も心のゆとりも必要になります。ダレンの母親は、父親が過去の自分を受け止められるように、さりげなく自分の経験を引き合いに出してみるといいでしょう。たとえば、こんな感じです。「ダレンが野球のことでつらい思いをしているのを見ていると、昔の自分を思い出すことがあるの。私も高校１年生のときに、バスケ部に入れなくてどれほど悔しかったことか。いまだにやるせなくなることがあるわ。あなたはそんな思いをしたことがない？」。こうして自分のつらい体験を打ち明けられることで、ダレンの父親も頑なな態度を和らげて、同じような気持ちを話してみようという気になるかもしれません。最終的には、息子の競技に対する考え方や行動をがらりと改められるようになるでしょう。

夫婦やパートナーのいずれかがこうした問題に触れようとすると、けんかになる場合もあります。３ステップアプローチでは、自分のことを知るための時間が必要ですが、消化しきれていないつらい気持ちと向き合う心の準備ができていない親もいます。自分の態度や行動のことになると、配偶者を遠ざけたり、子どものパフォーマンスにさらにこだわったりすることがあります。こうした状況でどのように話し合えばいいのかについては、多くの場合、両親の関係性やコミュニケーションの取り方によって変わってきます。しかし、両親の間で腹を割って話し合おうとしなければ、子どものパフォーマンスは悪くなる一方で、そのうち燃え尽きてスポーツ自体をやめてしまう恐れも高まってしまいます。

選手の年齢がもっと幼い場合は、子どもの身体能力や才能が時とともに大きく変わっていく可能性について認識しておくことが大切です。ダレンの友達のなかには、８歳のころは自分の身体を巧みに動かせなかったのに、高校生でスター選手になる子どももいるかもしれません。これは、ダレンの父親にとっては特に重要なことです。ダレンがいずれ並みの選手に落ち着いてしまったら、父親は耐えられるでしょうか。本人がチームでただ楽しくやっているだけで満足できるでしょうか。

ダレンの父親がいま力になるべきことは、シーズンが始まる前にダレンが具体的な目標を定められるようにすることです。こうした目標は、努力して懸命に打ち込んでスキルを向上させていくといった意味で、本人が競技でコントロールできるあらゆる場面をもとに設定したほうがいいでしょう。あくまでも競技を楽しんで、成長の度合いをはかり、親と一緒に喜びを分かち合えるようになるための目標です。その達成度は、ホームラン数や無失点に抑えたイニング数ではなく、本来あるべき価値感を持って長期的な目標をどこまでクリアできたかによって判断します。こうした目標を達成することによって、ダレンのような子どもは自信を身につけ、親を失望させるのではないかという不安に苛まれることもなくなるでしょう。

ケーススタディ #17　運動能力抜群の母親と妹に劣等感を抱くホリー（15歳）

同じ家族でも、親によく似た子どももいれば、全く似ても似つかない子どももいます。親は自分に似た子どもに目をかけ、似ていない子どもにはかまってやらず、疎外感を与えてしまうこともあります。親には子どもを傷つけたり、分け隔てて愛情を注いだりするつもりがなくても、他のきょうだいのほうがかわいがられていると誤解してしまう子どももいます。

15歳の少女、ホリー・バーンスタインの場合がそうです。妹のティナは２歳年下ですが、そのスポーツの才能にホリーはとてもかないません。スポーツでは、ホリーもずっとそこそこの活躍を見せてきましたが、ティナは天賦の才能に恵まれています。母親とよく似てスポーツ万能です。数週間前からずっと、母親とホリーの関係はうまくいっていません。2人でたびたび言い争うようになり、バスケットボールのことになると特にそうです。母親はホリーがユースから中学校までずっと続けてきたバスケットボールをやめると言い出したことを心配しています。そのうえ成績まで落ちてきていて、それは学業優秀なホリーには考えられないことでした。母親はホリーとの関係を修復したいと思っていますが、当人の気持ちに気づいてやることができません。ホリーは、スポーツ選手として自分には母親や妹ほどの才能がないのだと悟ってしまったのです。そう気づいたことで疎外感を覚え、自分は価値のない存在なのだと思うようになっています。

ホリーは、母親のような優れた選手になろうとずっと頑張ってきましたが、その目標に手が届いたことはありません。幼いころは、母親のユースチームでプレーしていました。母親は、高校時代に全米代表入りして大学でもスター選手として活躍し、ユースチームの誰もが憧れる存在でした。その娘であるホリーは、母親からはもちろん、ほとんどどのチームメイトからも、同じようにすごい選手になると期待されていました。ところが、ユースチームに入って数か月後には、ごくふつうの選手にすぎないことが明らかになってきます。練習の前後にもトレーニングを重ねていましたが、あまり上達は見られませんでした。うまくなれない自分に失望し、ホリーは母親の期待に応えるのは無理なのだと思うようになります。

母親は、ホリーが時間をかけて成長していくことに望みを託し、何とか上達させようとたびたび厳しく接しますが、それがかえって災いして２人の間にはひずみが生じていきます。練習中、母親は容赦なく怒鳴りつけます。「何やってんの、ホリー。もっと足を動かして」。ホリーは母親から檄《げき》を飛ばされるのは嫌ではなかったものの、のびのびとプレーすることができませんでした。しょっちゅうつまずいたり、バランスを崩したり、下手をすれば、ボールを受けたときにトラベリングを犯してしまうこともありました。母親が気にとめることがなくても、ホリーはミスをするたびに、人目ばかり気にするようになりました。

そのうち妹のティナが母親のチームでプレーするようになり、たちまちスター選手として活躍し始めます。ティナと母親は、早くから練習に出かけていくことも多く、一緒に過ごす時間が増えていきました。それに伴って、ホリーは学校から帰ってきても、父親はまだ仕事中なので、ひとりで過ごすことが多くなりました。夕食では、もっぱらティナの上達ぶりやそのすばらしいプレーの話題ばかりが持ち上がります。

「ティナの出したあのパス、ちゃんと見せたかったわ。ティナの歳を知らなかったら、高校生がやってるプレーだって、きっと勘違いしてたもの」。ホリーは気持ちを腐らせず、妹の活躍ぶりを喜んでやりたいと思いつつも、自分の存在は母親の目に入っていないのではないかと不安になっていきます。それから数か月のうちにホリーの学校の成績が落ちて、両親は問題が起きていることに気づきます。

ホリーの母親は、どうすればいいのでしょう。ホリーにもう一度バスケットボールを頑張ってみるように勧めて、親子の共通点を増やしたほうがいいのでしょうか。ホリーに嫌な思いをさせないように、ティナが見事なプレーを見せてもあまり騒ぎ立てないようにするべきなのでしょうか。そうすると、今度はティナに対して不公平になってしまうのではないでしょうか。才能あふれる者や実力の劣る者など、さまざまな選手を受け持つコーチは、似たような問題に直面します。そんな選手たちが一致団結して、1つのチームとしてうまく機能していくようにまとめ上げなくてはなりません。これは子育てにも当てはまる話で、子どもの能力に差がある場合はなおさらです。

分け隔てない姿勢は、個々の得意を知ることから

このような問題を解決するには、親は子どもに対して分け隔てなく愛情を示すように努力しなくてはなりません。ホリーのケースでは、ティナがバスケットボールに興味を持ち、熱心に打ち込んでいることを母親が喜ぶのは無理もないことです。その喜びを抑え込んでは、ティナに対して不公平になってしまいます。ティナは天性の才能に恵まれていますが、選手として成長していくには、母親の励ましやサポートが必要です。しかし、母親の支えを必要としているのは、ホリーも同じです。青年期の女子が、大人へと成長していくなかで自分らしさを意識できるようになるには、特に母親の助けが必要なのです。そのサポートの一環として欠かせないのが、本人の得意なものを見つけることで、それがきっかけで母娘どちらも喜びを味わえるようになるかもしれません。

ホリーの場合、他のスポーツをやってみるのもいいでしょう。水泳やバレーボールなどに転向すれば、ホリーにとって母親は同じ競技に精通した厳しいコーチではなくなり、自分を応援してくれる存在となります。それに、自分は大切な存在で愛されて

いるのだとホリーが思えるようになる方法は、両親の手で他にも見つけてあげられるかもしれません。自分は愛されているという意識を持つことができれば、ホリーも高校の学校生活やスポーツや勉強でつらいことがあっても、乗り越えていくための元気が湧いてくるでしょう。

母親が厳しくしすぎなければ、ホリーはバスケットボール選手としてもっと活躍できていたかもしれません。**いちばん上の子どもは通常、親から人一倍目をかけられ、大きなプレッシャーを向けられるものです。**ケガをするのではないかとか、勉強でもスポーツでも目立たない存在になるのではないかと、親は過剰に心配してしまうのです。ホリーの両親は上の娘が人より秀でて自分も楽しめるようになるには、家族が何とかしてやらなくてはいけないと考えていたのかもしれません。

ホリーの母親については、3ステップアプローチで時間をかけて検証してみることが有効でしょう。いいプレーをしなくてはとプレッシャーを感じながらも、妹ほどの身体能力がないことを気にしている、そんなホリーの気持ちを理解することができれば、母親は彼女に対して厳しくするのを控えようと考えるかもしれません。それに、スポーツ選手として優秀であることにばかりこだわってきたと認めることができれば、どれほどティナをひいきしてホリーをないがしろにしてきたのか、もっと敏感に感じ取れるようになるでしょう。とはいえ、当然のことながら、こうしたステップを踏んでいくのはきわめて困難です。

実際、ホリーの母親は、自分のことも上の娘のこともよくわかっていません。自分が高校時代、バスケットボール選手としてとても充実した貴重な経験をしてきただけに、ホリーに対する期待も大きくなり、必要以上に追い込んでしまっています。そんな母親が一歩引いて娘を見守るというのは難しいものです。これまで診療してきた家族のなかには、いちばん上の子どもに大きな期待をかけて、すばらしい成果をあげたケースもあります。しかし、ホリーの場合、かけられる期待があまりにも大きすぎて、まずまずの才能がありながらそれを十分に活かしきれていないのです。ティナは妹という立場の恩恵にあずかって、しかも母親の期待をしのぐ活躍を見せています。妹というのは長女に比べれば気楽なものです。何より大切なのは、両親がどちらの娘に対しても平等に気を配るよう努力することです。

どんなことがあろうと、愛情を持って子どもを育てるのは一筋縄ではいかないものです。ましてや、自分とは全く違うタイプの子どもであればなおさらです。それでも**有り難いことに、子育てには失敗の余地があります**。実際、イギリスの有名な精神分析家のドナルド・ウィニコットが述べているところによると、「共感の失敗」という、親が意図しない失敗から子どもは成長できるのです。**親の欠点や失敗するところを見て、子どもは親の力を借りなくても問題を解決できるようになっていきます。**自分の能力を頼りにするようになり、そこから自立心が芽生えます。たとえば、青年期の子どもは、自分のパフォーマンスにいろいろと口を出してくる父親が、実はあれこれコーチしていけるほどの専門知識がないことに気づくということがあります。これは父子にとって残念なことでしょうが、大切なのは選手本人が大人に向けて成長していくことです。父親からのサポートが続くとしても、息子は別のコーチの指導を受けて前進していこうとします。

親にとってとりわけ大変なのは、子どもは自分とは別の人間で、備えている特徴も才能も全く違うのだということを忘れないようにすることです。それができれば、子どもが自分らしさを大切にすることに喜びを感じられるようになるでしょう。

第8章　男子と女子スポーツでの共通点と相違点

あるクロスカントリーのコーチはこう言っています。「練習では、男子には本気で厳しくします。必要なら怒鳴ったりもしますよ。でも、女子チームで同じことをやったら、みんな自分が厳しくされていると思い込んで、音を上げてしまう子も出てきます」

別のコーチは、女子のバスケットボールの試合でこんなふうに言っています。「チームプレーにかけては、女子のほうがはるかにうまいよ。女子は自分勝手なことはしないからね。うちの男子選手たちじゃあ、そううまくはいかない。みんな個人技ばかりに夢中だからな」

性別による違いについて知る

スポーツ競技という観点から男子と女子を大きなグループとして比べてみると、全体的にいくつか違いが見られます。たとえば、男子は女子よりも攻撃的なところがあります。ただし、例外も存在します。とても負けず嫌いの女子がいれば、逆に穏やかでおとなしい男子もいます。しかし全般的に見れば、女子のほうが協調性にあふれ、人を思いやる気持ちが強く表れる傾向があります。この特徴をうまく活かせば、競技の場でチームメイトとしっかりとした連携を図ることができます。しかし、女子には感情的になって人につらく当たるところもあります。男子の場合は概して、気持ちで強くつながることを求めたりはしません。自分が安心するため、あるいはいいプレーをするために、女子ほどこうしたつながりにすがるようなことはしないのです。

世の中が変化しつつあるとはいえ、スポーツは依然として男子に強く推奨されています。実際、高校でスポーツ競技をやる男子は女子に比べて多く、ユースでもその比率は男子が女子を上回っています（男子が63パーセントに対して、女子は37パーセント）。

男子は女子なら避けては通れないスポーツの問題に悩まされるようなこともありません。たとえば、筋肉がついて見た目がどうかとか、短距離走で男子を負かすべきかどうかとか、汗だくになるほど頑張ったほうがいいのか、それともメイクが崩れないように控えめにしたほうがいいのか、といった問題です。アスリートであることは、女子はこうあるべきという思い込みと相容れない場合があるのです。

男子と女子の違いを十把一絡げに捉えて、子育ての指標にするのは賢明とはいえません。女子だろうと男子だろうと、その子独自の特徴を知り、長所や短所を見極めるほうが、ずっと有益な情報が得られます。スポーツにおいてコーチや親、競技経験自体に求めるものには、男子も女子も共通している部分がたくさんあります。年齢や男女で違いが表れるのは、スポーツに対する取り組み方です。

男子と女子の自信

一般的に、青年期前の子どもがスポーツに夢中になるのは、男子も女子もほとんどが楽しむためです。たとえうまくできなくても気にするようなことはありません。身体を動かして友達と一緒にいられるだけで楽しいからです。しかし、大事なのは勝つことだけだ、と親やコーチ、年上のきょうだいからあおられるようになると、楽しいばかりではいられなくなります。そんなときに大切になってくるのが自信を持つことですが、残念ながら今日では、勝たなければ自分には価値がない、といった考え方を幼い時期から叩き込まれます。スポーツに携わっていると、友達を打ち負かそうとしたり、親やコーチから自分が目をかけてもらえる存在かどうか見極めたりすることが求められます。子どもがそんなふうに仕向けられるようになると、問題が生じます。

このような考え方による影響の受け方は、男子と女子とでは少し違うようです。自信を持つことには、性別問わず誰しも苦労するものですが、女子のほうがより大変な思いをしています。何かに失敗したり、自分にダメな部分があったりすると、女子はとかく自分のせいだと思い込んでしまうところがあります。たとえば、こんなふうに考えたりします。「あの子みたいにうまくなるなんて、私には絶対無理」「あんなに速く走るなんて、とてもできそうにないわ」。女子の場合、「〇〇みたいに速く走れない」とか、「〇〇みたいに強くなれない」とか、「〇〇みたいにうまくできない」というふうに、身近にいる誰かの名前を使って表現したりします。このような否定的な考え方に陥ると、完全に自信をなくしてしまう場合があります。負けず嫌いな女子であればなおさら、完璧主義で自分に対して厳しいことが当たり前になります。このような葛藤を抱えていると、プレーに集中していないように見えてしまうことがあります。自分に対して絶えず否定的な評価をしていると、どうせ自分にはできないのだからと、競技への意欲を失いかねないのです。こうした女子が設定する目標は高すぎて、達成できずに失望感に打ちひしがれることが多く、しまいには努力しても無駄だと思い込んでしまいます。このような思考に陥っては、スポーツを楽しめなくなります。不安ばかりが募り、次の大会のことが気になって夜も眠れなくなるといったこともあるでしょう。

コーチや親が女子に運動能力について話をするときは、本人に自信を持たせるために言葉を慎重に選ぶようにすることです。話す内容も口調も大切です。改善が必要な技術については、励ましの言葉も交えながら詳しくフィードバックすると、実に効果的です。全体的に穏やかな口調で伝えれば、話もよく呑み込めるでしょう。本人が大切にされていると思えることが必要で、こちらがやさしく接すれば、相手を尊重している気持ちも伝わります。自分は理解されているという実感が持てれば、喜びや充実感も増し、スポーツにのびのびと全力で打ち込めるようになります。

男子は困難な状況に陥ると、コーチなど周りの誰かのせいにしがちです。男子は自信を失うと、自力で何とかしようとするのではなく、人に責任転嫁する傾向があります。「僕はどうせコーチに嫌われてるんだ」とか「あのコーチはわかってないんだ。あんなピンチの場面、切り抜けられるわけないだろ」という具合に。あるいは、気持ちを抑えきれずに、こんな言葉を吐き捨てるかもしれません。「こんなつまらないスポーツ、もう嫌だ！」。そんな息子に対してはこう言い聞かせることです。スポーツというのは実際、ある程度、頑張らなくてはならないもので、一生懸命やれば、自信も取り戻せるようになるのだと。

男子と女子のスポーツ関連のスキル

運動能力に関していえば、生まれたときは男子も女子もほとんど差がありません。1～3歳のころは男の子のほうが活発でやんちゃな遊び方をしがちですが、学校に上がるころになると、走ったり跳んだり、身体の強さやバランス力は、男子も女子も変わらなくなり、青年期前までその状態が続きます。青年期に入ると、男子は女子と比べて身体が大きくなって、足も速くなり、力も強くなる傾向があります。

男子も女子もスポーツで上達するかどうかは、指導方法や、本人の意欲や取り組み方——これは親の価値観に大きく影響されますが——や、個々の才能によって変わってきます。生まれながらのスキルや能力には、人によって大きな違いがあります。子どもが特定のスポーツで優れた能力を発揮するかどうかは、たいがいの場合、性別ではなく、個人の能力にかかっています。強いて男女での傾向の違いを言うならば、女子の場合、ミスしたことを内在化して——つまり、失敗の原因は自分にあると考えて自力で何とかしようとして——上達スピードが速くなることもあります。

男子と女子の自分の身体との向き合い方

昔からの風潮として、男子と女子とでは期待されることがおそらく違うので、スポーツをやっていくうえで身体に対して抱く不安も大きく異なります。女子の場合、青年期を迎えると、体重や体型のことを気にするようになり、こうした悩みをずっと抱えていく人はたくさんいます。女子のほうが男子に比べて食欲異常や摂食障害（食欲異常の一種にすぎませんが）に陥るリスクがはるかに高いのです。また女子の場合、その危険性はスポーツ選手のほうが競技をやらない人と比べるとさらに大きくなります。なかでも、筋力を求められる競技の女子選手は特に困難な苦境を味わうことになります。女子は、世間的に見栄えいいスタイルを維持したいと思うものです。パワーや筋力が必要な競技をやっている場合、ハードなトレーニングを積んで「マッチョ」になるか、腕も脚も体つきも比較的ほっそりとしたスタイルを維持するかで悩んでしまうことがあります。

大学で全額支給の奨学金を受けている、ある三段跳びの選手が最近、まさにそんな女子アスリートならではの悩みに陥っていました。担当のスポーツ心理士には、その胸の内を打ち明けていました。「ものすごく気をつけていないと、太ももが太くなりすぎちゃうんです。ウエイトトレーニングを頑張るのは全然嫌いじゃないんですけど、スクワットとかそういうトレーニングは、ものすごく嫌なんです。トレーナーが見ていないときは、やめちゃいます。だって、太ももがめちゃくちゃ太くなったら、カッコ悪いですもん！」。注目すべきなのは、身長約１６８センチ、体重約54キロのこの女子選手が、脚が太くなるのを恐れていることです。それも、脚を鍛えれば、記録を伸ばせるかもしれないのにです。８年近くも三段跳びの選手としてトレーニングを続けてきて、全額支給の奨学金を受けていても、いまだにスタイルをとても気にしています。「見た目の良さ」と引き換えにパフォーマンスを犠牲にしても構わないと思っているのです。

女子はアスリートであるがために、自分の身体を余計に意識するようになります。身体の動きの感覚にも、見た目に対する周囲からの評価にも敏感になるのです。身体が引き締まっていると、パフォーマンスが向上しやすくなることは本人もわかっています。男子は引き締まった体型を維持しながら容易に筋肉をつけることができるのに対し、女子は脚やお尻や胸に脂肪がついてきます。そんな現実を目の当たりにするのは若い女子選手にしてみればさぞかしつらいことでしょう。こうした問題にどう向き合っていくか、女子の場合はひとりで勝手に危ない結論に至ってしまう恐れがあります。

高校生や大学生の女子は、やせたり細い体型を維持したりするためにダイエットしたり、栄養不良に陥ったりします。そのせいでパフォーマンスが低下し、健康も損なわれてしまいます。この年頃の女子は、臨床的にも準臨床的にも摂食障害の危険にさらされています。つまり、精神分析医が摂食障害と診断を下す基準を完全ではなくても、一部でも満たすような状態に陥るリスクがあるということです。フィギュアスケートやダンス、体操など、見た目の美しさという意味でスタイルの良さが重視される競技の女子選手は、そういった危険性がより高まります。こうした女子選手たちは、早ければ5歳のうちから体重を気にするようになります。食事量を減らしたり、絶食したり、下剤を使ったり、過剰なトレーニングをしてカロリーをできる限り消費し、細い体型を保とうとすることもあります。摂食障害は、選手の性格的なところだけでなく、コーチ、親、競技結果に追い込まれることで引き起こされる場合が多いのです。

男子選手も体脂肪率に関連した問題に直面することがあります。大学でスポーツ奨学金を受けている、身長約2メートル3センチのバスケットボール選手のジョーから最近聞いた話によると、彼はこんな身体の悩みを抱えています。「うちのチームで太ってると、もう大変だよ。僕の体脂肪は14パーセント。コーチやトレーナーには、ものすごく厳しくされるんだ。脂肪を燃やすために必要以上のトレーニングをやらされる。僕だって『割れた腹筋』はほしい。だけど、なかなかみんなのようにはならないんだよ」。男子であっても、どこまで身体をしぼれるかは一様ではありません。なかなか理想的な体型になれない人もいます。

筋肉がつかないことを気にして「身体を大きくしたい」と思うあまり、運動能力を高める薬物に手を出そうとしたり、実際に使ってしまったりする恐れもあります。マサチューセッツ州で行われた調査によると、高校生の男子のなかでこれまで1度でもステロイドを使ったことがあると答えたのは、全体の約3パーセントという結果が出ています。最近、ある大学のアメフト選手が、ディビジョン1のチームに入った経緯について明かしてくれました。「大学の奨学金を受けるためには、『ステロイド』を使うしかなかったんだ。僕はもともと身体が大きいほうじゃなかったからね。今ではチームでいちばんっていうくらい大きくなれた。薬を使った甲斐があったってことさ。使ってなかったら今ごろ、ろくでもない人間になっていたはず。ホームレスになってるか、刑務所に入ってるか、だろうね。後悔はしてないよ」

筋肉をつけようとするのに使うのは、何も違法な薬物ばかりとは限りません。健康食品の店には、クレアチンやプロテインパウダーといった、長期的に悪影響をもたらすと見られている合法的な商品が並んでいます。男子も女子も選手たちはトレーニングの合間にそうした製品を摂取して手っ取り早く疲労回復を図り、筋肉量を増やして「割れた腹筋」を手に入れようとします。このような製品によって、幼いうちから青年期の子どもまでがどのような悪影響を受けるのかについては、まだ十分な調査が行われていません。しかし、大人がプロテインサプリメントを過剰に摂取すると、腎臓障害などを引き起こす恐れがあります。青年期くらいまでの子どもの場合には、大人と同等かそれ以上の危険がもたらされる可能性もあるのです。それでもこうした合法的なものは、筋肉量を増やしたり脂肪を減らしたりするために広く使われています。ある大学のホッケー選手からは最近、こんな話を聞きました。「ステロイドなんて、絶対使わないですよ。そんなものを使ったら、ムキムキになりすぎて最高のプレーなんてできないですから。でも、クレアチンなら問題ないです。実際、トレーナーからも勧められてますし。ただ、常用するのが良くないのは、ちゃんとわかってますよ。数週間だけ使って、身体を回復させるのがベストです」。子どもが現実的とは思えない体格や体型になるよう強いプレッシャーをかけられた末に、このようなサプリメントに走るということもあるのです。

アスリートが身体を脅かす例は他にもあります。レスリングの選手は飲まず食わずで数日のうちに4.5キロくらいから７キロ近くまで減量したり、アメフトのオフェンスラインの選手は暴食を重ねて10キロ近くも体重を増やしたり、体操やフィギュアスケートの選手は過度な絶食をしたり、ダイエット薬を飲んだりしてスリムな体型を保とうとします。こうした体型や体格に関わる問題については、子どもとこんなふうに話してみる必要があります。「週に何度もコーチにウエイトトレーニングをやらされているようだけど、大丈夫なの？」

あるいは、男の子に対してはこんなふうに聞いてみることです。「体重を大幅に増やせ（または、減らせ）とすごいプレッシャーをかけられているようだけど、大丈夫なの？　健康的に体格を変える方法を知りたいのよね」。コーチや競技でのプレッシャーによって、子どもが身体を害してしまうほど無理やりに、あるいは急激に肉体を改造するよう強いられていないかどうか確かめておく必要があります。コーチの指示やその競技だからこそ求められることを無視するわけにはいきません。それでも、競技を続けながらも健康を維持していけるよう、子どもに賢明な判断をさせることはできるでしょう。

しっかりとした情報や親の見守りがあれば、こうした問題を避けることができます。たとえば、女子も男子も自分に適した食べ物を取り入れるためには栄養に関する情報が必要です。また、本人が体型を気にしているのであれば、その点にも少し気を配ってやらなくてはなりません。たとえば、計量が極めて重要な競技であれば、コーチは体重管理をスポーツ医療スタッフに任せて選手が失格にならないようにするでしょう。親としては、子どもに体格にあった競技を勧めるという手もあります。そうすれば、競技のためだとか、コーチに言われたからだとか、そんな理由で子どもが肉体改造を余儀なくされることもなくなるでしょう。

男子と女子の周囲の人や友達との付き合い方

中学校の廊下で友達と過ごしたことがある人なら、男子と女子とでは周りとの付き合い方が違うことがわかるでしょう。たとえば、男子のほうが活発で、女子のほうは流されやすいところがあります。このような男女の違いについての研究は、アメリカの心理学者エレノア・マッコビィが何年も前に取りまとめて発表していますが、その捉え方は今日でも重要視されています。

男子も女子も3歳から少なくとも11歳くらいまでは、圧倒的に同性同士で遊びたがります。男子は特に、遊びに女子が入り込んでくるのを嫌がります。男子のほうが大人数で遊ぶことが多く、遊び方も女子より激しく、広い場所を必要とします。男子はよく外で遊び、女子はたいがい自宅か友達の家で遊びます。女子は1人か2人の友達と特別仲良くするところがあり、自分の気持ちを友達に打ち明けることが友情の証となっています。男子の場合は、お互いに興味のあることやさまざまな活動を通じて友達になっていきます。

男子と女子とでは、話し方にもいくつか興味深い違いがあります。男子のほうは、とかくよく口をはさむところがあります。人を思い通りにしようとしたり、脅かしたり、自慢したり、特に相手が女子の場合はなおさらですが、他の子どもが要求することを拒んだりします。また、相手をなじったり、からかったり、悪口を浴びせたりして、言葉でやり込めようとする面もあります。それに対して女子は、言われたことに同調し、相手の話にもきちんと耳を傾けます。

話すことは、男子にとっては自分が主導権を握り、相手より優位に立っていることを示す手段であり、女子にとっては社会とつながりを持ち、人間関係を築く手立てになっている傾向が見られます。これはあくまでも大まかな意味での一般論です。人との関わり合い方は、個性や状況によって大きく変わってきますが、この違いは競技においても男女それぞれの特徴として表れてきます。

男子のほうが結果を重視し、課題を克服することに対して一生懸命になります。結果にこだわるところがあるので、勝利という目標に集中することで、たとえ、すごく苦手なチームメイトがいても、勝つために力を合わせられる限りは、ともにいいプレーをすることができます。また、グラウンドやコート上で激しくやり合っていたとしても、試合が終われば、そんなわだかまりも水に流せることが多いのです。

一方、女子は結果を出すことを大事にしつつも、チームメイトやコーチとの人間関係を優先し、協調性を大切にします。試合中のわだかまりも引きずりがちです。ですから、女の子の場合、チームメイトやコーチとうまくいっていないと、パフォーマンスが一気に低下してしまうことがあるのです。例を挙げると、サッカーチームの女子2人が、ボーイフレンドをめぐってけんかしているせいで、お互いにボールをパスしないということもあります。逆に、チーム内で互いに支え合っていたり、親友同士であったりすると、その相手のためならほとんどどんなことでもできてしまうものです。高校のサッカー部のゴールキーパーを務めるジェシーはこう言っています。「自分のプレーのことでチームメイトから責められるのは嫌なんです。前回の試合で、ゴールキーパーとして全然だめだったんですけど、それは、親友が私のことを怒っていると思っていたからなんです。でもその試合のあとで本人から聞いたんですけど、別に私に対して怒っていたわけではなかったんです。ただ、チームが負けているのが悔しかっただけだったんです。お互い、何事もないとわかったら、翌日の練習では絶好調になれました」

女子の場合、若いうちは、直感やモチベーション、自分が評価されているという実感が持てるかどうかは、周囲との関係に大きく左右されることがあります。競技に携わる女子にとっては、こうしたことが有利に働くこともあります。お互いに力を出し合って、自分でも思いがけない、周囲の期待を上回るようなすごいことができてしまうケースはよくあるのです。逆に、人間関係がうまくいかないと、それが大きな障害となってトップレベルのパフォーマンスが発揮できなくなる可能性があります。

男子と女子の判断力

生化学的な違い、あるいは社会との関わり合いによるものにしろ、女子の場合は感情移入することで物事を見極め、男子は公平だと思えることに基づいて判断するところがあります。

とはいえ、４、５歳以下の幼いうちは、男女ともに自分の望みや最高だと思えることから判断する傾向があります。年齢を重ねて青年期前になると、自分のグループ――おそらく友達やチーム――にとって最良なことに基づいて判断するようになります。ただし、そうすると、間違いなく問題が生じてきます。親は子どもに――特に男子に対しては——やじられたり、負けたりしたときにどんな気持ちになるのか、チームメイトや対戦相手のことを思いやるよう促さなくてはなりません。女子の場合は、みんなに対して公平に考えられるようにしなくてはならないでしょう。親友のためだけではなく、チームやリーグ、競技そのもののためという発想に切り替えるということです。**男子も女子も的確な判断ができるようになるためには、思いやりの気持ちや正義感を養っていかなくてはならないのです。**

男子も女子も、今日のスポーツ界に蔓延している「何がなんでも勝つ」という姿勢に判断力をかき乱されてしまうことがあります。温かい思いやりや強い正義感をどんなに見せたとしても、何があっても勝て、というプレッシャーにさらされては、そんな気持ちも失せてしまいます。

そうしたプレッシャーによって、男子であれ、女子であれ、子どもは間違っているとわかっていることに手を染めてしまうことがあるのです。たとえば、テニス選手なら、入っているボールをアウトだと主張してみたり、アイスホッケーの選手であれば、審判が見ていないところで卑劣なプレーを行ったり、競泳選手なら、必要に応じてタイムをごまかそうとしてみたりするかもしれません。また、過剰なトレーニングや過食、薬物の使用、過度なダイエットなど、身体を害してしまうようなこともやりかねません。競技に関して期待を寄せられると、子どもは的確な判断ができなくなってしまう恐れがあります。親がそうした悪影響が及ばないようにしてやることができれば、子どもの判断力はスポーツの良さを通じて磨かれていくでしょう。

第９章

親も子も感情的になってしまう

——熱心さゆえの怒りをどうするか

ユースや高校、プロの競技大会で大人たちが激高する姿をふだんから目にしている子どもに、感情をコントロールするよう言い聞かせるにはどうすればいいのでしょう。自分の子どもは、周りの大人のそういったふるまいに影響を受けるようなことはないと考えているのだとしたら、それは短絡的すぎるというものです。

プロスポーツの悪しき影響

スポーツにまつわる暴力は、プロの世界でも蔓延しています。メディアにとっては、選手が激高する姿は話題になるネタでしかなく、事実、プロのスポーツ選手同士が乱闘騒ぎを起こすと、テレビ視聴率が一気に跳ね上がります。メディアはそれで儲かるとしても、子どもにとっては害をなすもので、スポーツの品位も損なわれます。

大人が自制心を失うと、他人をどれほど危険な目に遭わせるのか。その最たる例となったのが、2004年の秋にNBAのインディアナ・ペイサーズのロン・アーテストが起こした事件でした。その舞台となった試合の対戦相手は、NBA前年王者のデトロイト・ピストンズ。この試合でロン・アーテストは、レイアップを決めにいこうとしていた、相手チームのベン・ウォレスにファウルを犯します。そのファウルは悪質で、腹を立てたウォレスはアーテストを激しく突き飛ばします。アーテストはひとまず冷静になり、それ以上手を出すことは避けました。ところが、その後アーテストは記録席に寝そべり、そこへファンの1人が冷たい飲み物のカップを投げつけ、それがアーテストの頭に命中してしまいます。そのあとには、ぞっとするような展開が待っていました。アーテストは飛び起きて、カップを投げつけたと思われる相手に襲い掛かり、殴りつけてもみ合いとなります。ファンも他の選手も巻き込まれ、会場全体が乱闘騒ぎで大混乱に陥り、その一部始終がテレビで中継されました。会場のあちこちで食べ物や罵声が飛び交い、殴り合いが繰り広げられました。この出来事のあと、セラピーを受けにきた幼い患者のなかには、事件のことを面白くて笑えたと言う子もいました。乱闘シーンを見るのが好きだと言っていた子もいます。子どもがそうしたスター選手たちの真似をして自分を見失ったとしても、ちっともおかしくありません。

2003年の秋、私たちはヤンキース対レッドソックスのプレーオフシリーズの第3戦を観に行きました。その日はすばらしい快晴の土曜日でした。このシーズンをもってヤンキースを退団するロジャー・クレメンスと、ペドロ・マルティネスという、名門チームのメジャー屈指の両エースが投げ合う最後の試合とあって、多くの父親が息子を連れて観戦に訪れていました。これ以上の試合があるでしょうか。その答えは、いくらでもある、という結果に終わってしまいます。

子どもたちにとって生きる伝説であり、ヒーローでもある、プロのメジャーリーガーたちは、大勢のファンが見守るなかで野球選手にあるまじきふるまいを見せたのです。両軍の投手が打者の頭付近に速球を投げ込むという応酬の末に、ヤンキースのベンチコーチのドン・ジマーがレッドソックスのエースピッチャーのペドロ・マルティネスに殴りかかっていきました。もとはと言えば、マルティネスがヤンキースの打者の1人にデッドボールを与えたのが原因でした。この日の乱闘シーンやそのほかの衝動的な場面は、観戦していた子どもの記憶にずっと焼きつけられるものとなりました。この出来事は、何週にもわたってテレビで繰り返し取り上げられ、その場にいなかった人たちの目にもさらされ、子どもたちの模範となるべき人物でも、怒りに駆られると衝動的に暴力に走ってしまうことをまざまざと見せつける格好となったのです。

プロスポーツ界でこのような出来事が起こるようでは、パフォーマンスを向上させ、人間としても成長するには感情をコントロールすることが大切だと、親が子どもに言い聞かせるのがいっそう困難になってしまいます。子どもには、憧れの人物の行動に非があるとはなかなか思えないのです。大ごとになる気配がないというのであればなおさらです。大物のプロスポーツ選手は、その行動がどうであれ、称賛されます。ペドロ・マルティネスもドン・ジマーも罰金を科されましたが、このプレーオフシリーズ中は罰せられるようなことはありませんでした。試合から外されたり、シリーズへの参加を認められなかったりすることもありませんでした。2人とも選手とコーチとしてシリーズに参加し続けました。先に触れたバスケットボールの試合の乱闘劇で、ピストンズとペイサーズの選手は、出場停止と罰金の処分を受けましたが、ファンを激しく殴ったジャーメイン・オニールは、出場停止期間が短縮され、テレビ中継される祝日の試合に出られることになります。

これでは、常軌を逸しても大したことにはならないというメッセージが子どもに植え付けられてしまいます。大事なのは勝つことだけで、そうしてプロリーグは娯楽を提供し、利益を上げているというわけです。NBAは不適切な行為に対して毅然とした態度をとろうとしましたが、その措置は、スポーツ文化に必要とされる変化に向けて小さな一石を投じたにすぎませんでした。

先ほど触れたヤンキース対レッドソックスの試合で、ヤンキースのロジャー・クレメンスがずっと感情をコントロールし、勝利を収めたことは、子どもが注目するに値する出来事といえます。クレメンスは、両チームの選手たちが入り乱れて試合が中断している間、肩を冷やさないように努めていました。乱闘には決して加わらず、試合が再開されると、メジャー屈指の打者のマニー・ラミレスを三振に切って取りました。けれどもあろうことか、クレメンスがこの乱闘騒ぎのなかでどれほど冷静さを失わずにいたかについては、ニュースで称えられることはほとんどありませんでした。代わりに注目を集めたのは、70代のジマーコーチがチームのためにマルティネスに殴りかかろうとしていった場面でした。真のヒーローはクレメンスでしたが、メディアやファンからもてはやされたのはジマーコーチだったのです。

このような事態を招くことは非常に由々しき問題ですが、スポーツ界では暴力や衝動的な行動がエスカレートしており、そういった出来事をメディアがこぞって取り上げているのは事実です。残念ながら、このような風潮にあっては、健全なスポーツマンシップを育もうと、全米のさまざまなスポーツプログラムが重ねてきたすばらしい努力も水の泡になってしまいます。

親は子どもがスポーツにまつわることで見聞きし、経験したことと向き合い、プロの試合中に起こる乱闘事件についても包み隠さず話をしなければなりません。感情が爆発したときの真の勝者は誰なのか、そのことについて話し合うといいでしょう。何よりも、親が自分のふるまいや行動に気を配ることが大切なのです。

親の感情コントロールのための４ステップ

子どものプレーを見ていると、すぐに我を失ってしまう人がいます。競技場のような公共の場で観戦していると、プレーに対していろいろな感情が向けられます。自分の子どもが周りにどう思われているのかが気になり、つい影響を受けてしまいます。うちの子どもはいい選手と見られているんだろうか？　子どもが取り乱してカッとなったら、親としてどう思われるんだろう？　子どもが何かをやらかしたら、親が悪いと責められるんだろうか？　他の子はうちの子を怖がっているんだろうか？　スタンドや脇から見ていると、いろいろな感情が湧いてくるものの、ただ見守ることしかできず、無力感に苛まれます。

場合によっては罪悪感を抱いたり責任を感じたりすることもあり、親はこうした感情に押しつぶされそうにもなります。子どもが他の選手に暴力をふるったり、対戦相手に殴られたりしたら、カッとなったり、神経が高ぶったり、ゾッとしたりしてしまいます。タガが外れてしまう場合もあります。

問題は瞬時にすべて解決できるわけではないと認めるのも、１つの前向きなアプローチです。それでも、先々で同じことが繰り返されないように手を打つことはできます。思わずカッとなってしまうような場面でも冷静でいられるようにするには、次の４ステップが役に立つでしょう。

ステップ1　ひと呼吸おく

まずは何もしないこと。何かを言ったりやったりする前に、深呼吸して冷静になりましょう。子どもが審判にひどい判定を受けたり、対戦相手からファウルを受けたりするのを見ているのはとてもつらいものですが、行動を起こす前に少し時間を稼ぐことが大切です。起きたことについて見逃していたり、誤解したりすることもあります。落ち着いてひと呼吸おいて気持ちをフラットにすれば、そうした状況にもうまく対応できるようになるでしょう。

ステップ2　自分の気持ちをはっきりさせる

言葉を口にする前に、想像してみましょう。自分の話を誰も聞いておらず、何を言っても構わないのだとしたら、何と言うだろうかと。たとえば、自分の子どもがグラウンドでカッとなって相手選手を殴っているのを目にして、「くそっ！　何やってるんだ。親に恥をかかせて。まったくムカつく！」などと言いたい衝動に駆られたとします。それでも、こうしたセリフを口に出して言う必要はありません。ただ、感情を言葉として頭でイメージすることで、自分の気持ちを大事にしながらも、状況を悪化させないうちに真摯に対応することができるようになるでしょう。

ステップ3　冷静かつ毅然とした態度で話す

怒鳴り声を上げて感情的になっても、子どもを落ち着かせることはまずできません。怒りを鎮めて的確にうまく接するようにするにはどうすればいいのでしょう。子どもや審判や相手チームの選手に向かってわめくのではなく、こんなふうに言って聞かせるといいでしょう。

「どうした？　あんなことをして、らしくないぞ。審判にひどい判定をされたからって、相手の選手を殴っていいってことにはならないだろう」

「とにかくすぐにベンチに下がろう。このまま試合に出るよりもまずは落ち着いて、事情を話すのが先だ」

こんなふうに言えば、こちらが怒っているのに加えて、心配していることや、こうした自分の行動がどういう結果を招くのかを示すことができます。

感情が高ぶりすぎて、うまく立ち回るにはどうすればいいのかわからなくなってしまっているなら、正直に伝えることです。「今のこの状況にあまりにも腹が立って、なんて言えばいいのかわからないんだ。ひとまずベンチに座ろう。お互い落ち着いて話をしよう」

このように言うと、腹を立てるのは悪いことではなく、慌てて行動に出ないほうがいい場合もあるということを子どもに身をもって示すことができます。

子どもを試合から下げるのは、あくまでも建設的な目的のためです。こうすることで、子どもと相手選手の安全を確保し、起こった出来事を振り返る機会を与えることができるのです。

ステップ4　迷ったときは相談する

親自身も自覚していることですが、強い感情が湧きあがっているときに、思わず口にしてしまった言葉が功を奏するということはあまりありません。そんなときには、行動に出る前に迷わず配偶者や同僚や友人に相談してみることです。

ステップ１～４で伝えたように、基本的には、ひと呼吸置くことが大事ですが、迅速な対応が求められる場面もあります。収拾のつかない乱闘騒ぎなど危険な非常事態を迎えたときには、ためらうことなく学校の警備員を呼ぶか、警察に通報しましょう。緊急時には、行動を起こすことに躊躇してはいけません。

親は自制心を失わないようにすることが大切です。親が手本となるような適切な行動がとれないだとか、我が子が道理に反してもそれを正すことができないようでは、本人がスポーツで非常に苦しい思いをすることになります。親や、コーチや教師といった尊敬されるべき大人が、自制心の限界を嫌でも試されることになる子どもを導いてやらなくてはなりません。

プロゴルフ界のレジェンドのジャック・ニクラウスは、スポーツでは感情をコントロールすることが大切だと父親から教わったことについて、アメリカのスポーツ誌『スポーツ・イラストレイテッド』のなかでこう書いています。

勝つ方法は、勝つことによって学ぶものだとかねてから考えてきましたが、父には敗北からも絶えず学べることがあると教えられました。11歳のころ、父とゴルフをしたときのことです。（中略）15番ホールで、私は8番アイアンでグリーンを狙っていました。130ヤードほど飛ばしましたが、バンカーに入れてしまい、クラブを思わずそのすぐそばまで放り投げたんです。父には、ただこう言われました。「よし、クラブを拾ったら、クラブハウスに引き上げるぞ。今のようなまねは二度とするんじゃない。今度やったら、コースにはもう絶対に連れてこないからな」（中略）私は幼いながらもゴルファーとしての振る舞い方や感情のコントロールの仕方や、ショットがうまくいかなくて気持ちを乱したり、他の選手に惑わされたりしないようにする方法を学ばなければなりませんでした。（中略）集中力を切らさずに、感情を制御することで、プレッシャーのかかる場面でも自分のプレーをすることができるうえに、他の選手なら気を散らすようなことにも動じなくなれます。

注目すべきなのは、ニクラウスの父親がこの出来事に関して怒りに任せて叱ったりしなかったことです。あくまでも厳格な態度で、息子がまた同じようなまねをしたら、手痛い罰が待っているということをしっかりと示しています。幼くても才能あふれる息子にはっきりとしたメッセージを伝えているのです。また、息子に対して冷静な接し方の手本を示し、ついカッとなってしまうような場面でも落ち着きを失わずにいられるというところも見せています。父親がもし怒鳴っていたら、本人にとってこのときの経験がどれほど変わってしまっていたか想像してみてください。父親の言うことなど伝わらなかったかもしれません。ニクラウスの父親に見られるような影響力は衰えることなく、心にずっと残るものです。

そうは言っても、競技では感情を爆発させることがすばらしいパフォーマンスにつながると考える人もいます。

１９８０年代から１９９０年代を代表する名テニスプレーヤーのジョン・マッケンローは著書『You Cannot Be Serious』のなかでこの問題について触れています。マッケンローは感情を爆発させることで集中力やモチベーションを高めているのだと多くの人に見られてきましたが、実際はその逆だと著書のなかで明かしています。

自分を見失ってしまうのは、失敗するのが怖いからだというのです。好きこのんでコート上で異端児のように振る舞っていたわけではなく、自分をコントロールする方法を誰かに教わっていたら、勝てた大会がどれほどあったことかしれないといいます。しかし、彼は才能にあふれていたので、世界の超一流選手のやることにあえて誰も口出ししなかったのです。そんなことをすれば、テレビ視聴率が落ちたり、大企業の懐も脅かしたりしかねなかったでしょう。そうして目先の利益が優先されて、長期的な意味でマッケンロー自身にとっての利益や勝利をつかむ可能性が失われてしまったのです。

ケーススタディ#18　試合相手に殴りかかってしまったザック（16歳）

試合終了まで残り1分半。1対1の同点の場面で、サッカーのゴールキーパーを務める16歳のザックは、コーナーキックが蹴り出されたと同時にゴールエリアから飛び出し、ヘディングシュートをしかけてきた相手方の選手を押し倒します。身長約185センチ、体重約80キロの高校2年生のザックがブロックしようとしていたのは、ボールではありませんでした。つぶしにかかろうとしていたのは、相手選手だったのです。前のプレーで審判から納得のいかない判定を下されて頭にきていたザックは、相手選手めがけて殴りかかっていき、危うく鼻を骨折させるところでした。

ザックはイエローカードをもらい、次に反則を取られれば退場となってしまいます。このプレーによって、相手チームにはペナルティエリア内からの間接フリーキックの権利を与え、勝ち越しゴールを決められてしまいます。自分に腹を立てたザックは、ゴールポストを蹴りつけて足首を骨折してしまいます。ザックは手を借りてピッチから出されると、サイドラインの辺りで泣き出し、コーチにひどく取り乱しながら謝りました。

「コーチ、あんなまねをして本当にすみませんでした。僕はなんてバカなんだ！」

相手選手を殴り、本人は足首まで骨折。そんな息子の姿を目の当たりにしたザックの両親は動揺しています。息子のケガの状態は？　相手の選手にもケガをさせたんじゃないか？　自分たちがもっと厳しくしつけていれば、こんな不祥事は起きなかったかもしれないと、息子がしでかしたことに責任も感じています。

ザックのコーチはニクラウスの父親と同じような態度で本人と向き合おうとします。

「ザック、今度あんなまねをしたら、すぐに交代させてチームもやめてもらうからな。ちゃんと肝に銘じておくんだ。ただ、ちょっと腑に落ちないんだがね。自分をコントロールしろと言われるたびに、君はわかったというそぶりを見せるけど、何かの拍子で急に抑えが利かなくなるよな。どうしてそんなふうになるんだ？」

コーチは、制約を課すことに加えて、さらに踏み込んでザックが自分を見失ってしまう原因を突き止めようとしています。ザックは思いついたことをいくつか口にしますが、その理由をうまく説明できません。「自分でもわからないんです。ただ、さっきのプレーのときには、ものすごく頭にきてしまって。我慢できなかったんです。自分を抑えられなくて。どうしていいのかわからないんです」

さらに話をしていくうちに、ザックはまわり中から目の敵にされているような気がしたと言い出します。こちらを動揺させようと審判が不利な判定をしたとか、相手チームがプレッシャーをかけてきたとか。ザックが敵の得点を防ぐと、相手チームから罵声が上がったとか、サイドライン側の観客がヤジを飛ばしてきたとか。ザックは何を言われても無視し、笑い飛ばそうとしましたが、結局、限界に達し、我慢できなくなってしまいます。ザックのなかでは、怒りや恐れ、失望感や孤独感、さらにバカにされているという屈辱感など、さまざまな感情が入り混じっていました。ザックはコーチに正直にこう打ち明けます。「我慢できなくなってくると、自分で何とかしなきゃいけないと思って相手に向かっていってしまうんですけど、そのときにはもうあとに引けなくなってるんです」

ザックは自分の人格が試されていると感じていますが、実際、その通りなのです。ただし、試されているのは主に、身体ではなく、あくまでも心のほうです。

子どもが自分を見失ってしまう理由を理解するには、生まれ持ったものや育った環境、スポーツ環境について考えなくてはなりません。生化学的、生理学的、認知力的に問題があると、常軌を逸した行動に拍車がかかってしまうことがあります。家系的に衝動制御に問題があったり、注意欠陥・多動性障害（ＡＤＨＤ）を抱えていたりする場合もあります。子どもがそのような病気の診断を受けたら、カウンセリングか薬か、その両方を併用するのか、どういう治療をすればいいのか、親はかかりつけ医や専門医に相談してみることです。

また、幼い選手の場合、学習障害がイライラの原因になっていることもあります。そういった子どもは、コーチのアドバイスを理解したり、複雑なプレーや戦術についての情報を処理したりすることがうまくできなくなってしまいます。気持ちに余裕がなくなり、その結果、パフォーマンスが低下して感情も行動も抑えが利かなくなってしまうのです。競技中にカッとなってまずい行動をとってしまうことが一度や二度あったからといって、それがよくある生理学的な問題の兆候であるとは限りません。しかし、自分をコントロールできない様子が続くようであれば、親は考えられる原因を探ってみたほうがいいでしょう。

スポーツで感情的になったり、不適切な行動をとったりする裏には、他の問題が潜んでいる場合もあります。家族の誰かが亡くなったり、両親の仲がうまくいっていなかったり、家庭内で薬物が乱用されていたり、ほんの数例にすぎませんが、子どもはこうした家庭問題に影響を受けることがあるのです。こうした問題によって心が疲弊し、重荷に耐えきれず、感情をうまく表現したりコントロールしたりすることができなくなってしまうのです。子どもがスポーツで感情をあらわにするのは、間違っていることがあると訴えるためという場合もあります。

また、大声で言い争うなど、家庭で目にしているのと同じような行動をとることもあります。家庭内の問題に取り組むことで、子どもがスポーツで問題行動を起こし続けるようなことも減らせるかもしれません。とはいえ、そう簡単なことではありません。親は3ステップアプローチのステップ2を活用して、自分を見つめ直す必要があります。これは、すぐに結果が出るほど容易にできることではなく、専門家の助けが必要になるかもしれません。

さらに、チーム環境が子どもの行動に影響する場合もあります。子どもがカッとなるのは、チーム内でのいじめやコーチからの虐待のせいかもしれません。チーム内の競争が激しすぎて、それについていけず、苦しんでいるというケースもあります。親はこうした点を見直したうえで、どうするのか考えなくてはいけません。

ザックの問題については、コーチと両親との間ですぐに話し合いの場がもたれました。両親は、ザックが以前からずっと競技の場で見境のない行動に走る傾向があったことや、学校では認知力に関して特に問題があるわけではないけれども、衝動制御が困難な家族がいることを明かします。ザックがわざとひどいまねをするような悪い子どもではないことはわかったものの、本人がその行動を完全に改めるようになるまでには時間がかかるだろうとコーチは考えます。

「相手チームのねらいは、君をあおって試合から引っ込めることにある。勝つためには、相手が存在しないかのように無視して、気を散らそうとばかげたことを仕掛けてきても笑い飛ばしてやろう」。コーチはそんな戦法をザックに授けます。コーチはザックを後押しし、選手は失敗から学べるという実例をチーム全員に示しました。こうしていくうちに、ザックは激しい感情が湧いてきても自分をコントロールし、その能力を活かして最高のプレーができるのだと自信も持てるようになるかもしれません。

この話に触れた親御さんのなかには、こんなふうに言う人もいるでしょう。「うちの子どもにも同じようなことを言ったけど、効果がなかったわ」。親であれば誰しも無力さを感じたことがあるものです。諦めてしまいそうになって、これまで何のために頑張ってきたのだろうかと自分を問いただささなくてはならなくなる場合もあります。それでも、子どもが自分をコントロールできるように時間をかけて辛抱強く教えていくにはもうひと頑張りが必要で、それができるかどうかで状況は変わってくるのです。

ザックの場合がまさにそんなケースでした。激しい感情をコントロールすることにかけて、しだいに目覚ましい成長を見せるようになりましたが、そこに行きつくまでは、山あり谷ありの連続でした。相手チームの選手が気を散らそうとしてきても惑わされなかったと試合後に得意げに話すこともあれば、以前のように愚かな行動に出てしまうこともありました。たとえば、ゴールを決めようと走り込んできた相手選手を突き飛ばすといった具合です。ザックはコーチにすぐさまピッチから下げられ、次の試合も出してもらえませんでした。そうして自分の行動がどんな結果を招くのか、理解するようになります。それから数日後には、コーチと問題点や同じことを繰り返さないようにするにはどうすればいいのかを話し合いました。その内容は毎回、代わり映えのしないものでしたが、そうして話をすることでザックは自分の目標や大切にしなくてはならないことを再認識することができたのです。

ザックのコーチは厳しいけれども、面倒見のいい人でした。ザックのことを見捨てず、それでいて、やってしまったことに対する罰はきちんと与える姿勢は崩しませんでした。制約を設け、それをしっかり守らせることで、子どもは自分をコントロールする術を学び、人格を作り上げていくことができます。ザックは高校の最上級生になるころには、チームのキャプテンとして後輩たちの模範となる選手に成長していました。こうした成長ぶりは、ザックがプレーする他のスポーツでも見られ、両親やコーチ、そして本人の努力が報われる形となったのです。

感情をコントロールすることに関しては、シーズンが始まる前にしっかりとルールを決めておくと、事前に問題を回避することができるかもしれません。たとえば、暴言に対して審判がより厳しくなっていることに、ザックのコーチはシーズン前から気づいていました。試合中に選手が審判に不適切な言葉を浴びせると、自動的に反則を取られるのです。そこで、ザックのコーチは選手たちにこの情報を伝え、練習中に暴言を口にするたびに、コーチ陣も含めてチーム全員で腕立て伏せを10回行うことにしました。この試みは当初、選手たちから失笑を買っていましたが、遊び半分ながらそのうちチーム恒例のお約束事のようになり、選手同士の絆も深まっていきました。プレーがうまくいかなくて、「くそっ！」などといった言葉を選手が吐き捨てたら、コーチが笛を吹き、コーチも一緒に全員が地面に伏せ、「1、2、3、4……」とみんなで一斉にかけ声を上げながら腕立て伏せを始めます。おかげで、ザックのチームは誰一人、シーズンを迎えてから暴言によって反則を受けることは一度もありませんでした。

ケーススタディ #19
絶対に勝ちたい。失敗のたび暴言が出るキャリー（9歳）

キャリーは9歳の飛び込み選手。大事な大会で2度目の飛び込みに失敗し、癇癪を起こしてしまいます。悔しさを発散しようと水中で大声を出してからプールを上がりますが、聞こえてきたのは、審判からの演技失敗の判定。キャリーは思わず声を上げます。「何？　うそでしょ？　こんなのあり得ない！」

キャリーはタオルを投げ捨てて泣き出し、控室に駆け込みます。残りの競技を終えるためにそのあと戻ってきますが、結果は実力をはるかに下回るものでした。おそらく審判は彼女の態度に心証を悪くしたのでしょう。残りの演技に対して非常に厳しい点数をつけたのです。

キャリーは次の大会で調子を上げますが、10点満点中、審判の大半が6点をつけたというのに、1人だけ4点をつけてきたことで、またしてもカッとなってしまいます。

椅子に座ろうと、厳しい採点をした審判の前を通りかかったとき、キャリーは恨みがましくこう吐き捨てます。「私をどうしても勝たせたくないってことね」。その審判はすかさずホイッスルを鳴らし、これ以上、暴言を吐けば、残りの競技への出場を停止するとキャリーのコーチに警告します。この一件を受けて、キャリーの母親は娘にはセラピーが必要だと考えます。

キャリーのこの大会での行動には、チームもコーチも親も戸惑ってしまいます。キャリーが審判に対してあからさまに侮辱するような態度を見せたとき、コーチは彼女を試合から下げ、話をして時間を与えますが、まるで効果は見られませんでした。**選手は勝ちたいという気持ちに駆られてしまうと、苛立ちを抑えきれなくなることがあります。失敗したら、自分には価値がないと思い込んでいるのであればなおさらです。**キャリーの場合、試合で勝てば、両親に褒めてもらえるとわかっていたので、それだけ競技にかける思いが強かったのです。負けたら、両親に見向きもされなくなるのではないかと恐れているのです。

こうした感情を抱くのは、才能に関係なく、9歳の子どもにはかなりつらいことでしょう。セラピーのなかでようやく、キャリーは両親の離婚に対する気持ちを明かしました。両親には今でも復縁してほしいと望んでいるのです。母親はいつも仕事で、キャリーの試合もほとんど観に来てくれません。父親も娘の生活にほとんど関知せず、表向きだけ彼女の演技を気にかけているそぶりを見せます――スタンドからプールサイドにいる全員に聞こえるほど大きな声で声援を送るのです。その声援はよくある励ましの言葉ですが、その場に父親がいるというだけで、キャリーはプレッシャーを感じてしまうのです。「絶対勝たなきゃ。練習も頑張ってる。負けるなんて嫌だ。絶対負けない」

キャリーが感情をコントロールできるようになるには、どんな演技をしようと、自分が価値ある存在で、すばらしい人間なのだと言い聞かせてもらうことが必要です。いい子にしていれば、父親が家に帰ってきてくれると信じているのです。それに、自分の面倒を見てくれる母親のためにもいい結果を出さなくてはいけないと思っています。少しでも両親を喜ばせることができなければ、それは大きな失敗であり、自分には価値がないも同然だと捉えているのです。

そんな悩みを抱え、それが競技にも影響が及んでいるこの状況から何とか抜け出せるように、セラピストとコーチと母親は、飛び込みの演技とは関係がないことでもキャリーを褒めるようにしようと考えます。たとえば、チームに入ったばかりの新人選手に対して、キャリーはとても面倒見がいいといったところです。励ましたり、自分なりに身につけたコツを教えてやったりしています。キャリーのこうした懐の深い面を母親やコーチは事あるごとに褒めてやります。

しかし、父親はこうしたやり方をあまり快く思っていません。キャリーをリラックスさせるのはいいことだとしても、セラピストの提案に対しては重きを置いていないのです。残念ながら、子どもの行動をどう変えていくかについては、両親の間で必ずしも意見が一致するとは限りません。子どもの行動を変える必要があるかどうかでさえ、意見がぶつかることがあるのです。

次に、キャリーは大会で演技や感情をコントロールするための方法を懸命に考えるようになります。彼女はチームメイトと比べて実力で群を抜いていたので、ひとりで大会に出場することも頻繁にありました。ある大会に出場したときには、自分の場合、出番がまわってくるまでは他の選手の演技を見ないようにしたほうがいいのだということに気づきます。他の選手が力強い演技を見事にこなしている姿を目にすると緊張してしまうので、自分の順番を終えるたびに横になって、音楽を聴きながら次の演技のことをイメージします。そしてまた出番が来たら、他の選手がどういう演技をするのか考えないようにします。

このような行動に関する建設的な計画は功を奏します。演技がうまくいかないと、まだイラついてしまうこともありますが、審判の前では表情を変えないようにし、控室に行って短時間で気を静め、次の演技に備えます。キャリーは、いくつもの方法を駆使してネガティブな感情やちょっとした失敗に惑わされないようにし、すぐにカッとならないコツをつかんでいきます。そのうち、失敗してもそれを受け入れられるようになって自信を深めていき、キャリーは大きな大会でトップ10入りを果たします。

父親とはまだどこかぎくしゃくしていますが、もっと深く関わりたいと思う一方で、両親の離婚に対する悲しみや自分の存在意義を切り離して競技に集中できるようになっていきます。

こうした幼いアスリートの話から、**怒りや激情に駆られた行動の根底には、本人にはどうにもできない問題があることがわかります。若い選手が感情をコントロールできるようになるには、親やコーチの力が必要です。**感情のコントロールがパフォーマンスの向上につながると選手や親が認識できるようになることが、意義のある課題を克服していくうえで何よりのカギとなります。カッとなりやすい選手の力になろうとするには、厳しさとやさしさを兼ね備えていることが理想的です。どんなに困難な状況にあっても、若い選手の行動を正し続けていくことで、見られるべき変化も表れてくるでしょう。競技の場は、どんな年齢の子どもでも感情をコントロールする術を学ぶには絶好の舞台なのです。

第10章 子どもが「やめたい」と言ってきたら

スポーツをやっている子どもをもつ親であれば誰しも、遅かれ早かれ競技について、本人の口からこんな言葉を聞かされる日が来るでしょう。「もうやめる」

親としてはできれば聞きたくない言葉です。簡単に諦めてしまっているのではないか。壁にぶつかるたびにやめるようでは、山あり谷ありの人生を、この子はどうやって生き抜いていくんだろう？　まだ幼いのに、どうして投げ出す癖がついてしまったんだろう？　「もっと頑張ってほしい」。内心ではそう思ってしまうのです。

スポーツをやめると、どんなことが待ち受けているのか、子どもは何もわかっていないのかもしれません。友達との大事な時間が失われてしまったり、退屈したり、落ち込んだり、テレビをただぼんやり見ているしかなくなったり、運動不足で体重が増えてしまったりします。また、学校が終わってから夕食までの間、どう過ごすかによって、薬物使用やそのほかの犯罪行為、若年妊娠につながる危険性もはらんでいます。

子どもがスポーツをやめたいと言い出したら、親はきちんと話を聞く必要があります。コーチやチームメイトが嫌い、プレーしていても楽しくない、というのも立派な理由です。また、チームメイトとの競争についていけないとわかったから、というケースもあります。「父さん、コーチが全然試合に出してくれないんだ。試合中、僕はずっとベンチに座ってるだけ。最悪だよ。チャンスもくれないんだ。僕だって、すごく一生懸命やってるのに」

他には、新たなスポーツに夢中になったり、別のことに挑戦したいと思ったりしている場合もあります。もっと深刻なのは、疲れ果てたり、燃え尽きたりしてやめてしまうケースです。スポーツでは、肉体的にも精神的にもかなりの負担を強いられます。「ママ、私には宿題する時間も、週末に友達と会う暇もないの。毎日1日2時間の練習に、週末には毎週、大会だってあるし。もううんざり！　授業中はほとんど起きていられないくらいなんだから」。特別なチームでプレーすれば、それだけで消耗され、続けていけなくなるのです。

解決策は、子どもが独自に抱えている問題の度合いや年齢、逆境への対応力によって決まってきます。親はあらゆる角度からよく調べて結論を出し、子どもがどんな不安を抱えていても、うまく機転を利かせて解消していかなくてはなりません。

ケーススタディ #20　新しいチームで意地悪されているサシ（9歳）

サッカーなんか、ちっとも楽しくない。サッカーのシーズン2度目の練習が終わったあと、7歳の女の子のサシは、両親にそんなことを言い出しました。「このままサッカーを続けるかどうか、わからなくなっちゃったの。サッカーは好きだけど、みんながずっと意地悪するの。なんでそんなことをされるのかわからなくて。こっちはみんなと仲良くしようとしてるのに」

サシの一家は、父親の転職の関係で引っ越してきたばかりで、町には知り合いもいません。サシの両親は、サッカーがいいきっかけになって、娘が他の女の子たちと仲良くなれればと思っていました。サシは一人っ子なのでなおさらのことです。しかし、サシはつらい思いをしています。泣き出しそうな顔をして、こう言います。「わたしには誰もパスしてくれないの。ボールに触れるのは、たまたまこっちに飛んできたときだけ。うまくパスできないと、みんな笑ってバカにするの」

一家の引っ越しがサシにとって大変なことだということは、母親もわかっていましたが、娘がいじめられてつらい思いをしている姿を目にするのは耐え難いようです。

両親はサシにサッカーをやめさせようと考えていますが、他に選べるスポーツプログラムがほとんどなくて悩んでいます。サシはダンスやバレエはやりたがらず、母親の午後の散歩にもついていこうとしません。一家が暮らしている界隈は交通量が多いので、サシをひとり自転車で出かけさせるのも両親はためらっています。そうかといって、ずっと家で何もせずに過ごすのでは、サシのためになりません。

こうした現実を前にして、サシの両親はどうすればいいのでしょう？　サシはこのような問題にひとりで対処できるほど成長していませんし、そこまでの能力もありません。このような状況でサシに合った環境を見つけるとなると、残念ながら両親にはいっそう大きな負担がかかってしまいます。慣れない町での新しい生活に馴染んでいくだけでもすでに神経をすり減らしているので、この問題に対処するのはかなりきついことではあります。サシの母親は、地域の他の親と交流しようとしますが、知り合いが1人もいないので、それだけでも大変です。家の大がかりな改修も必要で、父親は週末を幾度も返上してその作業に当たらなくてはなりません。サシに合ったスポーツを探すことは最優先事項ではないですが、本人がますますつらい思いをしているのに見過ごすわけにもいきません。

両親は本人にサッカーを無理強いするつもりはありませんが、社会的な活動や競技と何かしらの形でつながりを持たせることは必要だと考えています。

サシがいじめられていることを親が本人以上に気にするのは、別に驚くことではありません。もっと言えば、スポーツだろうと、どんな場面だろうと、子どもがこんなことでいじめられるのは、親であれば到底我慢ならないものです。子どもはなぜ、スポーツの場でお互いにいじめ合うのでしょう。**集団でプレーしていると、子どもはチームメイトから拒絶されるのではないかと不安や恐れを抱くことがあります。**みんなと比べて自分は下手なんじゃないか、みんなに嫌われるんじゃないか、と不安になるのです。そうして気持ちに余裕がなくなると、自分が仲間外れにされないようにひどいことをする場合があるのです。仲間外れにされている子どもをいじめれば、グループの一員として受け入れられているという自信が増すのでしょう。ここで思い浮かんでくるのが、「スケープゴート」という言葉です。スケープゴートにグループ内の負のエネルギーを差し向けてしまえば、他のメンバーはみんなで仲良く安泰でいられるというわけです。

町に新しく引っ越してきた女の子であるサシは、まさにスケープゴートにされているのです。サシは選手として特に優秀でもなく、同い年の女の子たちとどう付き合っていけばいいのかもわかっていません。みんなが仲良くしているチームに入ってすぐにいじめの標的にされ、やめたがるのも無理はありません。それでも、サッカーをやめることが本人にとっていちばんなのかどうか、サシの両親には判断がつきません。

サシの両親は策を講じるために、サッカーのコーチと連絡を取ります。コーチは若くて気さくで熱心な女性で、「サシは本当に一生懸命頑張っています」とサシのことを認めてくれていました。けれども、いくつか気がかりな点がある様子でした。

「サシは他の子どもたちの話に何でも首を突っ込むところがあるみたいですね。みんながテレビの話をしていると、その会話に割り込むようにして入っていこうとするんですよ。サシには焦らず、他の子たちの様子を見るように勧めてみてはいかがでしょうか。それにサシはプレーしているとき、ボールをもらいたくて叫ぶこともよくあるんです。そんなふうにすると、他の子たちは余計にパスを出したがらなくなってしまうみたいなんですよ。第一、はっきり言って、7歳の子にはサッカーでパスをやり取りする技術はありませんからね。ほとんどボールを追いかけているようなものです。サシは、パスをもらうことにこだわらずに、ただピッチに出てプレーすることに集中するようにすれば、嫌な思いをすることも少なくなるんじゃないでしょうか」

コーチとの話を踏まえて、サシの両親は娘と話してみることにしました。母親はこう言いました。「サシ、サッカーをやっててずっとつらい思いをしてきたのはわかってるんだけど、大きな問題があるとしたら、それはあなたがチームに入ったばかりだっていうことなの。ママもね、あなたくらいの歳に、新しいチームに入ったことがあってね。他の子たちと仲良くなって楽しくなるまでには時間がかかったの。こっちがみんなに好かれようとすると、余計に口をきいてくれなくなったりしてね。とにかく焦らないで一生懸命プレーしているうちに、だんだんうまくいくようになってきたの。新しいチームに入っていくのが大変だっていうことは、パパもママもよくわかるわ。慣れるまでには時間がかかるもの。他の子たちもあなたのことがわかってくれば、仲良くしてくれるようになるわよ。とにかくプレーしているときは、思い切り楽しむようにすること。それから、他の子たちが話しているときにはできるだけ聞くようにして、みんながどんなプレーをしているのかもよく見るのよ。そのうちいろいろなことが変わってくるわ。何週間か経ってもよくならなかったら、別の活動を探してみましょう」

娘がこのような状況に置かれていたら、迷わず他の道を選ぶ親もいることでしょう。惨めな思いをし続けるのは、子どもにとって良くないわけですから、チームをやめさせるというのは、もっともなことかもしれません。こうした状況から解放されれば、自尊心も失わずにすむでしょう。サシの場合も、サッカーとは違ったタイプの活動なら、もっと活躍できるかもしれません。それでも、また新たな環境で同じような問題にぶち当たれば、もっと傷つく可能性もあります。

サシの両親は、時間をかけて娘の置かれている状況を把握するようにしてきたので、どうすればいちばん本人のためになるのか判断することができました。数週間後には、サシの口からいじめられている話はほとんど聞かれなくなり、代わりにチーム内で仲良くなった女の子のことを話すようになります。次のシーズンもサッカーを続けたいかどうか両親が聞くと、サシはわからないと答えます。それでもシーズンを頑張り通したことを両親は褒め、次の年もやりたいと思えたら続ければいいと伝えます。

状況を打開できるように協力することで、サシの両親は娘に大事なことを伝えてきました。今回の状況を心配しつつも、サシならこの問題を乗り越えていけると両親は信じています。さらに、サシがいじめにあっても負けずに克服できたことは、新しい町に引っ越してきた家族全員にとっても前向きになれる、いい追い風となりました。

当然のことながら、こういう状況に置かれた場合、はっきりした答えなどまず見つかりません。サッカーを続けることで、サシがますます惨めな思いをするようになっていた可能性もあります。幼い子どもに対して親が心がけなくてはならないのは、状況をよく調べて問題の本質を把握することです。幼い子ども同士の集団は力関係があっという間に変わってしまうことがあるので、その好機を逃さないようにしましょう。

ケーススタディ#21　コーチの言動から試合が怖くなってしまったマーヴィン（11歳）

「父さん、母さん。僕、ゴルフをやめるよ」。マーヴィンの両親は、11歳の息子からそんな話を聞かされてショックを受けます。マーヴィンは州内で上位に入ったばかりで、どうしてゴルフをやりたくなくなったのか、両親には見当もつきません。それどころか、いい結果を出せて喜んでいるとばかり思っていたのです。マーヴィンのゴルフは、そのスイングの美しさや見事なパッティングさばきで見ている人たちを惹きつけます。両親も息子のプレーを観るのが好きで、試合があればできる限り同行していますます。ただ、共働きなので観に行けないときもあります。

コーチはマーヴィンの指導にとても熱心です。ゴルファーとして将来有望だと、マーヴィンのことをそれだけ見込んでいるということです。同僚のコーチに対しても誇らしげによくこんな話をします。「まずはあの子のスイングを見てよ。まさにタイガー・ウッズ並みのスイングなんだから。飛距離だって、かなり出せるよ」。マーヴィンの試合にはいつも同行し、練習後もずっと一緒にいることがあります。スイングもアプローチショットもパッティングもチッピングも正確に打てるように何時間も練習します。マーヴィンが集中していなかったり、真面目にやらなかったりすると、怒鳴りつけます。「マーヴィン、何やってるんだ？　お前ならもっとできるだろ。そんなプレーをしていたんでは、大会でトップ5には入れないぞ」

初めのうちは、そんなふうに怒鳴られてもマーヴィンは気にしていませんでした。なにしろ、マーヴィンはゴルフが大好きで、いい結果も出せていたからです。コーチはゴルフの試合のことを熟知していますし、マーヴィンもそんな彼に多くのことを学び、信頼も寄せていました。ひどく怒鳴られることはあっても、それがずっとストレスになるようなことはありませんでした。

ゴルフが負担に感じられるようになったのは、ある大会の準々決勝で実力も経験も格下の選手に敗れてからでした。その大会で最初の9ホールを終えたところで、マーヴィンはコーチからこう怒鳴られます。「ふざけたプレーをやってんじゃない！　自分のショットをしろ！」。初日の18ホールを終えてスコアが8オーバーまで後退してしまうと、近づいてきたコーチにこう言われました。「みんなが見てるっていうのに、みっともないプレーをして。これじゃ、8歳児並みだぞ」。この言葉がずっと頭のなかをぐるぐるとめぐり、マーヴィンは著しく気持ちを乱してしまいます。残りのホールでも集中力を欠き、結局、準々決勝２日目で敗退してしまいます。ボギーを叩くたびに苛立ちを募らせ、自分のことを怒鳴りつけたり、クラブを叩きつけたりする場面もありました。そうしてマーヴィンが崩れていく様子を、コーチは嫌悪感をあらわにただ見ているだけでした。

そんなコーチにマーヴィンは、いつの間にか不信感を持つようになります。コーチのことで心をかき乱されて目の前のことに集中できなくなってしまったのです。ネガティブな思考に陥ると、筋肉がこわばり、パフォーマンスが低下してしまうことはよく知られています。いいコーチであれば、選手がネガティブなことを考えないようにさせるものですが、このコーチはゴルフでは特に欠かせないメンタルの強さをマーヴィンから奪い取るばかりでした。

最終ラウンドを終え、コーチと一緒にクラブハウスに引き上げる道のりは、重苦しいものでした。２人とも言葉を交わすことはありませんでした。マーヴィンの耳に入ってくるのは、背負っているゴルフクラブが歩くたびに規則的に揺れる音だけでした。クラブは揺れるたびにカチカチと、まるで爆発寸前の時限爆弾のタイマーのような音を立てます。あまりにも張り詰めた空気で、マーヴィンはその場から逃げ出したいと思いました。クラブをチームのバンに積んだ直後に、コーチからこう告げられました。

「明日の練習は7時半からだ。準備しておけ」

それからはずっと厳しい練習が続きました。次の大会では決勝ラウンドまで進んだものの、以前は楽しかった試合が怖く感じられるようになりました。ミスをするたびに、激しく怒られます。放課後は毎日、ゴルフの練習だったので、友達と距離ができていくように感じられました。週末は毎週、試合にも出場していました。マーヴィンは練習をやめて家で過ごしたいと思うようになります。

このようにストレスのかかる状態が何週間も続いて、マーヴィンは、ゴルフはもうやりたくないと両親に告げます。マーヴィンの両親が目の当たりにしたように、**ハイレベルな環境のなかで競技を行っている幼い選手は、燃え尽き症候群に陥る危険があります。**マーヴィンは、ハイレベルな戦いができるうえに強い選手になれるだけの身体能力を備えていながら、コーチとの関係がぎくしゃくしていることでゴルフを楽しめなくなってしまっています。それまでいい結果を出すことで自信をつけてきましたが、今では試合や練習に追われて友達と過ごす時間もほとんどありません。リラックスできる時間がないので、コーチからの叱責が余計に堪えるのです。マーヴィンは、コーチを喜ばせることばかりを考えるようになっていました。いいプレーができないと、その分、コーチから激しく叱られます。マーヴィンは自分のことが嫌になり、一気に自信をなくしてしまっているのです。

それまでの経緯を聞いて、マーヴィンの父親は驚いてこう言います。「コーチにそんなに厳しくされていたのに、どうして言わなかったんだ？　父さんと母さんがコーチと話すことだってできたんだぞ」

「そんなことをしても意味ないよ」。マーヴィンは言い返します。「あのコーチは厳しいだけ。コーチのルールに従ってプレーできなければ、やめるしかない。僕はもうそれに耐えられないんだ。コーチのためにプレーするのは嫌なんだ。ゴルフだって、嫌いだし。プレーするたびに、すごくイライラするんだ。ゴルフが最後に楽しかったのがいつだったか、思い出せないよ」

子どもが誰かを喜ばせるためにプレーすると問題が生じます。コーチや親のためならなおさらですが、プレッシャーを感じてプレーが楽しくなってしまいます。子どもが幼ければ余計に楽しさが消えて、プレーすることに意味がなくなるのです。年齢を重ねていけば、コーチといざこざがあっても一時的な問題として対応できるかもしれませんが、幼いうちはそこまで広い視野は持てません。傷ついてしまい、求められることに応えて容赦ないコーチともうまくやっていけるほど強くないのです。まさに、マーヴィンはこういう状況に置かれているのです。

マーヴィンはためらっていましたが、両親はコーチと話してみることにします。ですが、その話し合いはうまくいきませんでした。マーヴィンがゴルフをやめると言い出したのは、コーチからひどく怒られてばかりだと感じているからだと両親が言うと、コーチは怒り出します。マーヴィンがチームのために真面目にやらず、プレーも未熟で、しかもゴルフのこともトレーニングのレベルも引き上げなければいけないといった事情が、両親にはまるでわかっていないというのです。

両親はコーチの否定的な考え方にショックを受け、戸惑いを覚えながらその場をあとにします。マーヴィンはこんなコーチのためにどうしてプレーできたんだろう。どうしてもっと早く問題に気づいてやれなかったんだろう。それでも何より、マーヴィン自身がこの問題を受け止めていることに両親はホッとしています。本人のやめるという決断を後押ししようと考えます。

子どもが出す燃え尽き症候群のサイン

結果へのこだわりが強いコーチのもとでプレーする場合、子どもは直感的に親に不満をぶつけてはいけないのだと思ってしまうことがあります。マーヴィンのように青年期に差し掛かった時期は、上達することに一生懸命で、さらにプレッシャーに打ち勝てるほど自分は強い人間なのだと自分にも周囲にも証明したいと考えます。コーチから絶えずプレッシャーをかけられるのは、自分が目をかけられていて、上達のために力を入れてもらっている証拠だと考える選手もいます。マーヴィンのコーチのように指導が厳しいとしても、それが悪意によるものということはめったにありません。そういったコーチはむしろ熱心すぎて、視野が狭くなってしまいます。競技に熱くなるあまり、大人ではなく、子どもがプレーしているということをつい忘れてしまうのです。

振り返ってみれば、マーヴィンの両親は息子が燃え尽き症候群にならないようにもっと早く手を打つこともできたでしょう。試合に出ても楽しめなくなったり、試合前やその最中にイラつくようになったり、社会生活を犠牲にしてまで練習に打ち込んだり、マーヴィンにそんな危険な兆候が表れていることに気づかなかったのです。もっと時間をかけて息子と競技活動について話をしていれば、もっと早いうちにコーチとの問題にも気づくことができたでしょう。

選手に見られる、燃え尽き症候群の兆候

1. 疲労感が増している。あるいは、疲れがなかなか取れない。
2. イライラしたり、無気力になったりすることが増えている。
3. 医学的な原因とは明らかに関係のない、身体の不調やケガに見舞われることが増えている。
4. 練習にも試合にも、やめたいと言い出すことにも、激しい迷いが生じて、そこからなかなか抜け出せない。
5. 練習を休んだり、試合を欠場したりすることが増えている。
6. 原因不明の不振に陥っている。
7. 自信がなくなっている。
8. ひどい態度をとったり、やる気をなくしたり、競技を続けていくのが困難になることをやってしまう。
9. 競技ばかりに追われて、その年頃ならできて当たり前のこと（友達付き合いなど）ができなくなっている（特に青年期）。
10. 子どものアスリートとしてのキャリアのために、両親が無茶な犠牲を払って抜け出せずにいる（子どもの選手としての将来性をもとに、人生の重大な選択や家族の決断が左右されている）。

出典：“Burnout Among Adolescent Athletes: A Personal Failure or Social Problem?” J・コークリー著、『Sociology of Sport Journal』１９９２年９月号P.２７１～２８５

親は燃え尽き症候群のかすかな兆候も見逃さないようにすることです。練習に行く前に文句を言っていないか？　よく眠れない、食欲がないといったことがないか？ケガや頭痛、腹痛などを理由に試合や練習を休むと言い出していないか？　練習から帰ってきたときに笑顔かどうか、あるいは沈み込んだり、疲れきったりしていないか？　学校の成績が落ちてきていないか？　こうした兆候のなかには、うつ状態のときによく見られるものもあります。実際、燃え尽き症候群は、アスリートが経験するうつ状態の一種といえます。子どもがどんなに頑張っても、事態を改善するのは無理だと感じてしまうような状態です。親がこのような兆候を早いうちに察知できれば、子どもが燃え尽き症候群に陥ることも防げるかもしれません。

また、生活バランスの乱れも燃え尽き症候群の前兆の１つといえます。マーヴィンがやる気をなくしてしまった一因としては、友達と過ごしたり、何もしないでのんびりしたりする時間があまりなかったことがあります。燃え尽きてしまう背景でよくあるのが、絶えずプレッシャーにさらされているというケースです。競技レベルが高く、そのうえコーチが厳しかったとしたら、身体的にも精神的にも子どもでは太刀打ちできないでしょう。そうなると、競技をやめるしか道はなくなります。子どもは、大人のように追い込まれる準備ができていないのです。

どんなにスポーツに打ち込むとしても、子どもには友達との時間やバランスの取れた生活やリラックスできる時間が必要です。大切なものを守ることで、スポーツが好きだという気持ちを持ち続け、それによってより長く競技を継続してより良い結果を出していくことができるのです。

ケーススタディ#22　自分の競技が好きじゃないことに気づいたマリア（14歳）

本人が認めている話ですが、マリアの好きなスポーツは、バスケットボールではありません。彼女は8歳のときにバスケットボールを始めました。身長が高かったので、先生に勧められたのです。その身長のおかげで、試合にはほとんど毎回出場していました。ずば抜けた才能があるわけではありませんでしたが、リバウンドを取ったり、チーム一の得点をたたき出したりするのは楽しいものでした。休み時間にバスケットボールをやるときには、チーム分けでいつもいちばんに選ばれて気分よく感じていました。それに、バスケットボールを通じて仲のいい友達もできました。

しかし、6年生になるころには、同級生のなかには成長期を迎え、マリアの身長に数センチ差にまで迫ってくる子どもも出てきました。マリアも上達はしていましたが、しだいに得点数で上回ってくる選手が現れ始めます。マリアはこのことにショックを受けますが、それでもチームメイトとはうまくやっていましたし、試合にも出場できて楽しくプレーしていました。

やがて14歳を迎え、高校1年生にもうじき上がるころになると、マリアはスタメンから外されるようになります。実際、試合に出してもらえるのは、前半、後半の最後の数分間だけでした。チーム内の競争が激しくなってきたのはマリアも理解していましたが、ベンチに座っているのは苦痛でした。仲のいい友達はほとんど、その前の年にバスケ部をやめ、水泳部に転向していました。マリアが長身ということもあって、両親は娘にバスケットボールを続けさせようとしています。もしかしたら、大学進学に有利になるかもしれないという思惑もあったのかもしれません。けれども、このころにはもうその可能性は消えてきていました。

マリアはあるとき突然、自分のなかで何かが変わってしまったのだと気づきます。

それはシーズン前の練習試合でベンチに座っているときのことでした。チームのことを考えたり、みんなのために頑張ったりすることがどうでもよく思えてきたのです。前半が終盤を迎えるころ、マリアはコーチに呼ばれてコートに入りますが、気持ちが上がってきません。何もかもがどうでもいいとしか思えないのです。それどころか、こんな思いが湧いてきます。バスケなんかもう、面白くもなんともない。マリアは友達と一緒にいたかったのです。それに、水泳のほうがきっと楽しいはずだと思っています。女子の水泳部は部員を必要としていて、マリアは子どものころから泳ぎには慣れ親しんでいます。

そういうわけで、マリアはバスケットボールをやめて、水泳をやってみたいと両親に話します。その話を聞いて、母親がことのほか落胆します。かつて母親も高校のころ、バスケットボールをやっていましたが、大学に行ってからはひざのケガで試合に出られる機会はありませんでした。マリアからバスケットボールをやめると聞かされて、そのころの苦い思い出がよみがえってきます。マリアには自分ができなかったことをやってもらいたいとずっと願っていたのです。

マリアの父親は、子どものころに少し水泳をやっていましたが、高校に入ってからは興味を持たなくなりました。もともと特別、運動能力が高いわけではなかったのです。プエルトリコで育ち、音楽が好きで演奏したり聞いたりするのに夢中になっていきました。彼の一族は、スポーツにはあまり関心がありませんでした。いちばんの思い出は、週末のお祭りで家族や友達と一緒にダンスをしたり歌ったりしたことです。年を重ねていくにつれて、スポーツはプレーするよりも観るほうが好きになっていきました。マリアには自分の意志を通し、母親が落胆しているからといってつらい思いをしないようにと願っています。

マリアの両親はその後、自分の気持ちと向き合おうとしていきます。3ステップアプローチに従って子どものスポーツ活動に対する自分の感情や行動を見極める要領で、マリアの母親は自分のバスケットボールへの思いは抜きにして、娘が決めたことをどうにかして応援しようとします。父親は母親と2人きりで話しているときにこう言いました。

「なあ、マリアは君ほど才能のある選手じゃない。あの子はどちらかというと、僕のほうの血を引いてる。僕だって、あの子が大学でバスケをする姿は観たいけど、そうはいかないと思うんだ。本当にバスケが好きで、時間も惜しまず上達しようっていう気があるなら、自分からやめるなんてことは言わないはずだからね」

こんなふうに言われて母親は腹が立ったものの、もっともだと納得もしていました。

「あの子は高校に行ったら、きっともっと試合に出られたでしょうし、まずまずの選手にはなれたと思うのよ。ただ、試合でもっと活躍するには私みたいに必死で頑張らないとだめでしょうけどね。あの子の目には、そんなやる気が感じられないのよ。それが残念なの。あの子はチームでポジションを勝ち取ることより、友達と一緒にいることのほうが大事なのよ。私にはわからないけど。あの子のほうが正しいんでしょうね。もしかしたら高校に行っても、シーズンのほとんどをベンチで過ごすことになっていたかもしれないし」

このような夫婦間でのやりとりがこれほどスムーズにいくことはめったにありません。お互いが納得するまでには、言い争いや意見のぶつかり合いがよく起こります。しかし、この両親の場合は、父親が母親に娘と自分は違う人間で、マリアはマリアなのだと改めて認識させるよう働きかけています。おかげで、マリアは両親のどちらにも干渉されずに自ら決めたことに納得したうえで、自分らしくいられる道へと踏み出すことになったのです。

先に述べたように、青年期の子どもは自分らしさを作り上げていく最中にあります。友達付き合いや課外活動、勉強で興味のあることやデート、薬物摂取や飲酒など、いずれに関しても自分の意志で決めています。かつては、親に言われるがままでしたが、この年頃になると、自分をもっとコントロールして自らの意志で物事を決められるようになります。チーム内の競争が激しくなれば、試合への出場機会はどの選手にも平等に、というわけにはいかなくなります。特に1軍レベルになると、なかでも優秀な選手が試合にほとんど出続けます。マリアのように体格に恵まれているだとか、特定の役割に秀でた選手は、限定的ではあっても出場機会をもらえるかもしれません。マリアは選手としての限界を感じ、友達と過ごす時間がもっとほしくて水泳を選びます。その決断は良い結果を招きます。

マリアは水泳部に入って、長距離の競泳選手として活躍するようになります。長身の体格と長い手足は、プールでも強みになっています。トレーニングも友達との時間もとても楽しんでいます。母親は、マリアがバスケットボールをやめると決めて最初はがっかりしていましたが、最終的には水泳をやることに関心を向け、熱心に応援するようになりました。

ケーススタディ #23　大学選抜チーム入りするも他競技へ転向を決めたショーン（大学1年生）

アメフトのプレシーズンを迎えて2週間が経ち、ショーンは自分でも驚くほど試合にまるで身が入りません。高校では名レシーバーとして活躍し、キャプテンを務めていましたが、大学に入ってやる気をなくしてしまいます。地元にいたころは、アメフトが自分にとっても家族にとっても第一で、両親は毎試合、観戦に来ていました。両親にスタンドから応援を受けるなか、友達とも一緒に楽しくやっていました。地元で試合が行われれば、地域ぐるみでみんなが観戦に訪れました。そこに集まる父親の多くは20年前、そのチームでプレーしていたのです。

しかし、大学での練習はそれまで以上に長時間に及び、ずっと厳しいものでした。ウエイトトレーニングは週3回、トレーニング映像は1日おきに見ます。ディビジョン1の大学でアメフトをプレーすることは、スポーツというより仕事をしているようなものでした。人間関係の面では、疎外感を覚えていました。選手のなかには知り合いもいません。大学の学業の面ではスポーツ選手というだけで冷ややかな扱いを受けます。スポーツ選手は頭が悪い、ショーンは自分もそんなレッテルを貼られているように感じています。現に、教授陣からはまともに相手にされません。

こうした状況をショーンは両親に説明しますが、そんな不満も理解してもらえません。父親からはこう言われます。「ショーン、とにかく頑張るしかないんだ。今はつらいだろうが、まだシーズン前だ。ここまでくるのにすごく頑張ってきたじゃないか。

シーズンが始まれば、うまくいくようになるさ」

しかし、それから数週間たっても、大学でアメフトをやっていくことについては何もいい兆しは見られませんでした。ショーンはこの状況をしばらく考えてみて、自分は父親のためにアメフトをやっているのだと気づきます。父親は、息子がディビジョン1の大学でアメフトをやっていることを誇らしく思っているのです。それに両親は2人とも、ショーンの高校時代のアメフトチームを応援してくれた地元の人たちに息子の活躍ぶりを自慢したがるところがあります。そんな両親にしてみれば、ショーンがアメフトをやめてしまっては、地元の人たちに対して立つ瀬がなくなってしまうのです。秋から勉強と大学生活のことだけに集中できるとしたらどうだろうかとショーンは考えます。アメフトをやめたら寂しくなるのではないかと不安もありましたが、このまま続けると考えただけで、つらくなってしまいます。

さらに1週間よく考えた末に、ショーンはアメフトをやめようと決意します。両親は驚いて少しがっかりした様子も見せますが、ショーンが決めたことを応援すると伝えます。実際、ショーンの年齢になれば、こうしたことはひとりで決めるもので、両親に相談する必要はないのです。

ショーンの両親が親としてやるべきことは、息子の決意を聞いてから始まります。

ショーンの母親は父親にこう言います。「あの子、落ち込んでないかしら。大学が合ってないんじゃないかと思うのよ。電話で話しても、なんだかそっけない感じだし」

父親はこう答えます。「落ち込んでるわけじゃないだろう。ただ、今の状況をどう乗り越えていこうか考えてるんじゃないか」

両親はどうしたらいいのかわからず、大学にいる息子を訪ねていきます。直接会って、本人がどんな気持ちでいるのか確かめたかったのです。両親は、ショーンのもとを訪れている間、息子の様子を見ていて大学生活に少し戸惑っているように感じます。一緒につるめるような仲のいい友達もまだおらず、明るくて自信にあふれた、彼本来の姿には見えませんでした。

そんな様子を見て、母親は直接ショーンにこう尋ねます。「ショーン、大学のほうはどうなの？　少し元気がないように見えるけど」

ショーンは最初、ムッとした様子を見せますが、こう答えます。「母さん、僕は大丈夫だよ。こっちの学生は、地元とは全然違っててさ。みんな頭が良くて、中にはすごく鼻持ちならないヤツもいるけどね。僕は気の合う相手を探してるところなんだ」

父親はこう尋ねます。「アメフトはどうなんだ？」

「父さん、アメフトは全然楽しくなかったよ。練習、練習、また練習の繰り返しでさ。

チームの連中はいいヤツだけど、高校のときみたいに仲良くなれる相手はいなくて。あのころはもっと楽しかったんだけどね」

「そりゃあ、高校のときのように楽しくってわけにはいかないさ。なんたって、ディビジョン1でプレーするんだからな。一生懸命頑張って、それまでにないくらい最高の状態になって初めて楽しいって思えるものだよ。何試合か出てみれば、自分がどれくらい成長したかわかるさ。それが本当の意味で達成感を味わうってことだ」

「たしかにそうだろうけど、そこまで頑張るのは嫌なんだ。ついていけないんだよ」

両親は息子のことがまだ少し心配でしたが、ショーンは避けては通れない転換期にあるのだろうと考えます。大学レベルまでいって競技をやめるのは、高校やユースの段階でやめるのとはわけが違います。ショーンは、選ばれて大学の競技チームに入りました。それは、ほんのひと握りの選手しか成し得ないことです。ショーンはそれまで順風満帆の競技人生を歩んできた選手であり、大学でプレーできるほどの才能にも恵まれていますが、何か物足りなさがありました。おそらく、新たな活動や興味が持てることをやってみたいという気持ちがあるのでしょう。

ショーンの両親は、アメフトをやめるという息子の決断に反対せず、応援にまわるという正しい道を選びました。自分で物事を決める年頃になっていても、いざというときに親がついているとわかっていることがまだ必要なのです。ただ、必要以上に干渉されることは望んでいません。ショーンの両親は、選択は息子に任せて、本人にとって本当に大切なものを見極める機会を与えたのです。

その年の春、ショーンは陸上競技に転向することにし、やり投げとリレーを始めます。大学の陸上競技はアメフトほど過酷ではなく、楽しむことができました。トラック競技を通じていい友達も何人かでき、陸上に転向して充実感も味わえるようになりました。同時に、またアメフト部に戻ることもずっと考えています。ショーンは芯が強く、自分ひとりで物事を深く考えられるようになってきていたのです。彼は何事も簡単に諦めるような人間ではありません。時間をかけて自分のことを知り、自分の歩むべき道を一歩一歩よく考えた末に、人生を決める大事な場面で自らが納得できてやりがいを感じられるような選択をすることができたのです。

スポーツに親しみ続けるために

子どもがスポーツをやめたいとか、休みたいとか、別のスポーツをやってみたいとか言い出すのには、さまざまな要因が考えられますが、親はそれを把握しておかなくてはなりません。1つのスポーツをずっと長く続けていると、リスクが生じるということがわかります。自分にそぐわないほどのハイレベルな環境で勝ったりプレーしたりすることに期待を寄せられると、子どもはそれだけその競技に対して燃え尽きてしまう危険性が大きくなります。大人の期待が子どもの能力を上回っていないかどうか注意しなくてはなりません。こうした強いプレッシャーをかけないようにすれば、競技をずっと楽しみ、燃え尽きたりしないようにすることができます。

スポーツをやめることが子どもにとっていちばんいいことではなく、親が介入しなければならない状況もあります。焦って決断する前にもう数週間、頑張って続けてみるように少し後押しすることも必要です。また、自分のやりたいことを自由にできる時間を持つために、やめたがる子どももいます。こういったケースでは、やめたいと言ってみたものの、他にやりたいことが特にないという場合が多いものです。こんなときは、親は厳しい態度で向き合うべきです。何もしないというのは、選択肢のうちに入りません。やりたいことは、スポーツでなくてももちろん構いません。芸術活動や社会奉仕、アルバイトといった活動も申し分のない選択肢といえます。

子どもがスポーツでいい経験ができるようにするポイントは、**生活のバランスが取れているかどうか注意を払うことです。若いアスリートの場合、友達付き合いをした**

り、のんびりしたり、家族と過ごしたりする時間など、生活のなかで大事にしていることがスポーツによって妨げられてしまうと問題が生じます。だから、よく話を聞き、試合はできるだけ観戦し、競技についてもいろいろ聞いてやることが必要です。少し探りを入れたり、調べたりしないと問題が表面化しないこともあります。

以上のほとんどの例でキーポイントとなるのは、ゴルフやスポーツ全般に燃え尽きてしまったマーヴィンを除いて、どの選手も競技を続けているということです。みんな自分が楽しめる活動を見つけています。新たに転向した競技で高みを極めることもあれば、自分で選んだ競技ではあっても、さほど厳しくない環境で楽しみながらずっと続けていくというケースもあります。子どもがスポーツで燃え尽きることは、親としては避けたいものです。年を重ねるにつれて、子どもは燃え尽きてしまうとスポーツを楽しめなくなる可能性が大きくなるからです。年齢や経験の度合いに関係なく、どんな子どもでもスポーツが好きだという気持ちを失わせないようにすることが何より大切なのです。

第11章　コーチを見極める

子どもがスポーツを続けていくうえで、コーチが大きな影響力を持っているのは言うまでもありません。子どもが技術を磨き、最高のパフォーマンスを発揮し、強い人格を育んでいけるようにコーチが後押ししてくれる最高の環境もあれば、コーチが選手に実力以上のことを求め、虐待を加えるケースもあります。コーチが選手に身体的に、あるいは精神的にひどいことをしたというおぞましい話は誰もが耳にします。虐待に走るコーチは、選手のやる気を奪ったり、危険な状況に追い込んでケガをさせたり、巧みに操って精神的に傷つけたりすることもあります。

親としては、子どもにスポーツで最高の経験をさせてやりたいものですが、コーチから不当な扱いを受けていないか心配にもなります。スポーツで子どもに求められることが多くなるにつれて、本人のためになることをコーチがやってくれているのかどうか、親は判断しづらくなってしまいます。

ケーススタディ#24 テディ（10歳）のコーチ「練習を休んだら試合に出さない」

火曜日の午後5時半、10歳のサッカー選手のテディ・キャンベルは練習に向かっています。今日で3日連続の練習です。テディのコーチが全保護者に伝えている話では、選手たちがこの町のリーグで戦うためには、少なくとも週4日の練習が必要だと言います。両親の目から見ても、テディはサッカーが大好きです。選手としてとても優秀で、チームメイトも仲のいい友達ばかりです。テディは時には練習を休んでのんびりと近所をぶらつきたいと思うこともありますが、さぼれば試合に出してもらえないのではないかと不安になります。テディが聞いたところによると、コーチは地元のエリートトチームのコーチと仲がいいという話で、練習を休んだら、そのエリートチームでプレーするチャンスを逸してしまうということもあり得るのです。テディの両親は、息子がエリートチームに入れなかったら、高校に上がったときにトライアウトを受けることさえコーチに認めてもらえないのではないかと心配しています。

それでもテディの母親は、息子に必要なのはまさに休息だと思っています。テディは朝、なかなか起きられず、練習が多すぎると愚痴をこぼしています。サッカーばかりの毎日で、ケガをしたり、学校の成績が落ちたりしてくるのではないかと母親は心配しています。それとは対照的に、父親はテディの練習スケジュールに関してさほど気にかけていません。計画的に身体を動かせるのはいいことだと考えています。仕事を早めに切り上げて、テディの練習にはよく立ち会います。アシスタントコーチを頼まれることも多いので、テディが大会に出場するときは、なおさら楽しいのです。試合後にはたいがいチーム全員で夕食に出かけ、他のコーチや父親たちと懇親を深めます。

テディの母親は息子が見るからに疲れているので、週末は休ませたいと考えます。ところが、テディは次の大会を休んだらこの先、試合に出られるかどうかわからないとコーチから告げられてしまいます。これをきっかけに、テディのサッカーのスケジュールに関していざこざが生じます。父親はテディを大会に出場させたいのですが、コーチが息子に対して言っていることには納得がいきません。10歳の選手が何試合か休んだからといって、ペナルティを科されるのはおかしいと感じているのです。テディは疲れていることを認めますが、それでも試合には出たいと言います。両親はどうするべきか、コーチのやり方をどう受け止めるかについて話し合います。コーチの言う通りにしたほうがいいのか？　それともノーと拒んだほうがいいのか？

最終的に子どもを導くのはコーチではなく親

テディの一家のように、家族でこうしたジレンマを抱えることは、アメリカではますます一般的になってきています。最近のコーチは選手たちに対して練習量をもっと増やさなくてはいけないと言います。週末は毎週、大会が開催され、家族と過ごせないことが多くなっています。そんな状態がシーズンからシーズンへと繰り返されていくうちに、いつの間にか家庭生活はスポーツを中心にまわっています。家族と過ごす時間も、息抜きする時間も、友達との付き合いもすべてがままならなくなります。一方では、父親と母親とでは考え方が必ずしも同じとは限りませんが、親は子どものためなら何でもしてやりたいと考えます。親としては、子どもにどんなチャンスも逃してほしくないのです。ただそれには、子どもを過密スケジュールに追い込むか、退屈させるか、友達を遠ざけるか、親はそんな選択も迫られます。

残念ながら、そう簡単に導き出せるようなはっきりとした答えがあるわけではありません。このようなケースでは、いくつかのポイントについて親は自分に問いかけ続けなければなりません。子どもは競技を楽しめているか？　みんなとうまくやっているか？　睡眠や食事はしっかりとれているか？　学校の成績は落ちていないか？　生活のなかでさまざまな経験ができているか？　こうしたポイントから、子どもが健やかに成長していくうえでの基本的な考え方を見直すことができます。親は子どもに健康で、いい友人関係を築き、いろいろな活動で能力を発揮してもらいたいのです。こうした根本的な土台が崩れてしまうと、どんなに才能があろうと、どれほどトレーニングしようと、子どもは不利な状況に追い込まれてしまいます。

親はこうしたポイントの答えを出すにあたって、コーチの視点だけに頼ってはいけません。いくらコーチが子どものことを気に入っていて、本人のために最善を尽くそうと思っていても、つねに大局的な視点で見ているとは限りません。勝利を追い求めるあまり、子どものことが二の次になってしまうことがよくあるのです。選手のことを熱心に理解しようとするいいコーチも大勢いますが、最終的に子どものことをよく見て本人にとってベストな道に導いてやれるのは親なのです。それは、コーチに対して、あるいは子どもにも「ノー」と言うことになる場合もあります。

「いいえ、コーチ。テディには今週末は休みが必要なんです」

「テディを毎日、練習に行かせるなんて、無理ですから」

「テディ、サッカーは続けてもいいけど、やるなら別のチームを探したほうがいい」

テディの両親は、休息、生活のバランス、友達との時間など、家族として大切にしている部分を尊重して、このように伝えることはできますが、これでコーチの対応を変えることは、実際にはなかなか難しいでしょう。

今の風潮は、こうした親の要望とは完全に逆行しています。競技で結果を出すためには、頻度も時間もとにかく練習量を増やしてハイレベルな環境で競い合うしかないと言われています。

テディを1日でも休ませると、本当にエリートチームに入れなくなるのでしょうか。現実的に考えて、実際にそうなるとは限らないでしょう。ずば抜けた選手になると思われていた子どもがごくふつうの選手に留まったり、注目されていなかった選手が主力選手に成長したりするケースは山ほどあります。コーチは使える選手を起用します。体格や才能や能力は、親やコーチがコントロールできるものではありません。週7日練習したところで、それは変わりません。

1シーズンに1つのスポーツを家族に合ったペースで続けていければ、子どもにとってはそれで十分でしょう。テディのように練習や遠征が頻繁にある、組織立ったチームでプレーするのもすばらしいことですし、近所で友達と遊び感覚でスポーツをやっていたいのであれば、それでもいいのです。バスケットボールでも、ウィッフルボール（訳注：穴の開いたプラスチックボールを使った野球）、タッチ・フットボールなど、何でも構いません。親の務めとしては、「何がなんでも勝つ」という風潮に惑わされないようにしなくてはなりません。そんな風潮に従っても勝利につながることはまずないのです。

これまで多くの家族を診てきてわかったことですが、バランスの取れた冷静な子どもは、すばらしいパフォーマンスを発揮する最高の機会に恵まれています。厳しい環境で練習し、早くから競技を絞り込むことが成功の秘訣であると世間ではよく言われていますが、先に述べたように、このような考え方は研究結果とは相反します。それに、直感的にもこうした方向性には賛成できません。幼いうちから1つの競技に絞り込んで何時間も練習ばかりに明け暮れていると、さまざまなコーチのもとで数々のスポーツを経験して得られるはずのものを逸しがちになってしまいます。こうしたいろいろな経験を通じて楽しさを味わい、バランスを図り、友情を育み、能力を高めていくことが、より幅広い活躍をしていくための真のカギとなるのです。

出場機会の平等をコーチに求める

試合への出場機会に関して、コーチが苦情を受けることはよくあります。能力に問題があるだとか、ひいきしているだとか、何かを根に持っているだとか、そういったことで親はコーチの責任を問います。

「うちの子は全然、試合に出してもらえないじゃないですか！」

「あのコーチは自分のやってることがわかってない。最高の選手を控えにまわしてるんだからな」

「コーチはえこひいきしてる」

親が自分の子どもの能力を高く評価するのはごくふつうで当たり前のことですが、そうはいっても他の子どものほうが才能にあふれ、より真剣に打ち込んでいるとはなかなか認めたがらないものです。自分の子どもは試合に出してもらうのが当然で、ずっと控えにまわすなど、コーチが間違っているに決まっていると親は考えてしまうのです。

親の思いとは別に、子どもの才能に対する評価は、どうにでも変わるものだということをコーチは認識しておかなくてはなりません。１週間で急に上達することだってあります。活躍のチャンスがなければ、せっかくの上達ぶりにもコーチは気づけません。だからこそ、青年期の幼いうちはチーム全員に出場機会を平等に与えたほうがいいのです。

とはいえ、方針を変えようという意識の薄いコーチを相手に子どもの出場機会のことでやり合うとなると、親にはリスクが生じます。コーチにしてみれば、自分が専門としていることに親がとやかく言ってくるようなもので、煩わしく感じられるかもしれません。理屈的に考えても、コーチには選手全員の親からの苦情や相談事にすべて対応するだけの時間も気力もあるわけがありません。さまざまなコーチから相談を受けるなかで、10歳の選手の親が戦術についてアドバイスしてきたという話は山ほど耳にします。競技経験などほとんどない親が、選手としても指導者としても長年経験を積んできたコーチに対して自分の仕事のやり方について語るといったことがよくあるのです。これはずいぶん的外れな話に思えるのではないでしょうか。つまり、親が口出しすると、かえって子どもの立場を悪くする可能性が非常に高いということです。

ですから、コーチに掛け合うときは、相手をきちんと立てることを意識しましょう。コーチに対して、子どもが選手として、あるいは人間関係で苦労している理由について訊いたり、どうすれば競技に集中させられるのか、落ち着かせることができるのかアドバイスを求めたりすることは大きなプラスになります。

出場機会の平等について、親がコーチの指導について考えるべき重要な点はいくつかありますが、それ以上に問題となるのは、**出場回数そのものよりも、あまり試合に出してもらえないことで、本人に自分がチームにとって無用の存在だと思い込ませて自信を失わせてしまっていること**です。優れたコーチは、選手全員にきちんとした役割を与えます。限られた時間しか試合に出してもらえなくても、どの選手も練習や試合に何かしら貢献できるように考えます。子どもは周囲に育まれ、関わり合っていくことが必要です。そんな機会をコーチが提供してくれるのであれば、試合に出られる頻度はさほど問題になりません。子どもがつらい思いをしているのであれば、優れたコーチはそれをすぐに察知し、本人にもっと合っているチームやレベルに移ることを勧めるでしょう。

しかし、子どもがすでに青年期に入っていれば、まずは別のアプローチを試してみたほうがいいかもしれません。練習や試合のことについてこんな質問をしてみるのです。

「試合でコーチがいちばん大事だと考えてることは何だと思う？　練習ではコーチの

言うことをちゃんと聞いてるか？　一生懸命頑張ってる？　自分がやってることでコーチをがっかりさせたことはないか？」

子どもがこれらの質問にはっきり答えられないのであれば、コーチに直接、自分のプレーについてこんなふうに訊いてみるよう勧めることです。

「コーチ、うまくなるためにはどうすればいいですか？　もっと試合に出たいんです。上達するために何かできることはないですか？」

プレースタイルや姿勢についてコーチと話をすることで、子どもは自分の行動により責任を持てるようになり、これは重要な一歩といえるでしょう。コーチとして指導してきた、あるいは今も現役で教えている立場であれば、こんなふうに相談してくる選手には決まって好印象を抱くものです。直接聞きにくるのはある意味大したものだと感心させられますし、そういう選手のためなら時間を惜しむこともなく、試合にもどんどん起用していきたいと思えるはずです。

こうしたやり方は、幼少の選手には向いていません。幼いうちは自分の能力を見極めたり、上達方法について大人を相手に客観的に話したりする能力がまだ備わっていないからです。

親がコーチと話す場合は、試合が終わったあとで競技場から十分離れたところで行うのがベストです。試合中やハーフタイム時や痛い敗戦の直後に親がコーチに不満をぶつけたりしては、余計ないざこざや言い争いが起こりかねません。

タイミングを見計らい、先ほど伝えたように「コーチ、あなたのチームはすばらしいですね。うちの子はこの競技が大好きなんですけど、あまり試合に出る機会がなくて落ち込んでいるみたいなんですよ。あの子に何かできることはないですか？　それとも他の選手より才能がないというだけの話なんでしょうか？」と相手を立てながら相談しましょう。

たとえコーチから納得のいく返事が得られなくても、こうしてわかった情報をもとに乗り切っていくしかないと子どもに言い聞かせることができますし、厄介な教師や上司やコーチを相手にする方法を学ぶのは大切なのだと印象づけることもできるでしょう。チームをやめるという選択肢もありますが、子どもがどうにもならないような状態でないかぎりは、まず避けることです。

このような難しい状況でもうまく対処できれば、子どもにはプラスになり、スポーツが生活していくうえでどれほど貴重な教訓をもたらしてくれるのかがわかるでしょう。

ここまで伝えてきたのは、出場回数の不満など、コーチの対応がさほど深刻ではないケースでの話です。コーチに虐待されている恐れがあるなど、子どもの安全が脅かされているとしたら、すぐに親が介入すべきです。場合によっては、行動に出る前に他の親や管理者に相談し、早急に手を打ちましょう。

勝たせるコーチはいいコーチか

振り返ってみれば、たいていの親にとってかつてのコーチや先生や教官は、よりハイレベルなパフォーマンスができるように押し上げてくれる存在でした。プレッシャーをかけられるのは、つらくてきついものです。それでも最終的には自分の才能が認められ、それを最大限に発揮できるよう刺激してもらえるのは有り難いことだと思えるのです。こうしたことがスポーツ界では特に顕著に見られます。いいコーチであれば、子どもがより高い次元の自信や身体能力を身につけられるよう後押ししてくれます。

しかし残念ながら、選手がコーチに過剰なほど追い込まれているという憂慮すべき話はよく取り沙汰されています。この3年間で、プロのアメフト選手が夏場のトレーニング中に脱水症状で何人も死亡しています。その選手たちは、練習中に水分補給を十分にさせてもらえませんでした。インディアナ大学の元バスケットボールコーチのボビー・ナイトのように、試合に入れ込みすぎるあまり、常軌を逸して選手に向かってわめき散らし、椅子をコートに投げつけるコーチもいました。また、恐怖心をあおったり、競争意識を極端に植えつけたりするコーチもいます。こうしたやり方に、当然ながら親は不安を覚えます。このような形でプレッシャーをかけられると、子どもは肉体的にも精神的にも脅かされてしまうからです。ケガをしたり、くじけたり、自信をなくしたりすることにつながりかねないのです。

親は、程よく厳しいコーチと行き過ぎたコーチをどのように見分けたらいいのでしょう。その見極めがいかに難しいか、その一例をご紹介しましょう。1980年の冬季オリンピックでアイスホッケーのアメリカ代表がソ連代表に劇的な勝利を収めた話を描いた映画『ミラクル』のなかで、オリンピック前の練習試合が不甲斐ない結果に終わったので、コーチがチーム全員に氷上で数えきれないほどの全力ダッシュを繰り返しやらせる場面があります。見るに堪えないようなシーンです。コーチは選手がダッシュするたびにこう叫びます。「もう1回！」。気絶しそうな選手や、嘔吐する選手もいます。多くの親は、自分の子どもがそんな目に遭わされているのを見たらぞっとするでしょう。金メダルを獲得したからといって、果たしてこれが良い指導だったといえるのでしょうか？

適度に厳しくするのと行き過ぎの境界線は、子どもの年齢や競技の特性、選手の性格によって変わってきます。幼い子どもにもっと一生懸命やらせようと厳しくしても無意味なことで、下手をすれば害をなす恐れもあるのは明らかです。自分の動作や行動を周りと比べるようになると、子どもには競争心が芽生え始めます。**スポーツの世界では、小学校低学年の6～7歳になるまでは競争という概念をたいていの子どもが理解すらしていないと見られています。**そんな幼い子どもに一生懸命やっていないからといって全力ダッシュをやらせたり、あおったりするのは無茶というものです。そんな練習をやらされる意味が本人にはまるで理解できないのです。すでに述べたように、幼い子どもは面白さや楽しさを味わうためにプレーします。たしかに、点数を取ることにも興味はありますが、さほど大きな意味はありません。スポーツに真剣に打ち込むほどの能力はなく、コーチに厳しくされると、そんな扱いを受けるほど何かすごく悪いことをしたのだろうかと誤解してしまうのです。

優れたコーチの場合、選手がいくつになったら厳しくするのでしょう？「ニューヨーク・タイムズ・マガジン」の近年の記事には、フィッツという、アメリカ南部のある高校の名コーチの話が取り上げられていました。フィッツコーチは長年、高校野球の1軍コーチを務めてきた伝説的存在。その豪快な指導によって人生が変わったと語る選手たちも数多くいます。フィッツコーチは、明るくて厳しく、面倒見がいいと評判でした。態度の悪い選手には声を荒げます。彼らの人格や品性について問いただし、自信を喪失させることも珍しくありませんでしたが、たいがいの場合は自分を深く見つめ直すよう促していました。近年では、その厳しさに対し、一部の選手の親から批判が寄せられることもありました。そういった親たちは、自分の子どもがあまり試合に出してもらえないだとか、ないがしろにされていると思い込んでいたのです。この騒動に元教え子の選手たちがフィッツコーチを擁護しようと介入してきます。フィッツコーチは、選手のベストを引き出す能力に長け、厳しいけれども、その指導法は不公平でもむごいわけでもないと訴えたのです。

しかし、これをきっかけにコーチはむしろ危機的状況に陥ります。かつての選手が擁護したことで、新世代の親たちは、フィッツコーチの指導法は時代遅れで、選手を虐待するものだという主張を強めたのです。フィッツコーチは厳しい指導を改めるよう言われ、その通りにしようとしますが、不満の声は収まらず、問題は解決しないままでした。

子どもの日々の競技生活に親が複雑に関与してくることが多くなると、コーチの手が及ぶ範囲は狭くなっていきます。逆に、それによって子どもが虐待されるような状況から守ることができます。一方、コーチは、厳しく目を光らせる親の視線に敏感になりすぎて、やる気を引き出すことも、選手とうまく接することもできなくなる場合もあるのです。

この問題は、コーチの要求にしっかり応えられる子どもとそうではない子どもがいることで、もっと複雑になります。コーチがこうした子どもの違いを敏感に感じ取れないと、おのずと問題が生じてしまいます。優秀なコーチは、厳しくしたほうがいいときと、そっとしておくのがいちばんいいときを見分けることができます。肩を叩くだけでいい子どももいれば、もっと刺激を与えたり励ましたりする必要がある子どももいるということがわかるのです。調査によると、年齢の幼い選手ほど積極的に励ましたほうが厳しい試練を与えるよりうまく呑み込めます。幼い選手を受け持つ優秀なコーチは当然そのことを承知していて、それに従って指導に当たります。年齢が上がってくると、もっと厳しくしても対処できますが、ハイレベルな選手だからといって励ましもせずあまり追い込みすぎてしまうと、うまく反応できなくなります。

コーチが子どもに応じてバランスよく指導しているかどうかを親が見極めるのは難

しいものです。練習も試合も毎回、観に行くことでもない限り――その際にはコーチにも子どもにも目を配ることになりますが――親は子どもに聞いた話やその様子から判断しなければなりません。とても厳しいと評判のコーチでも、子どもが帰宅したときにプレーのことで興奮していたり、うまくなったと喜んでいたりしたら、おそらくそのコーチはアメとムチをうまく使い分けているのでしょう。逆に、帰宅したときに身体の不調を訴えたり、ひどく怒られたことを気にしていたり、落ち込んだりしていたら、事情をもっと詳しく聞いてみる必要があります。それでもコーチと話す前に、事前に下調べをしておくことが大切です。事情を把握しなければ、苦情を言ったところで意味がありません。

子どもは自分の限界がわからないので、コーチに激しく反発することがあります。そういう選手は、親に不満を訴えるでしょうし、親も同じようにコーチに対して批判的になるかもしれません。こうしたことは特に、高校や大学やプロで見られます。

コーチのなかにはずば抜けた人もいれば、並みの人もいます。特にユースレベルでは、多くのコーチがボランティアで、指導のトレーニングも受けていません。子どものやる気を引き出せないコーチもいます。このように能力の不十分なコーチに対して親が言えることはあまりありませんが、こうした状況から学びのチャンスも生まれます。シーズンを最高のものにできるかどうかは自分次第だということを子どもに植え付け、競技を楽しみ、技術を磨いていくための目標を立てるよう促すことができます。最終的に、試合を楽しみ、力を最大限発揮できるかどうかは本人の責任にかかってくるわけです。コーチにばかり責任を押し付けては、これから努力して何かを成し遂げようという子どもにとって悪しき前例をつくることになってしまいます。

だから、スポーツプログラムやチームについては、入る前に時間をかけてよく知っておくことが大切なのです。これはまさに、３ステップアプローチの第３ステップ「子どものスポーツ環境のことを知る」に当たります。コーチは、子どものスポーツ環境の中心となる存在です。コーチやチーム方針や練習方法について他の親に聞いてみると、子どもにとっていちばんいい環境を選べるうえに、コーチとのいざこざの大半を未然に防ぐことができるものです。

親には自分の経験からもわかりますが、コーチや教師やメンター（訳注：競技だけではなく、選手の生活全般の指導・助言に当たる良き師）は、子どもの人生に大きな影響力を及ぼす可能性があります。親としては、相手がすばらしいコーチであっても目を光らせ、それと同時に、勝利に囚われるだけではなく、子どもの人間としての成長にも気を配ってくれているかどうか、注意深く見守らなくてはなりません。『Just Let the Kids Play』の著者ボブ・ビゲローはこう言っています。子どもがいいシーズンを送り、いいコーチに恵まれているかどうかは、ユースの場合は特に顕著だが、本人が次のシーズンもまたプレーしたいと思っているかどうかを見れば一目瞭然だ。

第12章　所属するチームを見極める

「ブレイザーズが2対0でリードしてる」。ある親が唖然としながらもう1人の親に言いました。

「嘘だろ?」。もう1人のほうは半分笑いながら答えます。

「いや、本当だって。先制で2ゴールもあげたんだ。まだ前半なのにだぞ」

この2ゴールは、ブレイザーズにとって、ただの先制点ではありませんでした。チーム結成からの2年間で2ゴールも先制したのは初めてだったのです。「がんばれ!ブレイザーズ」(訳注：ブレイザーズは、弱小少年野球チームの奮闘を描いた映画『がんばれ!ベアーズ』にちなんだ呼び名)とか「万年最下位ブレイザーズ」など、さまざまな不名誉な異名をもつチームがこの日、2対0でリードしたのです。

ブレイザーズは、チームが誕生した最初の年のシーズンは1勝もできず、1ゴールもあげられないまま終わりました。それでも選手が全力でプレーしていたのが印象的なチームです。2年目のシーズンは2勝10敗。試合にも少しは勝てるようになり、士気も上がってきました。ただ、大半の試合は負け通し。でも、落ち込むことはほとんどありませんでした。なぜなら、ブレイザーズの多くの選手は自分たちがどんどん上達しているのを感じていたからです。プレーを楽しめるようになったことも些細な上達も、選手にとっては立派な成果なのです。たとえば、利き足とは反対の足で蹴ることができるようになった選手もいれば、コーナーキックからヘディングを決められるようになった選手もいます。そういった瞬間はワクワクするもので、それはまさにブレイザーズのメンバーが本物のサッカー選手になってきた証拠でした。

フィールドを離れても、チームメイト同士で仲のいい選手もいました。週末には、家に遊びに行ってタッチ・フットボールやバスケットボールや卓球をやったりします。

リーグ最弱チームは良くないチームか

ブレイザーズをいいチームと思う人はいるでしょうか？　ふつうに考えれば、シーズンの成績が2勝10敗というのはひどい結果です。いいチームの条件とは何でしょう？　子どものチームにどんなことを期待すればいいのでしょうか。

2勝10敗という成績でありながら、ブレイザーズの2年目のシーズンがこれほどいいものになったのは、選手たちが喜びを味わい、友情を育むことができたからです。**固い友情は、決して侮ることができない大切なものです。消費、テクノロジー主導の文化のなかで、子どもが精神的に成長していくうえでこれほど大きな糧となるものはありません。**幼いうちからいい友情関係に恵まれると、人とうまく関わり合っていくための土台が出来上がります。今の時代を生きる子どもたちは、現代テクノロジーやあふれんばかりの娯楽に囲まれながら日々の生活を送っています。しっかりと築き上げた深く固い絆は、子どもが成長していくうえでかけがえのない贈り物で、疎外感に苛まれることがないようにするための心強い味方でもあります。

ブレイザーズがいいチームになった要因は他にもありました。このチームのフランクリンヘッドコーチはサッカーに対する情熱にあふれ、知識も豊富な人物でしたが、何よりすばらしかったのは、いかにシンプルな指導で選手たちにプレーさせるかをよく心得ていたことでした。フランクリンコーチのもとでの基礎練習は、競い合うことと技術面の向上に力を入れるものでしたが、楽しいものでもありました。複雑な戦術で選手たちを混乱させるようなまねはしませんでした。高度なプレーや戦術やゲームプランについては、もっと年齢を重ねてから習うものだからです。このコーチは、サッカーの基本的なことをいくつか伝えるにとどめ、試合が始まったらほとんど応援団長に徹していました。

第1章で述べたように、12歳以下の子どもが立て続けに複雑なことを記憶するのは極めて困難なのです。記憶力や注意力が持続する時間が限られているのです。コーチがあれもこれも教えようとすると、選手は細かいことや割り当てられたことばかりに気を取られて理解できないのです。プレーするうえで何より大切なのは、技術を磨き、楽しむことだということを、こうしたコーチたちは忘れてしまっているのです。**いいチームというのは、コーチが選手に対して肉体的にも精神的にも現実的な期待を寄せてこそ成り立ちます。**こうした期待が選手の能力を上回るほど膨れ上がると、パフォーマンスが低下するうえに楽しさもなくなってしまいます。ユースだろうと、高校、大学、プロだろうと、それはどのレベルの選手にも当てはまります。

また、フランクリンコーチは、勝負に対しても現実的な期待を寄せていました。チームは勝つ試合が増えてきたとはいえ、厳しい敗戦は続いていました。あるとき、ことさら悔しい負けを喫した試合のあとのことです。コーチは現役のころ、ある選手権大会でひどい負け方をしたときのことをチームの選手たちに話して聞かせました。その試合で自陣のペナルティエリアにボールが飛んできて、そこにいたコーチはそれをめいっぱい蹴りました。コーチの話では、ボールはフィールドを敵ゴールに向けて端から端まで真っすぐ飛んでいきました。相手チームのゴールキーパーがかなり前に出てきていたので、大きく跳ねたボールは彼の頭上を越え、そのままゴールに吸い込まれていきました。それは、惨敗に終わったその試合でコーチのチームが決めた唯一のゴールでした。

フランクリンコーチの話は、そのシーズンが終わるまでチームの選手たちの心にずっと残りました。劣勢に置かれていてもいかに努力し、つらいときでもいかに楽しみ、結果を出すか。そんなことをコーチは選手たちに言わんとしていたのです。この話をしているときのコーチから、選手たちは情熱と同時に悔しさも感じ取っていました。勝ちたい気持ちは、コーチも選手も同じです。しかし、どんなにつらく悔しい思いをしても、試合は楽しいものだということをコーチは笑顔でものがたり、おかげで選手たちは勝敗結果を冷静に受け止められるようになりました。

すでに触れたように、優れたコーチは１人１人の選手に大切な役割をしっかり与えます。フランクリンコーチは、点取り屋、絶妙なパスが出せる者、ヘディングがうまい者、ムードメーカー、強靱なディフェンダー、俊足でかきまわす者、頭脳派プレーに長けた者、リーダーというふうに、選手の特性を見極めてそれぞれに合った役目を割り当てました。選手全員が大切な存在なのです。いちばん小柄で技術が劣る選手は、優秀な味方選手を相手チームから守るよう指示されることがよくありました。この役目にその選手はたびたび苦労したものの、それを担うことで目的意識が生まれ、ささやかな活躍を通じて最高の気分を味わうことができたのです。この小柄な選手のように、チームの他のメンバーも自分は重要で、価値ある存在なのだと感じていました。

子どもたちが熱心な指導を受けて上達していることは、親たちの目にもはっきりとうかがえました。チーム内がいい雰囲気に包まれていることは伝わってきていたので、どんな劣勢の場面でも親たちは応援し続けました。そんな親たちのサポートや熱意がチームの活力となりました。度重なる敗戦にあっても乗り越えられたのは、選手たちが自分は大切に思われて応援してもらっているのだと実感できたからです。

フランクリンコーチのように、チームの親たちも子どもが負け通しであることに惑わされることはありませんでした。試合以外のことでは十分勝っているとわかっていたからです。親が努力やひたむきさといった姿勢を高く評価すると、子どもは選手としても人間としても驚くべき成長を遂げることがあります。ブレイザーズで選手が認めてもらうためには、一生懸命に、そして楽しんでプレーすればいいのです。これは誰もがやり遂げられることです。現在のユーススポーツでは残念ながら、チームの敗戦に親が文句をつけることはよくある話です。そんなことがブレイザーズで起こり始めていたら、選手にも問題が波及してきていたことでしょう。競技をやめたり、態度が悪くなったりする選手が出てきていたかもしれません。上達することも試合を楽しむことも、ままならなくなっていたでしょう。

いいチームかどうかを評価するには、メンバーのその後の競技人生や足跡をたどってみるという方法もあります。あるチームでプレーする子どもの行く末を追ってみることには、それだけの価値があります。競技を続けているのか、やめてしまっているのか？

ユースリーグのブレイザーズから巣立って別々の道を歩んでいったメンバーのなかには数年後、高校の強豪チームの主力として活躍した選手もいました。そのチームがあげた、このシーズンの成績は13勝３敗。州内でトップ10入りを果たし、州での優勝にも１ゲーム差にまで迫る勢いを見せました。ブレイザーズ出身のメンバーには、大学でもサッカーを続けている選手や、他のスポーツに転向した選手もいます。そんな選手たちの高みを目指す姿勢は、ブレイザーズでの経験を通じて芽生え、培われてきたものでした。サッカーが好きという思いがあったからこそ、もっと頑張ろう、もっと上を目指そう、という気持ちになれたのです。

ブレイザーズの話から、いいチームは、頼もしいコーチと協力的な親がついていてこそ出来上がっていくものだということがわかります。信頼感やひたむきさ、責任感や誠実さといった大切なものが備わって初めてチームはその潜在能力を発揮できるのです。コーチや親がチームのこうした土台を作ってやれば、選手は自分が上達することだけではなく、チームが団結することも大切にするようになるのです。

いいチームがダメになるとき

数年前、アメリカ北東部のディビジョン3に属する大学のある女子アイスホッケーチームは、すばらしいシーズンを迎えるものと見られていました。4年生7人に加え、全米代表の3年生が1人というメンバーがそろった状態に戻ったので、期待が高まっていたのです。前のシーズンでは、1ゲーム差でトーナメント出場まであと一歩及びませんでした。今シーズンこそはトーナメント出場を果たし、さらに勝ち進んでいくものと大学側からも期待されていました。指導者に関しても、かつてディビジョン1でプレーしたことのある元アイスホッケー選手のダンという女性コーチが新たに迎え入れられました。ダンコーチは30代前半でしたが、現役さながらにスケート靴を履いてリンクを滑りながら選手たちに間近から指導を行っていました。選手たちからもすぐに信頼されるようになり、ダンコーチはチームを最高の状態に持っていこうと乗り出します。

練習は前年までと比べて長く、厳しくなっていきました。選手たちは前シーズンのビデオを観たり、週3回はウエイトトレーニングを行ったり、競技以外の生活もコーチから厳しく制限されるようになりました。お酒を持っている、あるいはバーにいるところを見つかっただけで注意され、言うことを聞かなければ退部の可能性もあることをほのめかされるのです。初めのうちはこの改革に選手たちから少し反発の声も上がりましたが、最上級生はトーナメント出場にかける思いがことさら強かったので、こうした犠牲を払うこともいといませんでした。

厳しい規範を設けることは、結果を出せる健全なチームを作っていくうえでまず欠かせないものです。選手は青年期から大人になっていくにつれて周りから認められ、刺激を受けることを強く求めるようになります。ダンコーチも選手たちに対してこう伝えていました。チームはいつかきっといい結果を出せるだろうし、選手の能力を最大限に引き出せるように全力で取り組むつもりだと。しかし、いざリンクの上に立つと、ダンコーチの練習は容赦がありませんでした。粘り強さや勝ちにこだわる姿勢が大切だと考え、ダンコーチは練習でも選手たちを競わせ、レギュラーの座が保証されている選手は1人もいないという意識を植え付けていきました。全米代表の選手でさえも、練習のときから力を発揮しないと試合には出さないと言われてしまいます。その結果、練習は険悪な雰囲気になっていきました。怒りに任せて言い争いになることもよくありました。それでもダンコーチは表情一つ変えませんでした。

選手を競わせるという指導法によって、チーム全員に上達が見られ、競争力が芽生えていきました。しかし、失われたものもありました。チームワークやチームプレーに徹する意識が薄れ、個人技ばかりに目が向くようになったのです。練習はホッケーを楽しむためのものではなく、義務的なものになっていきました。このような状況でも才能あふれる選手のおかげで勝ち続けるチームも多くありますが、結局、選手が自分本位になってしまえば、上達も結果を出すことも端から見込めなくなってしまうのです。

シーズンが始まるころには、ダンコーチのチームは身体的にはすばらしい状態に仕上がっていました。選手たちはそれまでにないくらいフィジカルが強くなり、スピード力も上がって自信もつきました。初戦では、6対0で完封勝利を収めました。先発メンバーは、試合の前日に発表されました。ダンコーチは、練習でさらに競わせていくためにも、あまり早いうちから選手たちに自分のポジションが保証されていると思わせたくなかったのです。シーズンが進んでいくにつれて、ミスをした選手は試合から外されるようになります。しばらく控えにまわされた末に、試合に戻されるということもありました。ポジションを失って何週間も練習に顔を出さなくなる選手も出てきました。些細なミスをしただけなのに、試合から外されるのは不当だと抗議する選手もいました。結局、多くの選手がミスを犯すのを怖がって、パフォーマンスが低下していってしまいます。

シーズン半ばを迎えるころには、チームは8勝2敗の成績をあげ、前年当初をはるかにしのぐ結果を残していました。ホームゲームの観客動員数も大幅に増加しました。以前は、学生が会場に試合が始まる数分前に来ても、いい席を確保できました。ところが、このシーズンの10試合目には、開始前からチケットを求める長蛇の列ができていました。チームの評判はキャンパス中に広がっていたのです。

2学期の半ばを迎えると、格下チームを相手に接戦の末に敗れるという試合が何度か見られるようになりました。そのうち観客席から見ていた親たちから、コーチを非難する声が上がり始めます。親たちの不平不満が選手に伝わり、しまいにはロッカールームで選手たちの口からも文句が上がるようになります。

中間試験の期間になると、選手は昼夜を問わず追いまくられます。勉強量が増えても、練習量が減るわけではありませんでした。そのために、体調を崩す選手もいました。練習を休みがちになる選手も出てきて、ダンコーチはそのことを快く思っていませんでした。親や選手からの不満の声が大きくなっている話を一部の選手から聞いていたので、ダンコーチはパフォーマンスを上げていかなくてはならないと焦りを覚え始めていました。大学側の方針があくまでもスポーツより学業が優先であることはわかっていたものの、ダンコーチは少しでも勝ち星をあげなくてはならないというプレッシャーを感じていました。その結果、1人1人が頑張らなければチームが低迷する、と選手たちにそんなことまで吹き込むようになってしまいます。

キムという選手は、前の試合でディフェンスエリア内でパスミスをして、それが相手の得点につながったことでベンチに下げられていましたが、その後、大学の実習と勉強会のために練習を2度休むことになりました。練習に復帰すると、最初の2日間はダンコーチからあからさまに無視されました。次の試合では、1分たりとも出場させてもらえませんでした。最上級生でもともとレギュラーだったキムは、ひどく腹を立てます。キムの両親もこれには激怒しました。キムはチームのために尽くしてきて、4年間ずっとレギュラーだったのでなおさらでした。両親はダンコーチについてアスレチック・ディレクターと話してみることにしました。この話し合いはうまくいったかに思えました。ダンコーチに対する不満は他からも上がっていることをアスレチック・ディレクターは把握していて、すでに彼女と話をしていたのです。キムの両親はそれを聞いて安心しますが、その後もダンコーチの態度が変わらなかったので、苛立ちを募らせていきました。

10代の若者が大人へと成長していく様子を見ていると、日々の生活で相反する優先事項の板挟みになって苦しんでいる姿を目の当たりにします。大学教育で教わることの1つとして挙げられるのが、さまざまな関わり合いといかに折り合いをつけて、自分に有利な方向へ持っていくかということです。選手がチームのルールに従わなければ、コーチが締め付けを厳しくするということもありますが、優れたコーチであれば、特殊な状況に対しては例外を設けるという手も考えます。キムの場合、正当な言い分をぶつけていても、ダンコーチはそんな彼女のジレンマを気にとめることはありませんでした。そしてキムを罰することで、チームにも打撃を与えることになったのです。

同時に、親や選手たちから不満の声が上がっていることで、ダンコーチは厳しい立場に追い込まれます。親からの支持も選手からの信頼も失いかけていました。アスレチック・ディレクターと話をしてから、コーチを続けられるかどうかわからなくなってきていました。選手たちにきつく当たっているのは自覚していましたが、チームのパフォーマンスが極端に落ちている状況で手を引くことにはためらいを感じていたのです。

それからの数週間は、選手たち全員にとってつらいものとなりました。キムはある強豪との試合に出してもらえず、チームは延長戦の末に敗れました。ダンコーチはひどく腹を立て、選手たちの頑張りが足りないのではないかと問いただします。すると、選手たちは互いになじり合いを始めます。オフェンス陣は山ほど相手ゴールを許したとディフェンス陣を責め、ディフェンス陣は生ぬるいプレーをしたとオフェンス陣を非難しました。その後の練習では、チーム全体が疑心暗鬼に陥るようになりました。選手は互いにパスを出さなくなり、練習前後に言葉を交わすことも少なくなりました。笑顔も笑い声も消えていきました。実際、選手たちは黙々と練習しているも同然の状態になっていました。

練習が厳しくなってきた時期が試験と重なったので、ストレスから大きな悪影響が表れるようになりました。体調を崩したり、ケガをしたりする選手が増えていきました。手首の骨折や肩の脱臼で4週間も戦線を離脱する選手もいました。そのため、チームの勝利の勢いは落ちていきました。直近の10試合では、4勝4敗2引き分け。それでも、シーズン序盤の好調な滑り出しがあったおかげで、トーナメント進出は果たしました。シーズン通算12勝6敗2引き分けというのは、まれにみる好成績でした。

トーナメントでは皮肉なことに、シーズン初戦で6対0で破ったチームと対戦することになりました。コーチが声を荒げて発破をかけると、選手たちにはますます緊張が走ります。選手たちはコーチの怒鳴り声を聞かないようにし、チーム内にはびこっているわだかまりも忘れようとしました。しかし、互いに無視し合うことにすっかり慣れてしまっていたので、積極的なチームプレーを取り戻すのは困難でした。そして試合時間残り30秒のところで、勝ち越しゴールを決められてしまいます。

その直後、チームは動揺した雰囲気に包まれます。相手チームの観客は悲鳴や歓声を上げ、一方、味方の観客はうなだれて重い足取りで会場をあとにしていきます。勝てるはずの試合に負けたのは明らかでした。ロッカールームでは、ダンコーチはほとんど何も言いませんでした。選手たちの勝ちたいという気持ちをあおり、失望しているのは自分だけではないことを願っていると伝え、今の気持ちを忘れずに、次こそは奮起して勝つようにと告げたくらいでした。

この後味の悪さはシーズンが終わってからもぬぐい切れませんでした。控えにまわされていた選手が数名退部し、コーチを辞めさせようと動き出す一団も出てきました。

チームにも勉強にも精いっぱい力を注いできた最上級生たちは、悔しさと不満を抱えたまま卒業していきました。

チームの問題に対してはコーチが責任をとるケースが多いですが、このように残念なシーズンになったのはダンコーチのせいばかりではありませんでした。親が不満の声を上げることで、チーム内の混乱に拍車がかかってしまったのです。コーチも選手も親も、互いにいがみ合っていてはみんなが苦しむことになります。互いに歩み寄るどころか、チームに関わり合う人間が寄ってたかって選手たちをバラバラにしてしまったのです。その結果、多くの選手が自分勝手なプレーに走り出しました。これは悲惨な結果を招く行動で、競技レベルが上がっていくほど顕著に見られます。

チームの良し悪しは、競技レベルに関係しない

ブレイザーズやこの大学の女子アイスホッケーチームの話から、選手に才能があれば、いいチームになるというわけではなく、必ず勝てるわけでもないことがはっきりとわかります。選手同士がいい関係で、コーチが強い指導力を発揮し、協力的な親がついていてこそ、チームはうまく機能するのです。厳しくても現実的な期待をかける

ことで、選手たちは懸命に頑張ろうとします。ただし、それはあくまでも選手の能力の範囲内での話です。過剰なほど競争心をあおれば、初めのうちは上達し、勝敗でもいい結果が残せるかもしれませんが、最終的にはチームスピリットが損なわれてしまいます。競技レベルに関係なく、楽しくプレーしているチームほど、選手のやる気がより多く引き出されるのです。

親には、子どもが所属するチームの行く末をどうこうすることなどできません。それでも、選手を上達へと導き、チームを団結させ、激しい競争のなかでも楽しんでプレーできると評判のいいスポーツプログラムやコーチを吟味することはできます。幼いうちから常勝チームに入ることが、何より本人のためになるとはいえません。勝利も敗北も経験することで、もっと上級レベルでプレーするようになったときに避けては通れない逆境に立ち向かうための土台を作ることができるでしょう。子どものころからそうした試練を乗り越える術を身につけてこなかったために大学に入ってから苦労している選手を、これまでたくさん目にしてきました。だから、**早くから勝ちにこだわることが逆境に強い選手を育て上げることにつながると錯覚してはいけないのです。**

子どもが10代を迎えて大人に近づいていくにつれて、勝つことがより重要になってきますが、いいチームを作り上げていく根本的なところは何も変わりません。目の前のプレーにのびのびと打ち込めて、チームメイト同士で助け合い、コーチは各選手に重要な役割を与えてチームの士気を最高の状態に持っていき、選手はコーチを信頼し、親は遠く離れていたとしても我が子をずっと支え続ける、子どもにはそんな環境が必要なのです。

第13章　摂食障害・サプリメント使用とボディイメージ

スポーツを通じて、子どもは健康的な体重やいい自己イメージを維持していくことができますが、体力や見た目の良さにこだわるあまり、無茶なダイエットや過剰なトレーニングに走ったり、合法ではあっても身体に害を及ぼす恐れのあるサプリメントを使ったりすることがあります。

今日の文化では子どもに対しても、体重を落とし、筋肉をつけろ、という風潮が深く根づいています。女の子たちは、雑誌でこんな文句を嫌というほど目にします。「太りすぎちゃった？　体重のせいで動きが鈍くなった？　見た目もダウン？　そんな方にはこの薬がお勧め。体重を減らして完璧なボディに導きます」。男の子に向けては、こんなメッセージも書かれています。「ガリガリでヒョロヒョロ？　いつまで自信がなくてバカにされる、冴えないひ弱男子でいるつもり？」。あるいは「もっと強くなって上を目指してみませんか？　この薬を飲めば筋力は倍増。自信がみなぎり、相手を圧倒できますよ」。パフォーマンスについてプレッシャーをかけられると、子どもは急場しのぎに食事制限や、ステロイドやサプリメントの乱用といった危険な手段に走ってしまうことがよくあります。男子も女子も自分を追い込みすぎると、冷静な判断ができなくなってしまうのです。

摂食障害のことはかなり広く注目されてきましたが、ステロイドや、いわゆる栄養補助食品（サプリメント）については多くの親にあまりよく知られていません。たいていの親は、子どもが見た目やパフォーマンスにどれほど固執しているかを知って驚かされますし、薬物やステロイドをどのように手に入れているのか見当もつきません。実際、不穏な徴候を捉える術が整っていないといえます。

ケーススタディ#25　疲労骨折から摂食障害が発覚したアマンダ（16歳）

アマンダは16歳の高校3年生。陸上部に所属し、最高のシーズンを送っています。先の2大会で、800メートル走、1500メートル走で優勝しました。両親は娘の活躍に大喜びしていますが、体重が落ちていることを心配し始めています。服はぶかぶかになってきており、食事はサラダしか食べません。母親が肉やパスタを食べるように勧めると、アマンダは少しだけ皿に取ってつついて手を付けようとはしますが、口には運びません。なぜそんなに食べないのかと両親が尋ねると、アマンダは肩をすくめてこう答えます。「おなかが空いてないだけ。学校でお昼を食べすぎたの」。アマンダがその日に何を食べたのかは正確にわからないので、両親はそれ以上何も言えませんでした。娘を信じたいとは思っていますが、本当かどうか計りかねています。

それから数週間にわたって、アマンダが浴室からなかなか出てこないことがよくあることに両親が気づきます。お湯の流れる音がしないので、シャワーを浴びていないことは明らかでした。浴室のドアをノックして大丈夫かと尋ねると、アマンダはきつい口調でこう答えます。「大丈夫だから。シャワーのときまで干渉しないでよ」

その後、両親は学校のアスレチック・トレーナーから電話を受けます。脛骨過労性骨膜炎が再発して悪化しているので、整形外科で診てもらうようにという話でした。診察を受けたとき、アマンダがすねと足首を軽度の疲労骨折していることを両親は知らされます。病院から帰ろうとしたときに、両親は医師から呼ばれ、アマンダが摂食障害を起こしている可能性があると聞かされます。彼女の骨は細くなっていて、体重は危険なレベルにまで落ちていたのです。身長約１６３センチに対して体重は46キロほどしかありませんでした。両親はこの話に当然ながらショックを受けます。すぐにでも何とかしてやりたいと思いますが、まずはアマンダの状態をもっとよく理解し、どうしてこんなことになったのか確かめてみることにしました。

摂食障害であることは、通常とはちがった形で表面化する場合があります。摂食障害の診断に整形外科医が関わることはまずないと思うでしょう。しかし、整形外科医が青年期や若年成人、特に女子に再発した疲労骨折を治療するときは、摂食障害が潜んでいないかどうか疑うことがあるのです。アマンダの骨の状態は、女子アスリートの三主徴の1つに当たります。女子アスリートの三主徴はスポーツ医学用語で、危険因子となる身体・行動面での3つの異常を表しています。摂食障害、無月経（月経がない状態）、骨粗しょう症（骨が細くなって弱くなること）の3つです。

アマンダの場合は、体重減少と疲労骨折が重なっていたので、医師の注意を引きました。アマンダが2回も月経がなかったとわかって、専門家の助けが必要だと医師は確信します。激しい競技に携わる、摂食障害の女子選手の多くに見られるように、過剰なトレーニングや行き過ぎた減量をすれば、いずれ身体を壊すことになります。アマンダの整形外科の主治医は、摂食障害には他の多くの行動が影響しているかもしれないので、各方面の専門家の力を借りるよう勧めます。

その主治医の判断は正しいものでした。体重の減少と疲労骨折は、氷山の一角にすぎません。オーバーワークによってアマンダの身体は疲弊して損傷を受けていますが、痩せたいという欲求が強くて過剰なトレーニングや食事制限の危険性が見えなくなっていたのです。そういうわけで、アマンダは神経性無食欲症（一般的には拒食症として知られている）と神経性過食症（同、過食症）という、2つの摂食障害にかかっている恐れがあることがわかりました。

精神疾患について書かれた『DSM-IV-TR精神疾患の診断・統計マニュアル　新訂版』（邦訳・医学書院）によると、神経性無食欲症は若者の標準体重の85パーセント未満になった状態と定義されています。女子の場合、標準体重が約45キロだとすると、約38キロ未満になると神経性無食欲症と診断されます。

陸上、クロスカントリー走、競泳、体操といった激しい競技をやっている女子選手でも、標準体重を維持しなくてはなりません。アマンダの標準体重は、約54キロです。約46キロを下回れば、標準体重の85パーセント未満となり、拒食症と診断されます。約45キロまで落ちれば、危険な領域に達します。

拒食症の女子は太ることを恐れ、自分の外見に対してとても批判的です。こうした傾向は、女性アスリートに顕著に見られます。体調が良くても、体型には依然として不満を持っています。たとえば、アマンダが自分の姿を鏡で見ると、そこには太った人間が映っています。両親やコーチの目には、恐ろしく痩せて見えていたとしても。

アマンダが抱えているかもしれない主な摂食障害のもう1つが、神経性過食症です。『DSM-Ⅳ-TR精神疾患の診断・統計マニュアル　新訂版』によると、少なくとも過食が週2回、3か月以上続くと、神経性過食症と診断されます。過食の症状が表れると、短時間で異常なほど大量の食物を摂取し、本人にはそれを制御することができません。そのあと、食べ過ぎの代償として、嘔吐や絶食、過剰な運動の実施や、下剤や利尿剤、浣腸、そのほか体重が増えないようにするための薬や何らかの手段を用います。

体重増減だけではわからない過食症

素人目では、選手が過食症になっているかどうかを判別するのは難しいでしょう。公共の場ではふつうに食事をとっていても、誰も見ていないところでドカ食いして下剤で腸を空にしているかもしれません。健康そうに見えても、実際には身体を痛めつけ、気持ちがすさんでいる場合もあります。チーム内でお互い過食症のことに触れることなく、ひとりで苦しんでいる選手がいることも珍しくありません。大量に食べて下剤で腸を空にするというのは密かに行っていることで、どこか恥ずかしさやバツの悪さがあって人には言えないのです。残念ながら女子は過食症になると、誰にも相談できずに苦しんだりします。これでは、体重が正常に見えると、娘が摂食障害に陥っているかどうかを見極めるのはなおさら難しくなってしまうでしょう。他に何らかの兆候が表れていても見落としてしまうのです。

過食症のアスリートは、高機能アルコール依存症の患者に似ています。この患者は酒を隠してひそかに飲みます。高機能アルコール依存症は、現場を押さえない限り、問題が表面化することはなかなかありません。仕事に支障をきたしたり、人間関係がこじれたりして初めて明るみに出ます。それでも、顔色や吐く息のにおいに注意を払えば、飲酒に問題があると察することができるかもしれません。

女子アスリートのなかには、神経性無食欲症や神経性過食症の症状を完全に満たしていなくても、摂食に関して深刻な状態にあるケースも多くあります。拒食症にしろ、過食症にしろ、一部の症状しか表れず、はっきりとした診断がつきにくいのです。こうしたケースは、特定不能の摂食障害（ＮＯＳ）に分類されるでしょう。この場合、完全な拒食症や過食症とは度合いが異なりますが、もっと深刻な状態にならないようにするためにも治療が不可欠です。

摂食障害であることを隠すのに伴って、食事に関しては頻繁に嘘をつきます。アマンダのように、食事を出すと、もう食べたと言ったりします。トイレに行く頻度が多くなったら、それは体重を増やさないために嘔吐（あるいは下剤で排泄）している可能性を示す兆候です。アマンダが嘔吐しているという確証を得るのは厳しいので、親はそれを裏付ける特有の症状を探してみる必要があります。たとえば、肌がくすんだ黄色になっていないか。嘔吐したせいで目の下が充血していないか。指や指の関節の甲に歯が当たった切り傷はないか。嘔吐のときに胃酸にさらされて歯のエナメル質がはがれていないか。また、のどや胸に慢性的な痛みを感じたり、ぐったりしたり、元気がなかったりといった様子はないか。また、摂食障害になった、耐久スポーツの選手によく見られるように、ひどい疲労感に襲われたり、チームメイトとも楽しく過ごせなくなったりするケースもあるかもしれません。はっきりとした理由もないのに、パフォーマンスが低下する場合もあります。

食べることに問題があるのではないかと両親に問いただされると、アマンダは過食なんてしていないと否定しますが、ときどき自分で吐くようにしていることは認めます。ただ、あくまでも食べることに深刻な問題があるわけではないと言って譲りません。アマンダは太らないようにほとんど全食の量を減らして運動量を増やしたために神経性無食欲症の症状が表れたのだろうと、両親はひとまず結論づけました。

子どもに摂食について問う際の注意点

こうした問題にもっと早く気づけなかったことを、両親は恥ずかしいと思っています。整形外科の医師からは摂食障害の専門家に家族全員で相談に行ったほうがいいと勧められ、そのことをアマンダに直接話してみることにしました。

夕食前に母親はこう言います。「アマンダ、整形外科の先生の話では、足が治るまでは少し安静にしなくちゃいけないそうよ。だけど、あなたの体重がすごく落ちてるとも言われたの。摂食障害を起こしてるかもしれないんですって。診てもらったほうがいいと思うわ」

「何言ってるの？　私の体重は何もおかしいところなんかないわよ。なんでいつも体重のことばかり言うの？　しつこいよ。この話はもうしないで」

直接話したことが、かえって逆効果になってしまいます。アマンダは摂食障害の専門家の診察を拒み、食べることに問題はないと言い張ります。両親は小児科医に相談すると、摂食障害のことを女の子と面と向かって話すときには注意が必要だという説明を受けます。**たいがいの子は異常などないと否定し、頑なな反応を見せます。**特にアスリートの場合、身体をコントロールすることで自分の能力や自信を強く実感するものです。親やコーチや仲間から摂食障害のことに触れられると、食べる量、見た目、身体機能の3領域から責められているように感じてしまいます。自分の身体をかばい立てし、自分の行動をひどく恥ずかしいと思ってしまうのです。だから、娘と直接話すときは、訓練を受けたカウンセラーや医師の指示を仰ぎ、戦術を図らなくてはなりません。

場合によっては、摂食障害の治療のために入院しなければならないこともあります。マサチューセッツ総合病院とハーバード・メディカルスクールの同僚であるポール・ハンブルク医師は、他の数ある専門分野のなかでも摂食障害に詳しい人物です。ハンブルク医師によると、健康を損ない、食べることを抑えきれない青年期の子どもには、入院が救いになる場合がよくあります。アマンダの両親は娘を入院させたほうがいいのかどうか、摂食障害のセラピストに相談しに行きますが、彼女の体重減少は緊急入院が必要なほど深刻なものではないことがわかります。ただし、外来で治療を受けたほうがいいと強く勧められます。

この診察で両親は、セラピストからアマンダのためを第一に考えるように言われます。心配な状況を話すよう促され、アマンダが疲弊し、元気がなく、競技も学校も楽しめず、見るからに辛そうにしている様子を打ち明けます。このアプローチのおかげで、より良い結果を招くことになります。アマンダは、保健の授業で知り合った、学校のカウンセラーに診てもらうことを承諾します。競技でも学校でもどれほど大きなプレッシャーを抱え、いずれにおいてもいい大学に進学できるほどいい結果を残せなかったらどうしようかとどれほど不安になっているのか、アマンダがつらい思いをしている理由に、家族全員が目を向けるようになります。

家族の絆が深まってくると、アマンダはカウンセラーからより健康的な食事がとれるよう栄養士からの指導を勧められます。それから週に１度、保健室で栄養士に体重をはかってもらい、少しずつでも安定して体重を増やしていくために食事を計画的に摂取するようになります。それから数か月後には、徐々に体重が増え、体調もよくなっていきます。コーチに状態を説明し、少しずつランニングも再開します。コーチとはオーバーワークにならないようにする方法を話し合います。

アマンダの両親は、娘の問題に対処するために３ステップアプローチを取り入れます。アマンダの問題は急を要するものでしたが、両親は一歩引いて娘のことや摂食障害の特徴や原因についてもっとよく知ろうと努めます。青年期の女子は身体が変化すると、自分をコントロールできなくなったような感覚に襲われます。こうした身体の変化を受け入れる子どももいれば、青年期前の身体に戻ろうと減量したり、無茶なトレーニングをしたりして、摂食障害につながりかねない土台を作ってしまう子どももいます。アマンダは、勉強でも競技でもいい結果を出していい大学に行きたいという気持ちが強かったので、余計に影響を受けやすかったのかもしれません。彼女の学校はとても競争が激しい環境だったのです。人気のある女子はみんなほっそりとしていて頭が良く、運動能力も抜群です。しかもアマンダがやっている競技では厳しいトレーニングが課せられます。そうしたストレスのかかる状況のなかで、子どもが食事を制限するというのは、他の不安定な状況に抗う手段となっているのです。

アマンダの両親は、娘がこんな状況にあるなかで何ができるのか、そんなことについても考えてみます。摂食障害の原因が両親だけということは稀ですが、家庭環境を全体的に調べてみる価値はあります。あからさまでも、わざとでもないにしても、無理をしてでもいい結果を出さなくてはならないというプレッシャーがわずかながらでもかかっているのかもしれません。

両親はプロ意識が強くて仕事に対しても一生懸命です。アマンダはそんな熱意を、勉強や競技でいい結果を出してもらいたいという、自分に対する期待として向けられているのかもしれません。また、アマンダは一人っ子で、きょうだいが成長していくなかで経験する浮き沈みの様子を目にすることもありません。ある意味、アマンダは大人の世界に身を置いていて、そのなかでの達成基準を満たさなくてはいけないと考えてしまうのです。アマンダは食事を制限して運動量を増やし、周りに後れを取っているという感覚を払拭しようとしています。競技での勝利や学業での好成績にこだわるあまり、自分を見失っているのです。両親が至った結論としては、自分たちがアマンダのプレッシャーのいちばんの原因になっているわけではなく、逆に娘の不安を解消し、バランスの取れた生活を取り戻すために力になれるということです。

アスリートである娘は、丈夫で健康そうにみえるので、摂食に問題を抱えていると親はまず考えません。問題がありそうだとしても、本人は直接話してくれませんから、親が間接的に情報を集めなくてはなりません。たとえば、チーム内の選手のことやトレーニングの厳しさの度合い、自己管理の習慣などについて訊いてみるのです。十分に休養しているか。水分をしっかり摂っているか。選手とコーチの間で起こっている問題についてどんな話にも注意深く耳を傾けるのです。友達のことや彼らが抱えている悩みについてどう話すかを見ることによって、たいがいいろいろなことがよくわかります。同時に、チームメイトの親たちと話してみることです。チームやコーチのことをどう思う？　そんな会話から問題の糸口が見えてくるかもしれません。

摂食障害の疑いがある場合は、医療専門家や精神医療の専門家に相談するのが賢明です。コーチや他の選手たちを巻き込めば、本人は恥ずかしい思いをし、反抗的になって周囲の助けも受け入れなくなるかもしれません。小児科医や栄養士、摂食障害のカウンセラーは、こうしたデリケートな問題にどう対処するか指導し、極度の疲労や貧血、電解質レベルの異常、脈拍や血圧の変化、気分障害など、表れる可能性のある症状や疾患について説明してくれます。親が気づかないうちに、こうした深刻かつ危険な状態に簡単に陥ってしまう場合もあります。症状は表れたり、なくなったり、また再発したりすることもあります。だから、このような問題には真剣に対処することが絶対に不可欠なのです。

サプリメントのリスクを知る

摂食障害のほかにも、子どもが身体を蝕んでしまうケースがあります。子どもは薬物や栄養補助食品（サプリメント）に手を出したりしますが、そのほとんどは安全性の試験が行われておらず、身体に害をなす恐れを多分に含んでいます。減量するために興奮剤を使おうとする子どももいれば、競技のパフォーマンスを高めたり、筋肉をつけたりするために興奮剤や栄養補助食品を取り入れる子どももいます。傷つきやすく、自信もなく、時には混乱してしまう青年期の子どもにそれらがどんな影響を及ぼすのか、親は肝に銘じておくようにしなくてはなりません。子どもは容姿や個性に自信がないと、それを自分の問題や欠点と捉えて手っ取り早い方法で解消しようとつい考えてしまうのです。

たとえば、すぐにでも痩せたくて、エフェドラといった興奮剤を試す子どももいます。エフェドラは減量や競技パフォーマンスの改善や活力を高める目的で使われる興奮剤です。アメリカ食品医薬品局（ＦＤＡ）の報告によれば、エフェドラは短期間のうちに体重減少やパフォーマンスの向上の効果が見られる場合もありますが、使用すると、心身に多大な危険を及ぼしかねません。この興奮剤は非常に危険で、決して摂取するべきではありません。吐き気、嘔吐、怒り、動悸、心配、情緒不安定といった副作用を伴います。青年期の子どもにエフェドラを使用した場合の効果は十分に調査されていないので、実際にはもっと大きなリスクをはらんでいる可能性があります。

エナジードリンクは、栄養補助食品として青年期の子どもの間で人気が高まってきています。減量したいとか、ただ食欲を抑えたいために飲む子どももいれば、男子を中心にパフォーマンスを向上させたくて飲む子どももいます。エナジードリンクを摂取すると活力が湧いてきて、同時にもう燃料は必要ないと身体が錯覚して活動できるようになります。代謝が上がっている感覚も得られます。それでも見込まれるのは短期的な効果で、リスクのほうがはるかに高いのです。NFLのワシントン・レッドスキンズ（現ワシントン・コマンダーズ）の栄養士で、『Fuel for Young Athletes』の著者アン・S・リットによると、多くのエナジードリンクには大量の糖類が含まれており、吐き気や嘔吐、脱水症状を引き起こすことがよくあります。また、一気に活力が湧いて、それが一気に失われます。エナジードリンクによって一時的に活力が増して30〜45分くらいは持続し、それによってパフォーマンスが上がります。しかし、血糖値が急降下すると、運動能力が低下します。そうなると、ふらついて筋力が落ち、実際、パフォーマンスまで下がってしまう可能性があります。

多くのエナジードリンクにはカフェインも含まれており、これが活力になるケースもあれば、支障をきたす場合もあります。カフェインによるエネルギー効果を糧としてパフォーマンスを上げる選手もいれば、逆に注意散漫になって過活動状態になりイラつく選手もいます。子どもの誰もがカフェイン中毒に陥る恐れがあります。つまり、カフェインの効果を得ようと、エナジードリンクを際限なく摂取してしまうということです。こうなると、脱水症状を引き起こしかねません。これまで高校、大学、プロの選手たちを10年以上にわたって診てきましたが、競技で暑い時期に脱水症状を起こすと、恐ろしい結果を招くことがあります。最悪の場合、熱疲労や脳卒中を起こして死に至った選手もいます。

エナジードリンクよりもっと危険なものに手を出してしまうケースもあります。高校の男子アメフト選手と女子バレーボール選手を対象にアイオワ州全体で行われたある調査によると、何らかの栄養補助食品やステロイドを使っている選手は、男子が8パーセント、女子が2パーセントにのぼりました。これは驚くほど高い割合といえます。自分の子どもが親の知らないところで薬物やサプリメントに手を出しているかもしれないということです。だからこそ、こうした傾向に目を光らせ、考えられるリスクを知っておくことが大切なのです。

栄養補助食品のなかでも人気があるのがクレアチンで、その有効性や安全性については賛否両論が見られます。クレアチンはアミノ酸で、たんぱく質の生成を助けます。アスリートがクレアチンを摂取すると、パフォーマンスが向上し、力がみなぎってき増します。

このような好ましい調査結果があれば、多くの子どもたちがクレアチンに惹かれても不思議ではありません。現に、クレアチンを使用している高校生アスリートは17パーセントにのぼり、そのうちアメフト選手に至っては、30パーセントにもなります。大学生になると、クレアチンの使用率はさらに上がります。NCAAのディビジョン1に属する選手の28〜41％は、クレアチンを摂取しています。

しかし、クレアチンの使用に関する良くない調査結果については、あまり表立って宣伝されることはありません。実際、クレアチンの効果には、特にアスリートのパフォーマンスに関して疑問があるという調査結果も出ています。言い換えれば、子どもは期待しているほどの効果を得られていないのです。それに加えて、クレアチンには危険な副作用があります。クレアチンを使用すると、長期的に腎機能を損なう場合があるのです。また、クレアチンのほとんどの研究が成人を対象としたもので、幼い子どもや10代の若者が使った場合の効果やリスクについては、わかっていないことが多いのです。

クレアチンに限らず、あらゆる種類の栄養補助食品は、ドラッグストアやスーパーやインターネット上で市販されており、子どもでも簡単に手に入れることができます。飲料・パウダータイプのたんぱく質補助食品（プロテイン）には数え切れないほどのブランドがあり、活力増強の効果を謳っています。子どもからプロ選手までサポートしているスポーツ栄養士のタラ・マーディガンは、プロテインの取り過ぎは危険であると警告しています。プロテインを大量に摂取すると、身体に過剰に負荷がかかります。アトキンス・ダイエットといった高たんぱくの食事で体重を減らそうとすると、体内に増えたたんぱく質が脂肪に変わり、体重が増加するということを知っておくべきです。さらに深刻なケースでは、こうしてたんぱく質を過剰に取り込むと、腎臓が処理しきれなくなり、腎臓結石や痛風を引き起こす恐れがあります。

何より懸念されるのは、サプリメントを摂取すれば、いい結果が出て、もっと取り入れればより良い成果が表れると考えてしまうことかもしれません。こうした誤った思い込みが身体に害をなす恐れがあります。その多くはまだ予測できませんが、数年後には目に見えて表れるようになるでしょう。トレイン・ボストンのアスレチック・

トレーナーのBJ・ベイカーによると、適切な形であればサプリメントを使ったほうがいいと思われる、ごく一部のアスリートにその使用を推奨しても、たいがいの場合、言われた量を守らず、過剰摂取してしまうといいます。

こうしたサプリメントの使用を、親はやめさせたほうがいいのでしょうか。子どもが使っているとわかったら、どうすればいいのでしょう。スポーツ栄養士のマーディガンは、子どもにサプリメントのことやそれを使用することについて聞いてみるよう勧めています。かかりつけ医に相談したり、いろいろ調べたりして、子どもと一緒にサプリメントの効果や安全性、合法性、商品検査の有無について評価し、身体に害が及ぶ危険性がないかどうかを見極めるのです。最終的には、そうした潜在的なリスクが疑問視されてもそれに見合う効果があるのかどうか、子どもと話し合ってみるのです。摂食障害やサプリメントについて子どもとどのように話し合えばいいかについては、ナンシー・クラークの有名な著書『ナンシー・クラークのスポーツ栄養ガイドブック』（邦訳・女子栄養大学出版部）にも詳しいガイドラインが記されています。

サプリメントやステロイドのような作用をもたらす物質は、十分な商品試験が行われておらず、健康リスクがあるかもしれないので、アン・S・リットのような栄養士は青年期の子どもにはサプリメントの使用より、健康的な食事をとることを強く推奨していいます。青年期の子どもは食生活がひどく乱れているといわれていても、バランスのいい健康的な食事をとるようにしていけば、身体づくりに必要な栄養素はすべて摂取することができます。このような理由から、多くの栄養士は食生活をどう改善していけばいいのか、子どもに対して時間をかけて指導するようにしています。

男子のボディイメージとステロイド

10代から20代後半のころに体型を改善しようと必死になる若者は驚くほどたくさんいます。鏡に映った自分の姿を見つめ、取りつかれたようにトレーニングに励み、懸命に筋肉をつけようとします。若い男子が多少なりとも自分の体型を気にするのはふつうのことです。人からカッコいいと思われたいですし、男らしさも実感したいのです。そのことについて、両親が心配する必要はまずありません。問題となるのは、トレーニングや体型のことが何よりも大事になってしまう場合です。

こうした執着については、『The Adonis Complex』という本に記されています。この本には男性が自分の身体にこだわることで体型や機能障害を招くことについて書かれています。男子が体型にばかりこだわって、人間関係も、仕事や学業に励むことも犠牲にしてしまう危うさや不安定さについても触れられています。この状態を筋肉醜形恐怖ということもあります。拒食症の女子は、自分が太っていると思い込んでしまうのに対し、筋肉醜形恐怖の男子は、自分が貧弱だと決め込んでしまうのです。いずれの場合にも見られる決定的な特徴は、自分の外見に対する偏見です。のちに紹介するアダムがその例です。筋力をつけても、鏡に映った自分の姿が痩せこけてひ弱に見えてしまうのです。

こうしたタイプの男子は、毎日のようにジムで過ごし、トレーニングを日課とします。落ち込んだり、不安になったり、孤独感に苛まれたりします。トレーニングの妨げになるので、友人や家族とも過ごさないようになるかもしれません。彼らの生活は、決まったサイクルでまわっていくようになります。トレーニングの日課や体型へのこだわりは、他に大切なことができない限りはずっと続きます。こうした身体づくりや外見への執着が限界に達したら、スポーツ選手やボディイメージや摂食障害の専門家に相談してみる必要があります。相談することによって、こうしたバランスの悪い生活習慣や偏った自己認識が生まれた原因、またそれに伴う習慣と向き合っていくのです。

10代などの若い男子のなかには、アナボリックステロイドを使っている人もいます。

同僚のハンブルク医師によると、アナボリックステロイドは強力なホルモンで、天然物質と合成物質から成り、いずれも男性ホルモンのテストステロンと関連しています。食欲を刺激し、筋肉量を大幅に増やし、体重を増加させるといった作用があります。また、脳や肝臓に障害を引き起こしたり、重度のニキビを発症したり、発育を妨げたり、心臓疾患のリスクを高めたり、男性の薄毛を促進したり、乳房の発達を促したり、正常な性機能を抑制したりもします。さらに、ステロイドを使用することによって高まるリスクとしてもっと恐ろしいのが「ロイドレイジ（訳注：ステロイド使用者に突如として生じる暴力的欲求）」で、ステロイド使用者の約10％が暴力的になると見られています。そうした危険な副作用がどのステロイド使用者に表れやすいのか、見分ける方法はありません。さらに、ステロイドの使用によって受ける長期的な影響の度合いは、成人アスリートに比べて若年層のほうがより深刻といえるでしょう。

アスレチック・トレーナーのＢＪ・ベイカーが書いているように、子どもがステロイドを使っているとわかると、親はたいがい驚き、その事実を否定することもあります。「息子はステロイドなんかやってません。あれはすごく危険ですもの。息子はとても利口だから、あんなものに手を出したりしないわ」

しかし、子どもはジムでもっと鍛えて、もっとトレーニングの時間も増やさないと、入部できる見込みはないなどと言われてしまうと、ステロイドを使ってみようかという誘惑に駆られそうになります。何をするにもリスクや不透明さを伴うことを理解するには幼すぎて、筋肉を増強しようと、とっさにいちばん手っ取り早い方法を選んでしまうのです。

初めのうちは、息子がジムに鍛えに行っているのを見て、親は喜ばしいことだと思うかもしれません。ジムに行けば、年上の体格のいい若い男性から身体づくりについて訊くことができます。ウエイトトレーニングの進め方やテクニックについてもアドバイスを受けられますが、それに加えてウエイトを鍛えている人の多くがパフォーマンスを向上させる薬物を使っている事実にも触れることになるでしょう。残念ながら、ジムではこうした薬物使用が野放しになっている場合が多いのです。ジムのインストラクターはたいがい、大柄でたくましく、同じような体型になれるよう利用者のサポートをします。だから、担当のインストラクターの多くは、ステロイド使用の話が出ると、見て見ぬふりをします。親はこうした風潮のジムがあることを認識しておいたほうがいいでしょう。**若年層のアスリートには、しっかり訓練された信頼のおける専門家のそろった、管理の行き届いたジムが最適です。**こうしたジムの見極めも3ステップアプローチに基づけば、子どものスポーツ環境のことを知る一環といえます。

子どもがどのようにステロイドを摂取しているかも気がかりなところです。経口ステロイドは、「多ければ多いほどいい」という理由から多量に摂取されることが多いですが、そのように過剰に使用すると、肝臓障害につながる可能性があります。ステロイドは筋肉に注射して摂取する方法もあります。ただし注射の場合、医療従事者が監督するわけではないので、汚れた注射針を通じて感染症にかかるといった、また別のリスクが生じてきます。ヒト免疫不全ウイルス（ＨＩＶ）や肝炎のような感染症は、こうした注射針の使い方によって広がっていく恐れがあるのです。

男子高校生の場合、ステロイドを使用することで身長が伸びなくなったり、臓器の成長が損なわれたりすることがあります。ステロイドを使っても、結果的には望んでいる効果とは正反対のものしか得られないのです。残念ながら、ほとんどの青年期の若者はこの事実に気づいていません。

それよりもステロイドを使えば、短期的な効果が得られる魅力に取りつかれていきます。ステロイドを使うと、筋力が増し、より攻撃的になります。パフォーマンスが向上し、自信も湧いてきます。ボディイメージもよくなってきます。長期的には健康リスクがあっても、目先の効果には勝てないのです。親は、ステロイドの副作用についてしっかり伝え、使用を考え直すように促すしかありません。

2005年の春にプロもアマチュアも含めてステロイドを使用する選手がピークに達してきたことを受けて、アメリカ国立薬物乱用研究所の所長ノラ・ヴォルコフ博士がステロイド使用の危険性に対する強い思いについてこう語っています。

断言します。アナボリックステロイドは、ある特定のパフォーマンスや外見を向上させる効果はありますが、危険な薬物であることに変わりはありません。誤った使い方をすれば、長期にわたって数多くの深刻な健康被害が生じ、取り返しのつかない悪影響を招くケースも多数あります。こうした薬物は、青年期の身長の成長を妨げたり、女性を男性化させたり、男性の特徴に変化をきたしたりする恐れがあります。アナボリックステロイドは、若いうちから心臓発作や肝腫瘍、腎不全や深刻な精神疾患を招く可能性があります。さらに、ステロイドは注射で投与することが多いので、ＨＩＶや肝炎に感染する恐れもあります。

ケーススタディ#26　自己イメージの低さから脱するためにステロイドに手を出したアダム（14歳）

アダムは、身長は平均的でやせ気味の14歳の男の子。もともと高校のアメフト部に入るような体格ではありませんでした。高校1年を迎える夏前には、新入生担当のコーチからも、その体格で入部できる可能性はまずないと言われてしまいます。

多少なりとも自分の体格のことをずっと気にしていたアダムにとって、この評価はとりわけつらいものでした。実際、アダムは多くの人から内気だと誤解されていましたが、概して人目を気にするタイプで、軽度のうつ状態にも苦しんでいました。友達もほとんどおらず、親友やガールフレンドなどいたためしがありません。アメフト部に入って自信が持てるようになりたくて、アダムはひそかにステロイドに手を出すようになります。夏の間、ずっとウエイトトレーニングに明け暮れ、人と接することも減ってふさぎ込みがちになり、自分の体型にこだわるようになりました。

両親は最初、息子の行動に困惑してしまいます。その後、春休みのころの写真を見て、アダムが短期間のうちにかなり身体が大きくたくましくなっていることに気づきます。どうしてこんな体格になったのか両親が尋ねても、アダムは口を濁します。彼の態度は反抗的で、親に何を言われてもイラつく様子を見せ、それまでのアダムとはまるで別人でした。

アダムの両親は、息子の筋肉量が増し、苛立っている様子に気づいたことから、かかりつけ医に診てもらうことにしました。息子の外見や様子が以前とは明らかに違うと両親は心配していましたが、その不安は的中しました。医師からは、いずれもステロイドの使用によって見られる典型的な兆候だと言われ、両親はアダムとこの問題について話し合うことにしました。

激しい口論の末に、アダムはついに夏の初めにほんの一時期だけステロイドを使ったことを認めました。両親はアダムにステロイドをやめるように言い、その方法について話し合いました。そしてアダムがもっと健康的に身体づくりをしていけるよう一緒にスポーツ栄養士に相談することにし、カウンセラーに予約を入れ、次のような問題について検証してみることになりました。アダムはなぜもっと自分に自信が持てないのか。家庭生活や学校での人間関係、社会的交流のなかでの問題によって、自分をさげすむようになってしまったのか？　体格に恵まれなかったとはいえ、アダムは競技を続けるためにステロイドを使って大きくなろうなどと、心身に深刻な結果を招くような危険を冒したのか。

カウンセリングや家庭での話し合いの末に、両親はアダムが勉強でもスポーツでもいつも劣等感に苛まれていたことがわかりました。アダムの成績はふつうで、両親から良くも悪くも注目されることはありませんでした。学業優秀で褒められている姉とは対照的に、無視されているのも同然でした。アダムは姉の才能や輝かしい成績をいつもうらやんでいました。仲間やコーチや家族から認められたくて何とかしようと思いついたのが、ステロイド使用でした。アダムは周りから一目置かれる存在になりたかったのです。

息子のつらい思いに突き動かされ、両親はアダムの生活に以前より深く関わろうとしていきます。アダムにカウンセリングを受けさせ、健康的な食事や運動ができているかどうかスポーツ栄養士と協力してときどきチェックもしました。アダムは高校１年生になってアメフト部には入らず、水球部に空きがあると聞いてトライアウトを受けてみることにします。ジムには頻繁に通い続けていましたが、元気を取り戻してきて新しい友達もできた様子だったので、ステロイドを使っているのではないかという両親の心配も和らいでいきました。

ただ、このようないい結果に必ずしもたどり着くとは限りません。青年期の子どもがステロイドを使っている事例は、その大半が明るみに出ることもなく、誰にも気づかれなくても不思議ではないのです。中には１～２シーズンの短期間だけ試してみて、その後は二度と使わない子どももいます。だからこそ、ステロイドの使用やその危険性について親も子どもも把握しておくことが大切なのです。しかし残念ながら、手遅れになるまでその危険性に気づかない子どももいます。すでに述べたように、ステロイドの使用が引き金となって、長期的な健康障害を招く場合もあります。

子どもが中学校から大学まで心身を鍛えてずっと競技を続けていくのであれば、そのもろさにも目を向けなくてはなりません。子どもの友達が減量したり筋肉をつけたりするためにどんなことをしているのかも把握しなくてはなりません。食事の取り方やトレーニングの仕方にも注意を払う必要があります。落ち込んだり、イラついたり、体重が急激に変化したり、ニキビができたり、肌が変色したり、他にもさまざまな症状が表れて危険な兆候が出ていないかどうかチェックしなくてはいけません。

最新のダイエット薬や人気のサプリメント、新たに開発されたステロイドなど、子どもが簡単に手に入れられるものについて知り尽くすのは難しいですが、競争の激しいスポーツ界でうまく乗り切っていけるよう協力することはできます。子どもにはどんなプレーをしようと、大事なのはどれほど困難な目標を達成したかではなく、自分がどういう人間でありたいのかということを肝に銘じさせることなのです。

第14章　集中できない状態から抜け出す

これまで何年もかけて、子どもや親やコーチが協力し合って勝ちたいという気持ちを叶え、それでいて人格も形成していけるようにする方法を見出してきました。公正で節度や思いやりのあるといった、より高い概念の理想を物語る行動へ導いていく方法です。ＳＨＡＲＰＰという頭文字が示すのがそのプログラムで、これはもともとボストンのサヴィン・ヒル・リトルリーグで生み出されたものです。ＳＨＡＲＰＰの手法は、若いアスリートを導く親やコーチなら誰でも活用することができます。

SHARPPによるアプローチ

サヴィン・ヒル・リトルリーグで期待される行動は、ＳＨＡＲＰＰの頭文字で表されています。

SHARPPであること

SPIRIT　楽しむ気持ちを持ってプレーする
HUSTLE　つねに頑張る
ATTETION　注意を払う
RESPECTFUL　敬意を払う
POSITIVE　前向きになる
PRACTICE　練習、練習、また練習！

「楽しむ気持ちを持ってプレーする」と、競技に夢中で取り組むことができます。「競技に打ち込むのは、プレーするのが好きだから」ということは何より大切にしなくてはならない大前提です。大半の子どもは、プレーしたり競い合ったりするのが楽しいと思ってスポーツを始めます。ですから、親はそれを応援することが大切です。楽しむ気持ちを持ってプレーすることが土台にあれば、選手がパフォーマンスを最大限に引き出すことにつながるのは間違いありません。

「つねに頑張る」というのは、どんな状況でもベストを尽くし、気持ちの状態に関係なく競技に参加するのが好きだという気持ちを示すということです。「いつだって自分は頑張ってる！」。子どもがそう思えるように、あるいはそう思いたいという気持ちになれるように親が後押しするのです。スコアボードに何と書かれていようと、そんな気持ちになれることが誇りとなるのです。頑張る気持ちを身につけるには、後述する「敬意を払う」がカギとなります。

「注意を払う」というのは、コーチがよく口にする「目の前の目標ややるべきことに集中するんだ」「試合に全力で集中するんだ」といったことに通じます。また、自制心や誠実さといった人格の形成にもつながります。つねに注意を払うのは、活躍している経験豊富な選手でも難しいことです。子どもはこれを徐々に身につけていけばいいわけですが、支えが必要になります。

「敬意を払う」というのは、選手が競技場や用具、自分の身体、コーチ、審判や対戦相手など、競技に関わるすべてを大切にすることです。試合で勝っても負けても選手同士で握手しますが、これはすばらしい敬意の表明です。適切なトレーニングを行い、栄養のある食事をとり、有害物質を避け、ケガをしたらきちんと治療することが、身体を尊重することにつながります。コーチはスポーツの指導者、メンターとして、レフリーや審判は公正さや安全を守る存在として、対戦相手はともに試合に参加する選手として敬意を払うにふさわしい相手です。学校、地域社会、ファンも敬意を払うべき存在です。こうした人たちの協力がなければ、誰もプレーできません。「前向きになる」というのは、スポーツには成功もあれば失敗もあるということを学ぶことです。失敗を克服し、敗北や逆境から学び、欠点や自分や周りの失敗を引きずらずに向上していかなくてはなりません。腹を立てたままではプレーは向上しないということを学ばなければなりません。それよりも建設的なアプローチに切り替えたほうが効果的なのです。挫折から得られる教訓を見つけ、見違えるほど上達できるよう努力することが、さっそうと楽しみながらプレーするためのポイントとなります。

「練習、練習、また練習！」。これは、上達するためには、努力に代わるものはないということです。アスリートは練習通りのパフォーマンスを発揮するものです。だから、目の前の課題に全力で集中して練習することが重要なのです。古いことわざの「習うより慣れよ」は、スポーツでは的を射ています。時間をかけて上達していくには、懸命に練習するしかないのです。スポーツでの喜びは、すべて練習を通じて得られると言っても過言ではありません。

ＳＨＡＲＰＰのコンセプトを実践すると、子どもは結果や周りからの過剰なプレッシャーのことで恐怖や不安に苛まれることから解放され、好きなことにめいっぱい打ち込むことができます。こういったトレーニングによって、トップレベルのパフォーマンスや優れた人格の形成にもつながります。

集中を阻む４つの原因

集中力を削がれてしまう原因は、身体的、社会的、感情的、精神的な面から分析できます。

・身体的な原因

試合前にあまり食べられなくなったり、痩せすぎたり、太りすぎたり、小さなケガがなかなか治らなかったりして煩わしい思いをすることもあるかもしれません。

・社会的な原因

特に、青年期の子どもは、友達やチームメイトやコーチから言われることにとても敏感です。公然と表に出すかどうかは別にして、親の期待や望みもかなり意識しています。試合を静かに観戦しようと、スタンドから叫ぼうと、親のあらゆる行動によって子どもは集中力を削がれて最高のパフォーマンスができなくなってしまう場合もあります。厄介なのは、子どもは親が実際に望んでいることや考えていることに応えようとしているとは限らないということです。親の望みをどう受け止めるか、それに応じて行動しているのです。大事なのは、親をどう捉えるかということです。たとえば、子どもに対して距離を置いてプレッシャーをかけないようにすると、子どものほうは親に構ってもらえないことで自分が本当は愛されていないのではないかと思い込んでしまうかもしれません。これを解決するには、親の干渉具合を子どもがどう受け止めるのか、直接話し合ってみることです。

・感情的な原因

スポーツで身体的、社会的、あるいは自らが招いた精神的な問題によって生じた、幅広い意味でネガティブな無力感が原因となって集中できなくなることがあります。その引き金となるのは、ボーイフレンドとのケンカや親との言い争い、最近のパフォーマンスのことでひどく落ち込んだり、次の大会のことを考えると怖くなったりするケースが考えられます。恐怖や不安に駆られたり、直感が湧いてこなくなったりすると、試合に集中できなくなったり、ベストを尽くすこともプレーを楽しむこともままならなくなります。

競技において感情的なことで集中できなくなる原因として、いちばんダメージが大きく、顕著に見られるのが、失敗に対する恐怖心です。子どもの多くは、うまくいかなかったらどうしようと不安を抱えています。こうした不安があると、「ブレイシング」という身体的影響が表れて、身体が硬くなってしまいます。これによって本来の実力を発揮できなくなってしまうのです。

・精神的な原因

これは、すでに触れた3つの原因と相互依存しており、どうすれば練習やプレーがうまくいくのか考えることから気をそらすあらゆる思考のことをいいます。精神的に集中できなくなる原因としてよくあるのは、能力や可能性、自分、パフォーマンスについて低い評価をすることで、特に青年期を過ぎた選手に見られます。試合がどう展開していくのか心配することも、集中力を削がれるよくある原因です。

ケーススタディ#27　心身ともに悪条件から脱したレベッカ（高校1年生）

レベッカは、バスケットボールのスター選手で、あらゆるケースの集中できない状態と向き合っています。高校1年生にしてバスケ部の1軍レギュラーメンバーに入っています。最初の数試合は活躍していましたが、そのうちコートで失神するようになります。複数の医師から失神の原因は身体的なものではないと言われ、心理的な問題によるものではないかと考えてスポーツ精神科医に診てもらうことにしました。それからまもなくして、失神の原因は著しい体調不良によるものであることがわかりました。レベッカはプレッシャーを感じると、試合の日は食べられなくなってしまいます。単におなかが空かないだけで、食べると気分が悪くなってしまうのです。だから当然のことながら、試合中は体力不足に陥ってしまいます。そこで手っ取り早くできる解決策として、緊張したときでも食べられて、持ち歩けるものを見つけてみることにしました。

また、レベッカは深刻な家庭問題も抱えています。離婚した両親は、いまだに一緒に過ごすことが多く、結局ケンカになることがしょっちゅうあります。毎週のように起こる言い争いがレベッカには大きなストレスになっています。失神の発作はだいたい、両親が大喧嘩した1日後か2日後に起こります。それに、1年生で1軍のレギュラーに選ばれて、妬んでくる上級生もいて、特にレベッカが試合に出ている間、ベンチを温めている上級生からの風当たりを強く感じていました。しかも、レベッカが通っている私立高校のクラスメイトと比べて、彼女の家庭は裕福ではなかったので、ずっと疎外感も覚えていました。このように社会的にも感情的にも集中できなくなっているせいで、試合に身が入らなくなっていました。

レベッカは精神的な意味でも集中できなくなっています。失神するのではないかと思ったり、周りからの期待を気にしたりすることはよくあります。同時に、気を取られることで不安になったり、孤独感に苛まれたりすることもあります。

レベッカは結局、こうした厄介な状況に対処する方法を根本的に変え、失神の発作を起こすことはなくなりました。自分が集中できない状態になっていると自覚し、競技に出て活躍できなくなるようなことがないようにする方法を身につけました。レベッカの状況を改善できるように、両親やコーチは次のような秘訣を活用しました。

集中できない状態から抜け出す10の秘訣

秘訣その1　集中できていないことに気づかせる。

ほとんどの子どもは、自分が何かに集中力を削がれていることに気づかず、そんな状態にどう対処すればいいのかもわかっていません。カギとなるのは、競技をよりうまくこなす方法を考えること。たとえば競泳選手の場合、技術的にも自信を持つという意味でも、もっとうまく泳ぐ方法を考える必要があります。「力強く」「滑らかに」「余裕を持って」など、こんなふうに泳ぎたいという理想の姿を表す言葉を心のなかで繰り返すことで、目の前のやるべきことに再び打ち込むことができます。

秘訣その2　ネガティブ思考を自覚させ、前向き思考に切り替える

子どもには、ある状況についてネガティブな受け止め方をしていることに気づかせてやらなくてはならない場合があります。ネガティブ思考に陥っているとわかれば、明るく前向きな考え方に切り替える方法も見えてきます。たとえば、テニス選手は風が強いことが気になって、ついこんなことを考えてしまいます。「こんなにひどい風が吹きまくってたら、ボールをコントロールするなんて無理。今日のプレーはボロボロになりそう」。こういった思考に陥ると、プレーもうまくいかなくなります。もっと建設的な考え方をするならこんなふうになります。「今日は本当に風が強いな。こんなにひどい風でも、ボールをどこまでうまくコントロールできるか、そう考えれば

楽しいものさ。きっとより集中できたほうが勝ちだな」

親やコーチもこんな具合に子どもの考え方を切り替えさせることはできます。微妙に言い回しを変えるだけで、ポジティブな考え方に持っていくことができるのです。たとえば、キャッチボールが苦手な子どもは、こんなふうに思っているかもしれません。「今度こそ、ボールを落としちゃだめだ！」。しかし、これを「今度こそ、ボールをキャッチするぞ」という言葉にすると、可能性や自信が高まるので、いい結果につながりやすくなります。

特定のスポーツの知識や経験を持っていて、自分の助言を子どもが進んで受け入れる（3ステップアプローチの「自分のことを知る」「子どものことを知る」を参照）とわかっている親であれば、精神的にポジティブな状態に持っていくことにも極めて長けていきます。たとえば、こんなふうに子どもに言い聞かせるのです。「風に対処しなきゃいけないのは、みんな一緒さ。とにかく1つのことに集中しよう。ボールから目を離さないこと。誰がうまく風を操れるか勝負だ」

他にもこんな例があります。

「もう無理。こんなに遅れたら諦めるしかない」

「このために今まで頑張ってきたんだ。何とかやり遂げてよく頑張ったと思いたい」
↓
「彼女みたいにパワーもスピードも出ないよ！」
↓
「毎日頑張ってるから、パワーは上がってきてる」
↓
「どうせ勝てないんだから、やるだけ無駄」
↓
「だんだんうまくなってきてる」

さらに、ポジティブに切り替えた考え方が確かなものだと子どもに思わせなくてはなりません。さもなければ、ポジティブな言葉として自分に言い聞かせることができなくなってしまいます。このやり方は実践してみることで、どれほどうまくいくのか、その実例を残していけます。子どもがポジティブな思考の効果に疑問を抱き始めたら、親やコーチはその実例を再検討することです。子どもに宿ったネガティブ思考に対処する方法をモデル化するのは、とても有意義なことです。親が自分のネガティブ思考を自覚して切り替える訓練を積み、その過程を子どもと共有できれば、本人はその手法をもっと取り入れてみようと思うでしょう。

秘訣その3　ミスや失敗を上達の糧とする

スポーツに打ち込んでいる子どもの多くは、自分のパフォーマンスをチームメイトとよく比較し、ネガティブな形で評価します。スポーツ界では、悪かった点からパフォーマンスの良し悪しを判断し、上達していけるよう子どもは教え込まれます。これはすばらしいことです。普段からこういった評価をしていれば、失敗から学ぶことができます。

しかし、このやり方では裏目に出る場合もあります。悪いところにばかり囚われてしまうと、次のステップに移行することを忘れ、失敗から学ぶことができなくなるのです。若いアスリートがそういった思考パターンに陥ったときは、まずはそういう状態にあることを意識させることです。そうして失敗がさらなる上達への第一歩のカギになると教えることで、飛躍的な上達につながります。恥ずかしいプレーをしたことにいつまでもこだわるのではなく、上達する方法に目を向けるのです。

秘訣その4　ポジティブなイメージを持たせて目指すパフォーマンスを思い描けるようにする

青年期くらいまでの若いアスリートは一般的に、驚くほど想像力に長けていて、スキルやテクニックを思い描いて身につけることができます。スポーツでとびきりよかった経験を思い出してみてと言われると、たいがいのアスリートはほぼ完璧に追体験できるものです。高校の競泳選手のジェシカも、自分にとって最高の大会をすぐに思い出し、イメージすることができました。そのイメージはどんな感じのものなのかと聞くと、彼女はこう答えました。「大きなストロークで泳いでる。水中で力がみなぎってる感じ。私にはできる、っていう自信もある。先頭に立ってる。リズムもいい感じ……あれは最高のレースだったわ！」。ある試合を心のなかで再現するとき、多くの子どもはそのときの音やにおい、感情までも呼び起こすことができます。このテクニックは、訓練すればうまくなります。

新たなスキルを身につけようというときに、それがどんなふうに見えてどう感じられるのか、自分がどんなプレーをしたいのかを思い描ける子どもは、目標を達成する可能性がより高くなります。スポーツで競い合いながら、どんな気持ちになりたくて、どんなふうに考えたいのかイメージするのはプラスになります。そんな自分の「心のビデオ」を１日にほんの一時、再生するだけでも、実際のパフォーマンスのためになります。しかし、若いアスリートはこうした生まれつきの才能を無駄にしたり、いつの間にか自分のためにならないことに使ってしまったりすることがよくあります。自分のパフォーマンスが悪くなる想像ばかりしてしまう子どももいます。実際、最高のパフォーマンスを発揮することを夢見てばかりいる子どもはほとんどいません。

メンターや親は、子どもにこんなプレーをしたいというイメージをさせたり、競技でいいパフォーマンスができたとか、すごく楽しかったときのことを思い出して話すよう促したりすることです。できるだけ多くの感覚（視覚、嗅覚、聴覚、触覚）を研ぎ澄ませてその経験を伝えるようにさせましょう。最終的に勝つことだけではなく、競技での最高の経験を想像すればするほど、最高の結果を出す可能性が高まるのです。

秘訣その5　日々の目標を設定させて、いい結果を最大限に引き出す

目標を設定することは、どんなアスリートにも有効です。その日に達成できるよう

な短期的な目標は、特に効果的です。あまり先々の目標では現実味がなく、やる気が湧いてこないのです。何かを身につけるには、その日のうちに達成できる目標を設定するのがいちばんです。

ほとんどの子どもは、目標をどう設定すればいいのかよくわからず、経験もないため、次の3つのポイントを意識させることが大事です。

第一に、目標は「具体的（specific）」であること。1マイル（約1.6キロ）を8分で走れるようになるという目標は、ただ速く走れるようになるというよりもずっと具体的です。

第二に、目標は「成果が目に見える（measurable）」ものであること。目に見えてわかれば、本人も何のために頑張っていてそれを達成できたかどうかはっきりとわかります。1マイルを8分で走れるようになる、というのは、成果が目に見えてわかる目標です。こうした目標は客観的で、はっきりとした結果を定めています。

第三に、目標は「調整可能（adjustable）」であること。スポーツをやっていると、さまざまな想定外の出来事と遭遇します。思いがけなくすぐにいい結果が出たり、不本意なケガをしたり、チームをやめさせられたりすることもあります。子どもがプレッシャーに苦しんでいたり、やる気をなくしたりしているときには、目標を調整してあげると、厳しくなりすぎない程度にバランスを図って達成しやすくなります。こうすると、失敗するのではないかといたずらに不安になることから守ってあげることができます。

秘訣その６　怒りや感情をコントロールできるようにする

不安や心配、恐怖や絶望といったネガティブな感情に駆られてしまうと、子どもはまともにプレーできなくなってしまいます。子どもの感情面での経験を真剣に受け止めることが大切です。競技のある場面で思わず子どもの感情を無視して、どんなふうに思ってどう対処すればいいのか教え諭してしまうことがあります。こうした対応をすると、子どもにネガティブな感情を湧かせ、怒らせたり悔しい思いをさせたりしてしまいます。逆に、大人が気持ちを察することができれば、子どもは安心し、激しい怒りや後ろめたさや苛立ちをどう鎮めればいいのかわかってくるでしょう。それにはまず、子どもが訴える気持ちに耳を傾け、尊重して受け止めることです。

たとえば、子どもがリトルリーグの試合前に不安を感じているのであれば、その気持ちを察して理解しようとすることが大切です。そして親やコーチは、少し深呼吸をして気持ちを落ち着かせて集中し直すなど、目の前の問題を解消する新たな方法を示すのです。そうして新たな手を打つにしても、まずは子どもの気持ちに注意を向けることが肝心です。どんなプレーをしようと、子どもを大切に思っていることを伝えることも必要です。

秘訣その7　周りからどう思われようと、試合に集中させる

どんな競技レベルの子どもでも集中力を削がれてしまうのは主に、周りからどう思われているのか気になるからです。コーチにどう評価されているのか、親に自分のプレーをどう思われているのか、多くの子どもはそんなことに気を取られてしまい、試合に集中できなくなってしまいます。しかし、技術を磨いたり、身体を鍛えたり、筋力をつけたり、努力で何とかできることに集中したほうがずっと建設的です。周囲の見方や言葉をどうこうすることはできませんが、子どもが厳しいことを言われたり、からかわれたりしてつらい思いをしているときに親が支えてやることはできます。子どもの話に耳を傾け、そんなつらい思いをしていることを理解し、それを解消する方法を見つけられるように手助けすることはできるのです。

秘訣その８　バランスよく真摯にスポーツに打ち込めるようにする

スポーツ界では極端な行動を推奨する風潮があり、そのせいで子どもの身体や心や精神は危険にさらされることがあります。

バランスを図るのは難しいものです。たいていの子どもは、スポーツのために一生懸命頑張ろうとしないか、身も心も犠牲にしてしまうか、どちらかの道をたどります。

極限まで自分を追い込むよう求められる問題は、真剣に受け止めなければなりません。選手たちを徹底的に追い込んで、それに耐え抜いたひと握りのトップ選手が成果を出すことをもくろむコーチもいます。コーチに無理を強いられているのではないかと思ったら、子どもの好きなことや能力について改めて考えてみることが大切です。そうして激しく追い込まれる状態がかなりの長期間に及ぶと、燃え尽きてしまったり、競技を楽しめなくなってやめてしまったりする場合もあります。ここで、適切な運動量やトレーニング量を維持するヒントとなるのが、アリストテレスの中庸という考え方です。中庸は、適度な行動量とその適度な度合いについて触れています。この適度というのは、子どものやる気や体質や才能によって変わってきます。子どもがケガをしたり、ひどくやる気をなくしたり、性格の変化が見られたりする場合は、変化が必要かもしれません。真剣に話し合っていれば、チームやコーチを変えたほうがいいのか、競技から離れたほうがいいのかわかることもあります。すでに本人がひどくつらい思いをしている場合もあるのです。

打ち込めるものがないことも、バランスを崩している兆候です。スポーツで才能に恵まれていて、単につらい思いをしていない子どもの場合、全力を尽くさないこともあります。そういう子どもは、もっと興味が持てるスポーツをやってみるとか、もっと高いレベルで競い合うといったことが必要かもしれません。

一方、もっと懸命に頑張ってやる気を出せるよう後押しする必要があるだけかもしれません。親としてはたいがい、一生懸命、精いっぱい頑張るよう言ってあげれば、それで十分なのです。それだけで子どもは気持ちが楽になって全力を尽くせるようになります。

子どもがベストを尽くすことを身につけようというとき、まず大人が真摯な姿勢であることが大切です。たとえば、トレーニングの厳しさは公平でなくてはなりませんし、接戦になっても、競技の目標はベストを尽くすことであると伝えるべきです。ケガをして復帰までに時間がかかるとき、練習や試合に出ないようにするのにも真摯な姿勢が求められます。こうした姿勢でいることで、子どももスポーツに真摯な姿勢を示すことができます。

秘訣その9　不安や失敗と向き合い、受け入れられるようにする

子どもの多くは、うまくいかなかったらどうしようと不安を抱きます。そんな不安に時間やエネルギーを費やしてしまう子どもには、どんな戦いになっても生き残れると言い聞かせることです。スポーツでいい結果を出せても出せなくても、大事な存在でいい子であることに変わりはないということを子どもに植え付けることで、失敗に対する不安も和らぎます。

チームに入れなかったら、といった特定の不安を抱えているのであれば、体裁が悪いだとか、落ち込むだとかいった、ネガティブな結果をどう消化するか、少し時間をかけて考えてみるようにさせることです。容易にはいかないかもしれませんが、最終的には、苦境に対処して乗り越えて、また新たな目標に向かっていけるようになることがわかるでしょう。こうして失敗を受け入れれば、子どもは新たな可能性や目標をイメージできるようになるのです。

秘訣その10　「よく頑張った」と自分を褒められるようにする

今日では、勝つことだけが重要という考え方がかなり幼い年齢のアスリートにまで及んでいます。友情を深めることやトレーニングや筋力を高めることの大切さや、身体を動かしたり継続的に学んだりする能力をすばらしいと思う気持ちを、勝つという考えが上回ってしまっているのです。今日のスポーツ文化の考え方は、親の力だけで変えることはできませんが、子どもによく頑張ったと伝えることはできます。この考え方をしっかり受け入れている子どもは、スポーツを楽しんでいます。

親としては、ベストを尽くすことがいちばんだ！　と子どもが信じられるようにすることです。こうした態度を見せれば、感情やメンタルが削がれるようなことはなくなります。自分を大切に思う気持ちも育まれます。次のように褒めて、最高に頑張ったことと自分を思いやる気持ちを強く結びつけることもできます。「本当によく頑張ったな。短い間にずいぶんとうまくなった。ベストを尽くして頑張ってる姿を見ると、誇らしく思うよ」

スポーツに関わる親子のためのＦＡＱ

私たちの最高の師匠は、親の皆さんです。これからご紹介するのは、これまでの講演やセミナーで親の皆さんから寄せられた質問の数々です。それぞれの回答では、スポーツをやっているあらゆる年齢の子どもが遭遇する問題に対処するにあたって、親の皆さんが参考にできる、一般的な指針について触れています。

幼いうちからスポーツを始めることについて

Q：私には2歳の男の子がいます。週に1回、テニスのレッスンに連れていっています。息子は毎回、行きたくない、と言って泣いています。連れていくと、20分くらいはすごく楽しそうにしてるんですが、残りの20分間は嫌がってしまいます。テニスをやらせるのはダメなんでしょうか。どうしたらいいんでしょうか。

A：スポーツには幼いうちから触れさせたほうが、早い時期からいきなりプレッシャーをかけるよりもはるかに問題は少ないです。子どもをどこまで後押しすればいいのかは、なかなかわからないものです。この男の子の場合、プレーするのは20分間までにして、それで態度が改善されるかどうか様子を見るのがいちばんかもしれません。

それでも、レッスンのたびに困らせることが続くのであれば、少し休ませてそっとしておいて、1、2か月後にまた再チャレンジしたほうがいいでしょう。**子どもの成長は、予測できないものです。**テニスを嫌がっていたかと思うと、次の日にはまたやりたがることもあります。大切なのは、安全に、親といい関係を保ち、身体活動の機会を大切にしながら、子どもがスポーツを楽しくて面白いと思えるようにすることです。

早くから競技を絞り込むことについて

Q：私には5歳の娘がいて、週に1度、体操をやっています。コーチはとても熱心で、娘に目をかけてくださっています。先日、コーチから呼び出されて聞かされた話によると、娘にはすばらしい才能があるそうなんです。コーチには、練習を、平日に3回、週末に1回の週4回に増やしてみてはどうかと勧められています。私には競技スポーツの経験がありません。夫も私もどうすればいいのか、まるでわからないんです。娘は体操が好きみたいなんですけど、負担が大きすぎるのではないかと心配しています。

Ａ：すでに述べてきたように、スポーツ文化では将来、アスリートとして成功するためには、早い時期から競技を絞り込むことが必要だという考え方が受け入れられてきました。体操やアイススケート、ホッケーといった競技は特にそうです。しかし、この考え方には実証的な裏付けがありません。だから、親が個々で判断を下さなくてはなりません。この女の子が毎週の練習日を増やせば、毎日ゆったりしたり、遊んだり、休息したりできる時間がなくなってくる恐れがあります。疲れきって、いずれ燃え尽きてしまうかもしれません。さらには、スポーツ以外の友達との付き合いが疎遠になったり、後々で勉強で苦労したりするなど、悪い結果を招く可能性もあります。

一方、本人はチーム内にできた友達と過ごすのがとても楽しかったり、練習や試合で実力が上がってきているのを実感してとてもうれしかったりするのかもしれません。スポーツと深く関わるようになれば、親は子どもの成長を長い目で見守っていかなくてはなりません。本人は楽しんでいるか？　友達はいるか？　学校生活はうまくいっているか？　のんびりと子どもらしく過ごせる時間はあるか？　本人は本当に練習量を増やしたいと思っているのか？　こうした疑問に答えることで、問題点を早急に絞り込むことができるかもしれません。

コーチの勧めを試してみるなら、毎週の練習日を１日だけ増やしてこなしていけるかどうか様子を見てみるといいでしょう。楽しくなくなってくれば、不満を口にしたり、やめると言い出したりするでしょう。もっと練習したいと本気で思っているなら、両親に自分からそう伝えるでしょう。**幼い子どもの場合、慎重すぎるというほどつねに慎重になったほうがいいのです。**焦って練習して立派な選手になろうとしても、かえって逆効果になってしまうことがあります。

勝ち負けの捉え方について

Q：7歳の息子は、大のレッドソックスファンです。チームが負けるたびに、ものすごく機嫌が悪くなります。勝ち負けについてどのように教えたらいいでしょうか。

A：私も熱烈なレッドソックスファンなので、チームに対する熱い思いはよくわかります。この男の子の両親も熱烈なファンだとしたら、この子は親の反応を見てそれに倣っているのかもしれません。この男の子は勝ち負けについて両親から何を学んだのか？　負けをどう受け止めるのか、他に手本となる人物がいたのか？　解決への第一ステップとして、まずはこのような疑問点に答えを出していくことです。負けたときに両親が腹を立てたり不機嫌になったりしているのであれば、この男の子はそれをまねるようになったと考えられます。親ががっかりしていれば、子どももそれを感じ取って、少し不安な気持ちになるかもしれません。負けたことが悔しくて仕方がないと思えるのなら、それはチームが負けたせいだけではなく、両親がイラついているからでもあるのでしょう。

第二のステップとして認識すべきなのは、先に触れたように、**７歳の子どもは競争という概念を受け入れ始めたばかりだということです。**この年齢の子どもは心理学でいう潜伏期（6～12歳）をたどっていくなかで、新たなスキルを身につけたり、友達をつくったりします。レッドソックスを見守る多くの大人たちのように、子どももチームの勝敗に合わせて一喜一憂しているのかもしれません。レッドソックスが勝てば、この男の子は最高の気分になります。レッドソックスが負ければ、まるで自分がチームの一員かのように気持ちが沈みます。そんなふうに落ち込んだ気持ちを受け入れて分かち合うことが大切です。「レッドソックスが負けて、本当に悔しいよな。この試合、どう思った？　どうすればよかったと思う？」。少し共感してみせてから、次のステップとして、負けはしたものの、頑張っていた点や集中していた点や面白かったところなど、チームが成し遂げたことに目を向けさせるようにします。そうすることで、負けに対する考え方を変えることができます。

負けて悔しいのは確かですが、チームが成し遂げたことは何か？　敗北から得られるものは何か？　こうしたことを学習体験とし、この男の子に逆境とどう向き合い、乗り越えていくのか、その術を教えることができます。こうしたすばらしい教材を提供してくれるのも、子どもがスポーツを行うメリットの一つです。

弱小チームでプレーすることについて

Q：うちの11歳の子どもは、いつも負けてばかりのチームでプレーしています。モチベーションが落ちないようにするには、どんな言葉をかけてやればいいですか？

A：親は、子どもに勝つことの意味を見直すようにさせなくてはなりません。もちろん、負けてばかりでは面白くないですし、誰しも負けるために試合をしているわけではありません。負けて落ち込んでいるときには、親がそれを受け止めることも大切です。勝てば、自分の能力に自信を持つようになることも多いですが、逆に負ければ、自分は優秀といえるのかどうか疑心暗鬼になってしまうことがあります。

しかし、第12章で述べたように、負けるチームがダメなチームであるとは限りません。11歳の男子が関心を向けることと言えば、たいがいは上達することと、チームメイトとうまくやっていくこと。だから、この男の子も自分が上達していると感じられれば、弱小チームに所属していても勝者になれるのです。また、絶望的な状況で見せた態度を褒めることは、弱小チームの子どもには救いになります。「本当によく頑張ったな。どんなスコアになっても、お前はベストを尽くしていたし、チームメイトに対しても対戦相手に対しても分け隔てなく接していた。ずっとそんなふうにしていけば、いずれいいことが待ってるぞ」

先に触れたように、スポーツでの困難や挫折を通じて、すばらしい学びの機会を得られます。負けても評価すべき点を褒めてやれば、幼い子どもにとっては大きな力になります。負けることから謙虚さを身につけ、それによってすごい選手とはどういうものなのかいくつもの見方ができるようになるのです。

コーチに不満がある場合

Q：11歳の娘がついているのは悪いコーチで、選手に公平な出場機会を与えてくれないんです。夫も私もチームをやめさせようかと思っています。それで問題ないでしょうか。

A：たしかに悪いコーチはいますが、よくありがちなのは、元はいい人なのに、誤った指導を行ったり、そういう傾向に陥ってしまったりするということです。ボランティアだろうと、有償だろうと、たいていのコーチは子どもたちと接しながらスポーツ指導することを楽しんでいます。コーチに対して前向きに交渉する方法を見つけるには、いいところを見極めることが重要なステップとなります。主な目的が苦情を申し立てる場合であればなおさらです。親はこんなふうに切り出してみることです。「この競技のことを熟知していらして子どもたちに熱心に接してくださって本当に感謝しているんです。ただ……」

すでに触れたように、**これからコーチと相対しようとするなら、相手がとても繊細だということも踏まえておく必要があります。**コーチの仕事はつねに人目にさらされ、親が近くで見ている前で大勢の子どもを管理するのは容易なことではありません。コーチがこうした危うい立場に置かれていることをよく理解しておけば、交渉の会話も前向きな雰囲気のなかで始められるでしょう。

しかし、状況によっては、コーチのいいところをなかなか見つけられないこともあります。親が心配になるのは、それが子どもを傷つけることにつながっているのではないかということです。しょっちゅう厳しい批判があがっていて、子どもの安全性に問題がある場合は、そのプログラムをやめさせたほうがいいかもしれません。子どもが10代であれば、手始めとして本人に直接コーチと話をさせて、チームでより活躍するにはどうすればいいのか確認させてみることです。コーチが応じてくれない場合は、運動管理者に支援を求めるといいでしょう。それでもうまくいかなければ、親が出ていくべきでしょう。このように段階を踏むのは大切なことで、それによって10代のアスリートは問題に直面しても自力で対処できるようになるからです。こうしたスキルは後々に必要になってきます。

子どもがもっと幼い場合は、競技場から離れ、事務所で密かにコーチと話し合いの場を持つといいでしょう。問題が山積しているとしても、親はこんなふうに交渉することです。「娘がスポーツに打ち込むことをとても大切にしています。このリーグでプレーする機会を与えてくださってとても感謝しています。それでも、いくつか心配していることがありまして、どう対処すればいいのか教えていただきたいのです。娘はあまり試合に出場できていません。この状況を改善できるように、私共や娘に何か別のプログラムを探したほうがいいでしょう。

できることがないかと考えております」。こうした話し合いもうまくいかなければ、

距離を置きたい保護者がいる場合

Q：昨日、12歳の娘のホッケーの試合で、叫びまくっているお母さんと席が隣同士になったんです。その声でどうにかなりそうでした。その人はネガティブなことばかり言って、まわり中をかき乱していました。私はどうしていいのかわからなくて。何か言うべきだったでしょうか？

A：怒鳴ったり感情をあらわにしたりしている他の親と相対するのは大変で、危険なことでもあります。よその家族の問題に口出しするのはためらうものです。しかし、怒鳴っている親と知り合いであれば、ハーフタイムや試合後、静かに話せる時間を見つけてみることです。こんなふうに切り出してみましょう。

「お宅の娘さん、大したものですね。自信があるときは、最高のプレーを見せてくれますよね。うちの子もそうなんですけど、全く不思議なものですよ。気持ちが沈むと、

たちまちプレーがガタガタになってしまう。こっちが声援を送っても、お分かりだと思いますけど、なかなか調子が上がってこない。娘さんのプレーを観ていると、心底ワクワクしますよ。これからも応援しています」

面倒な親であっても遠ざけるのではなく、歩み寄ることで、いい交流関係を築くことができます。しかし、相手の親が友人でも知り合いでもない場合は、こうした対応では収まりません。こうした状況でどうにかするのは難しいかもしれません。考えられる手段としては、この親と知り合いの他の親に話をつけてもらうことです。現場管理者にこの問題を知らせるのも１つの手です。

オーバーワークについて

Q：13歳の息子はサッカーを週3回、他に2つのホッケーリーグでもプレーしています。本人は楽しくやっているみたいなんですが、負担が大きすぎるのではないかと心配しています。減らすとしたら、どういったタイミングがいいんでしょうか。

A：こうした質問から、親にとっては特に悩ましい問題が浮き彫りになります。その一方で、子どもにはできるだけ多くのスポーツに触れさせて、いい経験を積んで好きな競技を見つけられるようにしてやりたいという思いもあります。またもう一方では、1つのスポーツに専念させて活躍できるチャンスを与え、ゆくゆくは奨学金の獲得や大学進学につなげていけるようにしてやりたいという気持ちもあります。

先に述べたように、さまざまなスポーツをすることには多くの利点があります。たくさんの友達ができ、いろいろなコーチや指導方法とうまく向き合っていく術も学べます。違った状況でさまざまな技術を身につけ、運動能力を高めることができます。こうしてさまざまな技術を身につけ、経験を重ねることは、いずれ1つのスポーツに絞り込んだときにも糧となります。この男の子の場合、ずっとサッカーをやってきたことで、ホッケーでより効率よく得点を挙げられるかもしれません。サッカーはホッケーと同様、広い視野に加えて、ゴールを粘り強く攻めるスポーツです。同様に、ホッケーで見せる攻撃性やスピード、連続パスを活かせば、より強靭で機転の利くサッカー選手になれるでしょう。ボリス・ベッカーやジョン・マッケンローといった一流テニス選手は、元はサッカー選手でした。サッカーで培った訓練や脚力、スポーツへの情熱によって、彼らは優秀なテニス選手になったという見方もあります。その一方で、一度に2競技を続けていくのは、子どもには負担が大きすぎるという考え方もあります。

残念ながら、子どもに過剰なまでにスポーツをやらせる親もいます。２競技、３競技を同時にやっているケースもあれば、中には４つものチームでプレーしている子どももいます。疲れきって、最悪の場合、ケガをしてしまうこともあります。**１シーズン１競技に制限するルールを検討する価値はあります。**複数の競技でシーズンがかぶる時期が多少は出てくることもありますが、このルールがあれば子どもの時間も心身もおおむね守ることができます。１シーズンに１競技、つまり１年間に４競技に打ち込むことで、さまざまな試合や技術にたくさん触れることができます。こうした指針があれば、親が行き過ぎてしまうこともなくなります。

こうした制限を設けると、子どもが必要なトレーニングを受けられず、チャンスを逃してしまうのではないかと親は心配になります。また、子どもが競技を離れている間のチーム関連行事に参加することがなくなって親同士の交流の場も失ってしまうのではないかと不安になります。そういうわけで、親は自分が大切にしたいことをシーズンが始まる前にしっかり見極めておくことが重要です。家族との時間や学業、ふつうの余暇が大切であれば、多くの家族が陥っている過密スケジュールの日々を覆さなくてはならないかもしれません。

逆に1つのスポーツに絞り込んでそれを年間通して専門的にやらせて子どもの活動範囲を極端に狭めてしまう親もいます。こうしたやり方にはリスクがあります。先に触れたように、早い時期から競技を絞り込んだほうがいい結果につながるという実証的な裏付けはありません。むしろ、さほどきつくない程度に複数の競技を続けたほうが、1競技に集中するよりも効果的です。最終的には、複数の競技を続けている若いアスリートは、どの競技を専門的にやっていくのか、自分で決めることになります。たとえば、14歳の中学3年生の男の子が、自分の体格や俊敏さを活かせるという理由でアメフトよりもサッカーを選ぶということもあります。こういった決断は時とともに定まってきます。

子どもがバランスの取れたスケジュールを送れるように、子どもについて注意深く観察すると、多くのことがわかってきます。不満を言い出したり、練習や試合に行かない言い訳をするようになったり、沈みがちだったり疲れた様子を見せ始めたりしたら、スポーツ活動を減らしたほうがいいでしょう。学校の成績が下がったとか、社会活動の機会が減っている場合も、注意すべき兆候といえます。子どもが複数の活動をこなす能力には個人差があります。負担が大きすぎるのではないかと感じたら、まさに活動量を減らすタイミングといえるでしょう。

父親が息子に入れ込みすぎていることについて

Ｑ：夫は、野球をやっている14歳の息子のプレーにかかりきりになっています。毎日コーチをして、週末には大会の遠征に同行して、息子とはいつも野球のことばかり話しています。これは息子の負担になったりしていないでしょうか。なっているとしたら、どうしたらいいでしょう？

Ａ：配偶者やパートナーが、子どもを活躍させようと過剰に入れ込んでいる場合、それに歯止めをかけるのは困難を極めます。

親がこのような行動をとる理由にはさまざまなケースが考えられます。自分が元アスリートで、息子が活躍するために何をしてやればいいのか自分ならわかると思い込んでいるケース、選手として悔しい思いをしてきて、自分を超える選手に息子を育てたいと思っているケース、自分にはスポーツで活躍した経験などなく、息子のプレーに救いを求めているケースもあります。あるいは、この父親のように息子と行動をともにし、チームスポーツに関わって得られる仲間意識を純粋に一緒に味わいたいという場合もあります。こうした要因が絡み合うと、配偶者が問題にならないうちに対処するのが難しくなってしまいます。

状況を打開するカギとなるのが、**やる気満々の父親に対して息子がどういう反応を見せているのか、よく観察してみることです。**父親の行動に対してどう接しているか？　それを喜んでいるように見えるか？　親が必要以上に構ったり、力を注いだり、プレッシャーをかけたりしてしまうと、子どもは疲れきってしまうのです。父親と一緒に過ごすのは楽しいかもしれませんが、その分、高いリスクを背負うことになり、精神的にきつくなってしまいます。今回のケースは、何らかの手を打ったほうがよさそうです。

この男の子の母親は、夫にこんなふうに気軽に問いかけてみるといいでしょう。

「ねえ、あなたがずっとあの子にしてきてくれたコーチは、どれもすごいと思うわ。父親にそばにいてもらって、あの子もとても喜んでいるはずよ。ただ、疲れを見せることが多くなって、週末の長距離遠征のことでは不満を抱えているみたいなの。しっかり休養させて楽しく野球を続けていけるようにするにはどうしたらいいかしら？」

これではあまりにも遠回しすぎると思う人もいるかもしれませんが、父親が野球に入れ込んでいる以上、あまりストレートにきつい言い方をしてしまうと、かえって逆効果になってしまいます。「ねえ、あなたったら何を考えてるの？　あの子に無理ばかりさせて。あの子はまだ14歳なのよ。プロじゃないんだから。そんなに追い込まなくてもいいじゃない」。こんなふうに言ってしまうと、父親は互いの立場にこだわって、頑なな態度に出てくるかもしれません。

両親が協力し合って子どもの健康を第一に考えてやれば、うまく運ぶかもしれません。「あの子の様子を見てどう思う？　ちゃんと休めているのかしら？　無理しすぎてるんじゃないかしら。もしそうだとしたら、どうしたらいいかしら？」。こういうアプローチをすれば、一方的にならずにすみます。それよりも、互いに味方同士になれます。また、両親が家族としてスポーツについて同じ価値観を持てれば、取り組み方のことで迷うことがあっても、よりスムーズに切り抜けていけるでしょう。

カウンセラーに相談してみるのも１つの手です。ただし、相談するのは自分が抱えている悩みよりむしろ、子どもが最高のパフォーマンスを発揮できるようになることに絞ったほうがいいでしょう。臨床現場を通じてわかったことですが、野心の強い父親の場合、子どものパフォーマンスの向上にこちらが同じくらい親身になっていることが伝われば、助言をしっかり聞き入れてくれます。これは反抗期の青年期の子どもにも当てはまります。パフォーマンス向上のためにこちらが力になろうとしているのだと思わせることができれば、プレーも充足感も左右する心のバランスや親からのプレッシャーといった問題についてもっと幅広く柔軟に話し合えるようになります。本書で指摘してきたように、いいパフォーマンスと精神の健やかな成長には、密接なつながりがあります。健康もパフォーマンスもまとめていい状態に持っていくことができれば、スポーツに打ち込む子どもが抱える厄介な問題に取り組み、切り抜けていく余地も広がります。

親がコーチになった場合

Q：息子が所属する、街のサッカーチームのコーチをすることになりました。選手は11〜13歳の子どもたちです。私は高校でスポーツをやっていました。コーチの仕事につく前に知っておくべきことを教えてください。

A：アスリートだった人がコーチになると、多くの利点があります。戦術やトレーニング方法、チームのまとめ方も心得ています。上達ぶりを見極め、練習して自信をつけることの大切さもわかっています。ただ、**アスリートだった人がコーチになると**

いうことには、マイナス面もあります。子どもというのがどういうものか、忘れてしまっているということです。つまり、ユーススポーツでは楽しむことが絶対に不可欠なのです。さらに見落とされてしまいがちなのは、子どもは大人レベルの指示をこなせるほど発達しているわけではなく、11～13歳の子どもの場合、たいがいは高校生ほど競争心が強いわけではないということです。子どもは気持ちよく楽しみたいのです。

だから、まずお勧めしたいのは、子どもが気持ちよく楽しめる環境を作ることです。先に触れたように、ユーススポーツプログラムの良し悪しを見極める決め手となるのは、子どもが次のシーズンもプレーしたいと思うかどうかです。プレーし続けたいと思えるのであれば、技術を高め、友達もでき、スポーツを通じてすばらしい経験も味わえているでしょう。どんなユースコーチに対しても、これを評価基準にするべきです。

実際、同じコーチ初心者でも、専門知識が豊富であろうと、子どもにとってスポーツで楽しめることが大切だということがわかっていない人よりも、スポーツ経験がなくても、楽しむことが大事だということがわかっている人のほうがより成果をあげられるものです。

2つ目に考えてほしいのは、試合への出場機会や競技レベルについてのリーグ規定についてです。この年頃の町のレクリエーションチームは、たとえば6～10歳の子ども向けプログラムと比べると競技性が強いといえるでしょう。親によっては、子どもには平等に出場機会を与えてもらいたいと思っている人もいれば、ずば抜けた才能のある選手をより多く出場させてほしいと考える人もいます。こうした方向性は、シーズン前にはっきりさせておくことが大切です。親と話し合うことがいいシーズンへとつながっていくことになります。コーチとしての務めを親にしっかりと伝えれば、問題を事前に回避することができます。

どんな競技レベルであろうと、自分がチームのために貢献できるよう有意義な方法をとってくれるコーチのもとで楽しくプレーする資格はどの子どもにもあります。優秀な選手ばかりを試合に出しては、控え選手は不安になり、不満を募らせていきます。子どもは試合に出たいと思っています。誰もが試合に出る資格があります。そのことをコーチが見失ってしまうと、実力の劣る選手や親から不満の声が上がるでしょう。

最後に、情報収集のためにも同業者の強力なサポートを受けるためにも、経験あふれるコーチと話すことも賢明です。

ケガで競技を諦めざるを得ない場合

Q：17歳の娘が、サッカーのシーズン初戦で足首を骨折してしまいました。高校最後の年ということもあって、娘は最高のシーズンにしようと意欲に燃えていました。今は試合に出られず、大学のスカウトにもプレーを観てもらえない状態です。娘は落ち込んでいます。どうすればいいでしょう？

A：こうした厳しい状況では、対処しなくてはならない問題がいくつかあります。第一に、シーズンを棒に振ってしまうようなケガをするのは、耐え難く、恐ろしいことです。青年期や若年成人期のころは、自分がケガをするとは考えもしないので、そんな経験をすると不安定になり、混乱してしまいます。このようなアスリートには何よりもまず、安心感を与え、元気づけることが必要です。

足首の骨折は深刻なケガですが、たいがいのアスリートは適切なリハビリに取り組めば、回復して試合に復帰できます。マサチューセッツ総合病院とハーバード・アスレチックスの整形外科医であり、スポーツ医でもあるアーサー・ボランド医師は、ケガをしたアスリートに対して、競技生活を送っていればふつう、一度は大きなケガをするものだと言い、さらに「今回のケガがそれだ」と伝えて落ち着かせることがよくあります。このような文脈でケガのことを伝え、ケガをすることは競技の一部にすぎないという意識を植え付けるのです。こんなふうに話して安心感を与えることで、アスリートの恐怖や先行きへの不安を和らげることができます。

第二に、この子はケガで失ったさまざまなものと向き合わなくてはなりません。好きなスポーツをやる最高の喜びをなくしたうえに、大学のスカウトにアピールする機会も失ってしまったのです。大学進学は、高校生にとってたいがい何より重要なものです。だからこの子は、進学の手立てを知るためにコーチや親にいろいろサポートしてもらわなくてはならないでしょう。過去の試合の録画テープやコーチの評価表があれば、大学入学の役に立つかもしれません。同時に、ケガによってスカウトのチャンスが潰えてしまうことは避けようがありません。不公平な状況に追い込まれて、当然のことながら腹立たしく思っていることでしょう。こうした感情を受け止めるためにも、今回の挫折や困難を乗り越えるための１つの機会と考えて、気持ちにゆとりを持たせてやれば、再び身体をうまくコントロールして力強いプレーができるようになるでしょう。

最後に、**スポーツをやっていることやアスリートであることこそ自分だという気持ちが強すぎて、スポーツをやっていないと自分ではないように思ってしまう人もいます**。自分が何者なのかわからなくなってしまうのです。そんな状態に陥ると、スポーツイベントに参加することもままならなくなるアスリートもいます。自分がプレーできないことを嫌でも思い知らされるからです。チームメイトとの絆も失ってしまいます。この女の子の場合、無理のない有意義な形でスポーツに関わるようにすれば本人のためになるでしょう。たとえば、練習や試合のときにコーチのサポートをするのです。そうすれば、さらなる活躍のためにチームメイトをサポートすることができます。また、目的意識を持って厳しいリハビリに全力を注ぎ、身体のさまざまな部位を強化していけば、復帰したときにさらに強い自分になれます。こうしたことを積み重ねれば必ず大学で競技ができるようになるというわけではありませんが、頑張っていくための目標にはなります。

著・リチャード・D・ギンズバーグ

ハーバード・メディカルスクール助教授、マサチューセッツ総合病院(MGH)の臨床心理士。スポーツ臨床心理士として幅広い年代の診療に当たるかたわら、全米各地で、ユースから大学までさまざまなスポーツプログラムに向けて講演・相談活動を行う。過去には、ハーバード大学の男子ラクロス、女子サッカー、男女水球、女子アイスホッケー、U16とU17のアメリカ女子サッカー代表、アメリカ女子プロサッカーのボストン・ブレイカーズのスポーツカウンセリングも担当している。

著・ステファン・A・デュラント

臨床心理士。ハーバード・メディカルスクール精神医学部助教授。マサチューセッツ総合病院(MGH)の児童精神科外来に勤務。1988年以来行っていた数々の臨床活動を通じて、幼年期・青年期・成人期のスポーツや人格形成などに関する研究にも勤しんでいる。MGH医療チームの一員として、ボストン・レッドソックスやアメリカのプロアイスホッケーのボストン・ブルーインズのケアにも当たっている。

著・エイミー・バルツェル

ボート競技の元オリンピック選手。世界最高峰のヨットレース、アメリカズカップの出場経験も持つ。専門はスポーツ心理学。AASP(応用スポーツ心理学会)認定カウンセラー。ボストン大学大学院ほか、2006年の春にはハーバード大学で教鞭をとる。大学アスリート、オリンピック選手、プロに至るまであらゆるレベルの競技者に対する個別カウンセリングや、各種スポーツチームへのワークショップなども提供している。

Photos by Neil Giordano

訳・来住道子

翻訳家。スポーツ書籍、歴史書、児童書などを中心とした翻訳に携わる。訳書に『1964――日本が最高に輝いた年 敗戦から奇跡の復興を遂げた日本を映し出す東京オリンピック』(文芸社)、『1968 世界が揺れた年』(ソニー・マガジンズ)、『アンネ・フランク 日記とともに生きつづける少女』『ナイチンゲール 人につくす喜びこそ生きる喜び』(国土社)、『シドニーの選択』(そうえん社)などがある。

監修・谷口輝世子

1971年生まれ。京都教育大学教育学部体育学科卒。1994年、デイリースポーツ社に入社しプロ野球を担当。1998年から米国に拠点を移し、主にメジャーリーグなどを取材。2000年からフリーランスとして活動している。著書に『帝国化するメジャーリーグ』(明石書店)、『なぜ、子どものスポーツを見ていると力が入るのか――米国発スポーツペアレンティングのすすめ』(生活書院)、『運動部活動の理論と実践』(共著、大修館書店)など。

スポーツペアレンティング

競技に励む子のために知っておくべきこと

2023（令和5）年5月29日　初版第１刷発行

著者
リチャード・D・ギンズバーグ、
ステファン・A・デュラント、
エイミー・バルツェル

訳者
来住道子

監修者
谷口輝世子

発行者
錦織圭之介

発行所
株式会社東洋館出版社
〒101-0054 東京都千代田区神田錦町2丁目9番1号
コンフォール安田ビル2階
（代表）電話 03-6778-4343　FAX 03-5281-8091
（営業部）電話 03-6778-7278　FAX 03-5281-8092
振替 00180-7-96823
URL https://www.toyokanbooks.com/

装丁・本文フォーマット
nimayuma Inc.

装画
西山寛紀

印刷・製本
岩岡印刷株式会社

ISBN 978-4-491-04958-8 ／ Printed in Japan